Benditas Entre as Mulheres

BENDITAS ENTRE AS MULHERES

Santas, Profetisas e Testemunhas do Nosso Tempo

ROBERT ELLSBERG

TRADUÇÃO:
Solange Pinheiro

Editora
Novo Conceito

Este volume inclui seleções de textos previamente publicados no livro *All Saints: Daily Reflections on Saints, Prophets, and Witnesses for Our Time* (Nova York: Crossroad, 1997), copyright © 1997 by Robert Ellsberg.

EDITORA: Bete Abreu
ASSISTENTES EDITORIAIS: Marília Mendes e Sonnini Ruiz
PRODUTOR GRÁFICO: Samuel Leal
TRADUÇÃO: Solange Pinheiro
PREPARAÇÃO DE TEXTO: Ana Cristina Teixeira
REVISÃO DE TEXTO: Felice Morabito e Josias Andrade
CAPA: Lili Tedde
DIAGRAMAÇÃO E EDITORAÇÃO: Megaart Design

Dados Internacionais de Catalogação na Publicação (CIP)
(Câmara Brasileira do Livro, SP, Brasil)

Ellsberg, Robert
Benditas entre as mulheres : santas, profetisas e testemunhas do nosso tempo / Robert Ellsberg ; [tradução Solange Pinheiro]. – São Paulo : Novo Conceito Editora, 2008.

Título original: Blessed among all women.
Bibliografia.
ISBN 978-85-99560-43-3

1. Biografias cristãs 2. Mulheres – Biografia 3. Santas cristãs – Biografia I. Título.

08-06166 CDD-270.0922

Índices para catálogo sistemático:
1. Mulheres cristãs : Biografias : Cristianismo 270.0922

Editora Novo Conceito

Rua Sansão Alves dos Santos, 102 – 2º Andar – Cj. 21 – Brooklin Novo
São Paulo – SP – CEP 04571-090
Telefones: 11 5102-4770 e 5102-4834
www.editoranovoconceito.com.br

Para Catherine e Christina

É por isso que devo tentar viver
uma vida boa e cheia de fé até meu último suspiro;
para que quem venha depois de mim
não precise começar tudo de novo.

— ETTY HILLESUM

Sumário

Introdução

Desde os tempos antigos a Igreja tem venerado aqueles homens e mulheres que, por sua fé e amor heróicos, ilustram o desafio do Evangelho. Esses "santos" concretizaram o Evangelho. Eles percorreram o caminho preparado por Cristo, lembrando-nos do objetivo para o qual todos são chamados.

Milhares de santos foram oficialmente reconhecidos ou "canonizados" pela Igreja, e muitos outros são adicionados a esse grupo todos os anos. A lista inclui inúmeras mulheres notáveis, começando com Maria, a mãe de Jesus, cujo consentimento para o plano misterioso de Deus deu início à subseqüente história da salvação. Primeira entre o grupo dos santos, ela é invocada nas orações com as palavras originalmente ditas por sua parenta Isabel: "Bendita sois vós entre as mulheres, e bendito é o fruto do vosso ventre".

Entre as mulheres que a seguiram, muitas são celebradas em todo o mundo: Mônica, Brígida da Irlanda, Clara de Assis, Joana d'Arc, Teresa de Ávila e, mais perto de nosso próprio tempo, Madre Teresa de Calcutá. E, no entanto, quaisquer considerações a respeito de mulheres santas devem começar com um fato que não pode ser esquecido – entre o grande grupo de santos oficiais, as mulheres são significativamente sub-representadas.

Podemos especular a respeito das razões para esse fato. Muitas mulheres sagradas na história tendiam a passar sua vida na relativa reclusão do claustro. Talvez elas não tenham deixado escritos ou não tenham dado elementos para biografias que expandissem sua reputação em um círculo mais abrangente, podendo também ser citadas outras razões para isso. Mas, por trás de todas elas, um fato mais profundo está subjacente: o processo de canonização, assim como o exercício geral da autoridade na Igreja, tem sido totalmente controlado por homens. Esse fato afetou não apenas a seleção dos santos para a canonização, mas também a interpretação de suas vidas.

Relatos tradicionais sobre as mulheres santas – quase sempre escritos por homens – tiveram a tendência de enfatizar as "virtudes feminis" da pureza, humildade no serviço, obediência ou sofrimento paciente. Raramente foram as mulheres reconhecidas por questionar a autoridade; por desafiar códigos e padrões de comportamento restritivos; pela audácia e inteligência ao superar obstáculos colocados em seu caminho. Mesmo os rótulos afixados às mulheres santas refletem um leque limitado de categorias. Exceção feita às mártires, as mulheres são quase sempre lembradas como "fundadoras" de ordens religiosas, "virgens" (uma categoria que se aplica não somente às chamadas "virgens mártires" mas também a todas as mulheres que se dedicaram à vida religiosa), viúvas ou, ocasionalmente, "matronas". Esses rótulos anulam o leque de funções que essas mulheres possam ter desempenhado como teólogas, profetisas, enfermeiras, visionárias ou líderes na vida espiritual.

É claro que a tendência para modelar as vidas das pessoas sagradas, de modo a combinar com uma imagem estereotipada de santidade, não está resumida às mulheres. Com muita freqüência, o processo de oficializar santos implica confrontá-los com os padrões preconcebidos de santidade. Os santos que surgem desse processo são retratados como "pessoas perfeitas", livres de erros, imperfeições ou idiossincrasias. A impressão resultante disso é que alguém ou "nasce santo" ou se torna um ao suprimir sua personalidade individual. Então, seres vivos são transformados em estátuas de gesso.

Na verdade, as pessoas perfeitas – se alguma existir – pouco têm para nos ensinar. Mas muito podemos aprender com os verdadeiros santos. Aprendemos que o que chamamos santidade era uma qualidade que se expressava no modo como eles viviam; nas escolhas por eles feitas; em sua luta para ser fiéis, mesmo se confrontados com dúvidas e desapontamentos; em suas vitórias cotidianas sobre o orgulho e o egoísmo; em seus esforços diários para ser mais sinceros, amáveis e corajosos.

Há tantos tipos de santos quanto há de pessoas. Cada um oferece uma visão única da face de Deus; cada um expande nossa imaginação moral; cada um oferece uma nova compreensão quanto ao significado e as possibilidades da vida humana. Considerando que os nomes das mulheres foram esquecidos, suas histórias não contadas, seus sonhos e visões e sabedoria marginalizados, essas possibilidades permanecem desconhecidas e sem ser cumpridas.

No entanto, a história da cristandade é marcada pelas histórias de inúmeras mulheres sagradas que lutaram com determinação para afirmar sua total humanidade e para ir até onde Deus as estava chamando, mesmo quando isso desafiava as opções prevalecentes de seu tempo. Para algumas, significou reivindicar a liberdade de permanecer solteira; para outras, escapar da restrição da clausura em um convento e se dedicar ao trabalho apostólico no meio dos pobres, ou viajar ao redor do mundo para proclamar o Evangelho. Algumas reivindicaram a autoridade para escrever as normas de suas próprias comunidades, para interpretar as escrituras de uma nova maneira, ou simplesmente para descrever sua própria experiência de Deus. Outras encontraram em Cristo a autoridade para se opor à escravidão, à guerra e às injustiças sociais. Mais tarde, levando em consideração suas conquistas e o espaço que elas criaram para novos modelos de discipulado, essas mulheres poderiam ser honradas como "filhas fiéis da Igreja". Porém, enquanto vivas, com freqüência suportaram uma oposição extraordinária, ou mesmo perseguição.

Um tema irônico é o número de mulheres santas que foram, em um determinado momento, excomungadas (ver, por exemplo, a Beata Mary McKillop, a Beata Ana Maria Javouhey ou a Beata Teodora Guerin). Mas, na luta para seguir suas vocações – em especial se isso envolvia qualquer tipo de inovação –, as mulheres sagradas tipicamente lutaram contra autoridades masculinas, as quais estavam ansiosas demais para lhes dizer que suas visões ou desejos contradiziam a vontade de Deus. Algumas – como as beguinas – foram eliminadas e definitivamente apagadas da história. Outras foram bem-sucedidas. Poucas, porém, puderam compartilhar do lema aplicado a Santa Ângela Merici, fundadora da Ordem das Ursulinas: "Uma Mulher que Deparou com Duas Alternativas. Ela Viu e Escolheu a Terceira".

Este livro se baseia intensamente na lista das santas oficiais, mas fui mais além, evocando a vida das mulheres ao longo da história cujo modo de representar a fé condiz com as necessidades de nosso tempo. Algumas poderiam muito bem, como Rose Hawthorne, Cornelia Connelly ou Dorothy Day, ser candidatas à canonização. Outras certamente não – se não for por outra razão, pelo fato de elas não serem católicas ou, em alguns casos, nem mesmo cristãs.

Seria uma presunção da Igreja canonizar mulheres que não pertencem à sua comunidade religiosa, em especial aquelas que poderiam ser ofendidas pela simples sugestão. E, no entanto, a mensagem do Evangelho está escrita em muitas existências – marcadas pelo amor, pela esperança e por uma paixão pela vida – e podemos lê-la como quisermos. Essas existências nunca podem ser qualificadas para a canonização, mas estão sob a bênção ainda maior que o próprio Jesus deu a cada ato de genuína compaixão: "Benditos do meu Pai, recebei em herança o Reino que foi preparado para vós desde a fundação do mundo; porque eu tive fome e me destes de comer; tive sede e me destes de beber; eu era estrangeiro e me acolhestes; estava nu, e me vestistes; doente, e me visitastes; na prisão, e viestes a mim... Em verdade, eu vos declaro, todas as vezes que o fizestes a um destes mais pequenos, foi a mim que o fizestes".[1]

---

1. Esta e as demais citações da Bíblia foram retiradas de GALACHE, Gabriel C. (dir.) *A Bíblia – Tradução Ecumênica*. São Paulo: Edições Loyola, 1995. (N. da T.)

As histórias aqui contadas incluem mulheres que aparecem nos Evangelhos, muitas delas anônimas, cuja fé e devoção estabeleceram um padrão de verdadeiro discipulado. Há mulheres como Lídia, Tecla e Marcela, evangelistas e pioneiras na edificação da Igreja primitiva; mártires como Perpétua e Felicidade, que deram seu testemunho sobre a promessa de ressurreição, fortalecendo desse modo a fé de seus companheiros cristãos; ascetas, contemplativas, místicas e profetisas que fizeram com que reis e papas assumissem a responsabilidade perante a palavra de Deus. Há fundadoras de comunidades religiosas, de movimentos apostólicos e de novas escolas de espiritualidade. Algumas desempenharam papéis dramáticos no palco da história, enquanto outras permaneceram mais próximas em espírito daquilo que Madeleine Delbrêl chamou de "o povo comum das ruas".

Entre as mulheres dos tempos modernos incluí místicas, mártires e missionárias; reformistas, artistas e eruditas; pacificadoras, defensoras da justiça (incluindo os direitos das mulheres) e as que sonharam com "um novo céu e uma nova terra". Algumas delas refletem um caminho mais tradicional de santidade. Outras podem ser mais surpreendentes: uma monja zen-cristã, reverenciada por muitos como uma nova Bodhisattva; uma assassina condenada, executada pelo estado do Texas; uma jovem do Colorado, morta em um tiroteio na escola secundária onde estudava; um grupo de mães latino-americanas, unidas por uma dor compartilhada pelos filhos perdidos, que se tornaram a consciência de uma nação.

Entre as mulheres dos tempos modernos, fiquei impressionado com o número das que rejeitaram uma vocação "religiosa" convencional, escolhendo o caminho de encontrar Deus no âmbito do trabalho, da família, da comunidade e dos afazeres comuns da vida. Essas mulheres leigas representam um tipo de vocação religiosa amplamente ignorada no cânone tradicional dos santos. São mulheres, incluindo muitas cuja lembrança é mais pessoal, que indicam a face típica, porém anônima, da santidade em nossa era. Espero que elas representem, para o leitor, uma recordação de todas as mulheres que nos inspiraram e nos guiaram por nossos caminhos, geralmente sem recompensas ou reconhecimento oficial.

Essas histórias poderiam ser organizadas de diversos modos. Decidi agrupá-las de acordo com as Bem-Aventuranças, a litania das virtudes e atitudes com as quais Jesus resumiu o espírito do discipulado: "Abençoados os que são pobres em espírito... Abençoados os que são mansos... Abençoados os que têm o coração puro..." É bom relembrar que essas bênçãos não são dirigidas a qualidades abstratas (pobreza de espírito, mansidão, pureza de coração), mas sim às pessoas que as incorporam. Na verdade, ao ficar na presença dessas pessoas, ou ao ler sua história, podemos sentir uma sensação renovada do que significa ser humano.

A história de cada pessoa sagrada é também uma história a respeito de Deus. Em cada uma dessas histórias há um convite – não apenas para imitar as boas ações dessas mulheres, mas também para entrar no vasto universo em que elas viveram. O que acontece a seguir é nossa própria história

Este livro se baseia em um trabalho prévio, *Todos os Santos*, no qual contei a história de 365 "santos, profetas e testemunhos para nossos tempos". Logo após a publicação desse livro, fiquei feliz ao receber um convite de uma pequena comunidade contemplativa de Irmãs Maryknoll. Se, por um lado, elas apreciaram minha abordagem não-tradicional dos santos, por outro, também notaram com certa paixão que eu havia mantido a média tradicional de mulheres e homens (cerca de uma em quatro). Reforçando esse ponto, elas me assediaram com diversas listas de possíveis candidatas para um volume futuro. A crítica das Irmãs logo ecoou por muitos outros leitores, alguns dos quais foram tão gentis a ponto de me enviar biografias de seus santos favoritos que haviam sido esquecidos. Ao mesmo tempo castigado e inspirado, fui favorável ao convite que me fez Gwendolin Herder, editora da Crossroad Publishing Company, para escrever este livro dedicado inteiramente às mulheres.

Muitos amigos e membros da família me deram apoio inestimável e me encorajaram em relação a este projeto. Sou especialmente grato a Jim Martin, Rachelle Linner, à comunidade Bruderhorf, Bill McNichols, Ann Ball, Jana Kiely, Catherine Morrissey, Shirley Harriott, Ellen Calmus, Jim Forest, Michael Plekon e ao meu filho, Nicholas. John Jones, da Crossroad, me proporcionou uma ajuda excepcionalmente criteriosa; foi um prazer trabalhar com ele, bem como com John Eagleson e todo o pessoal da Crossroad. Sou também grato à minha esposa, Peggy, minha editora mais esmerada e melhor amiga.

Este livro é dedicado a minhas filhas, Catherine Day e Christina Therese, na esperança de que as histórias aqui reunidas possam ajudá-las a encontrar seus próprios caminhos.

Ver: Vidas dos Santos, de Butler, 12 vols. (Collegeville, Minn.: Liturgical Press, 1995-2000); Elisabeth Stuart, *Cuspindo nos Dragões: Rumo a uma Teologia Feminina da Santidade* (Nova York: Mowbray, 1969); Mary T. Malone, *Mulheres e a Cristandade,* 3 vols. (Maryknoll, N.Y.: Orbis Books, 2000, 2001, 2003); Kathleen Jones, *Mulheres Santas: Vidas de Fé e de Coragem* (Maryknoll, N.Y.: Orbis Books, 1998); Elizabeth A. Johnson, *Amigas de Deus e Profetisas: Uma Leitura Feminista Teológica da Comunhão dos Santos* (Nova York: Continuum, 1998); Joan Chittister, *Uma Paixão pela Vida: Fragmentos da Face de Deus* (Maryknoll, N.Y.: Orbis Books, 1996).

ABENÇOADOS OS QUE SÃO POBRES EM ESPÍRITO

A Mãe de Jesus – uma princesa franciscana – uma escrava emancipada – uma herdeira – uma mística moderna – uma artista – um testemunho de solidariedade

Na versão de São Lucas das Bem-Aventuranças, esse versículo inicial é um tanto diferente – simplesmente: "Abençoados os pobres..." Isso está de acordo com a especial ênfase dada por Lucas à opção preferencial feita por Cristo pelos pobres e pelos marginalizados. As Bem-Aventuranças de Mateus, ao contrário, chamam atenção para as qualidades do verdadeiro discipulado. A pobreza espiritual aqui citada não é medida pela falta de propriedade material. Ela implica, ao contrário, um espírito de desprendimento e disponibilidade para quaisquer dom, plano ou missão que Deus possa nos enviar. Assim como a Virgem Maria respondeu ao Anjo Gabriel: "Eu sou a serva do Senhor".

Este espírito é inconsistente com a avareza e a ambição que impulsionam nossa cultura. Ser espiritualmente pobre é deixar de lado os critérios pelos quais o mundo avalia o sucesso, o status e as conquistas pessoais. Por esse motivo, a vida da maioria dos santos é marcada por certa "mobilidade para baixo".

Acima de tudo, aqueles que são pobres de espírito possuem um profundo senso de suas próprias limitações e de sua confiança na graça. Ou, de acordo com uma tradução: "Abençoados aqueles que aceitam a necessidade que têm de Deus".

"Deles é o Reino dos Céus."

MARIA

Mãe de Jesus (séc. I)

"Eu sou a serva do Senhor."

Maria, uma jovem galiléia de Nazaré, havia sido prometida para um carpinteiro chamado José. Um dia, segundo o Evangelho de Lucas, ela recebeu a visita do Anjo Gabriel, que a saudou com as palavras: "Alegra-te, ó tu que tens o favor de Deus, o Senhor está contigo". Depois de acalmar seus temores, ele anunciou que ela iria conceber e dar à luz um filho chamado Jesus, que seria chamado "o Filho do Altíssimo".

Maria ficou perturbada com a notícia, pois ainda não havia se casado, pois, se fosse acusada de adultério, poderia ser apedrejada até a morte. Mas o anjo lhe disse que ela iria conceber pelo poder do Espírito Santo. "Pois nada é impossível para Deus", ele lhe garantiu. E, então, Maria retrucou, com fé: "Aconteça-me segundo a tua palavra".

Foi nesse espaço criado pela fé de Maria – e não apenas em seu ventre – que o Verbo se tornou carne. Por esse motivo, ela tem sido chamada não somente de Mãe de Jesus, mas de Mãe da Igreja. No passado era comum enfatizar o modo como Maria estava separada e acima de todas as outras mulheres e das condições normais da humanidade. Atualmente, há uma nova ênfase em sua posição de mulher do povo e sua solidariedade para com o resto da humanidade. Uma "Mariologia do alto" enfatizava a iniciativa de Deus ao selecionar Maria para seu papel no mistério divino da redenção. De modo oposto, uma "Mariologia de baixo" começa com a mulher pobre, Maria de Nazaré, que estava enraizada na fé e nas lutas de seu povo, sujeita às crueldades do mundo, e que era herdeira da antiga esperança de liberdade e salvação. Segundo esse ponto de vista, Maria é honrada não apenas por sua natureza especial, mas sim pela sua fé excepcional.

Duas passagens nos Evangelhos enfatizam esse ponto. Uma vez disseram para Jesus que "sua mãe e seus irmãos" estavam à sua procura. Olhando para aqueles que estavam sentados em sua volta, Ele respondeu: "Quem são minha mãe e meus irmãos? Eis minha mãe e meus irmãos. Todo aquele que faz a vontade de Deus, esse é meu irmão, minha irmã, minha mãe" (Marcos, 3, 33-35). Em outra ocasião, alguém exclamou no meio da multidão: "Bem-aventurada aquela que te trouxe no seio e te amamentou!", ao que Jesus respondeu: "Bem-aventurados antes os que ouvem a palavra de Deus e a observam" (Lucas, 11, 27-28).

Nenhuma das passagens reflete um descaso da parte de Jesus em relação à sua mãe. Mas elas realmente mostram que Ele rejeitava os direitos do sangue ou dos laços de parentesco em favor do discipulado. Sob essa perspectiva, a primazia de Maria se deve ao fato de ela ter exemplificado o espírito do verdadeiro discipulado: atenção, reverência e obediência à palavra e à vontade de Deus.

O Evangelho de João coloca Maria aos pés da cruz ao lado "do discípulo bem-amado". Segundo Lucas, ela estava entre os discípulos que se reuniram na sala superior em Jerusalém após a ascensão de Jesus. Ela foi, na verdade, a primeira e paradigmática discípula. Ela é, assim, a primeira a ser honrada entre os santos. Na escuridão da fé, deu seu consentimento para o plano misterioso de Deus: à luz do amor divino, ela respondeu com seu extraordinário canto de louvor e de agradecimento:

> Minha alma exalta o Senhor,
> e meu espírito se encheu de júbilo por causa de Deus, meu Salvador,
> porque ele pôs os olhos sobre a sua humilde serva.
> Sim, doravante todas as gerações me proclamarão bem-aventurada,
> porque o Todo-poderoso fez por mim grandes coisas:
> santo é o seu Nome...

Ver: Elizabeth A. Johnson, "Os Santos e Maria", in: *Teologia Sistemática,* vol. 2, ed. Francis Schüssler Fiorenza e John P. Gavin (Minneapolis Fortress, 1991).

ANA

Profetisa (séc. I)

> *"Havia também uma profetisa, Ana, filha de Fanuel, da tribo de Aser. Ela já estava com idade muito avançada: depois de ter vivido sete anos com o seu marido, ficara viúva e tinha atingido a idade de oitenta e quatro anos. Ela não se afastava do Templo, participando do culto, noite e dia, com jejum e orações. Chegando no mesmo momento, ela se pôs a celebrar a Deus e a falar do menino a todos os que esperavam a libertação de Jerusalém."*
>
> – Lucas 2, 36-38

Esse curto texto é tudo que foi escrito sobre a profetisa Ana, uma mulher idosa que freqüentava o templo de Jerusalém esperando por um sinal do Redentor de Israel. Seus longos anos de paciente vigília foram recompensados, um dia, quando Maria e José levaram ao templo o filho recém-nascido para sua apresentação ritual para o Senhor. A história de Ana segue o relato mais longo de Simeão, um homem idoso a quem o Espírito Santo havia garantido que ele não morreria antes de ter visto o Messias. Ao ver o pequeno Jesus acompanhado de seus pais, ele deu graças a Deus e disse: "Agora despedes o teu servo, Soberano, em paz, conforme tua palavra; pois meus olhos viram a tua salvação, que preparaste em face de todos os povos".

Embora nenhuma palavra tenha sido atribuída a Ana, há um sentimento de plenitude semelhante em sua história. Depois da família mais íntima de Jesus, ela é a primeira mulher a quem é dado esse discernimento a respeito do mistério divino oculto neste humilde começo. E é ela a primeira a proclamar essa boa-nova às pessoas como ela própria – pobres e sem importância – que viviam pela fé e aguardavam com esperança.

SANTAS MARTA E MARIA DE BETÂNIA

Amigas de Jesus (séc. I)

"Senhor, se tivesses estado aqui, o meu irmão não teria morrido. Mas mesmo agora, eu sei que tudo o que pedires a Deus, Deus te dará."

– João 11, 21-22

As santas Marta e Maria aparecem de modo significativo nos Evangelhos, tanto no de Lucas quanto no de João. Sem dúvida, as duas irmãs e seu irmão Lázaro desfrutavam um relacionamento especial com o Senhor, que era hóspede freqüente em sua casa em Betânia. É verdade que, como diz João: "Jesus amava Marta e sua irmã e Lázaro".

Marta e Maria são mais lembradas por uma ocasião em que Jesus estava visitando sua casa. Enquanto Maria se sentava aos pés do Senhor e "escutava sua palavra", Marta ficou encarregada de servi-lo. Quando ela sugeriu a Jesus que Ele aconselhasse Maria a ajudá-la, Ele lhe respondeu: "Marta, Marta, tu te inquietas e te agitas por muitas coisas. Uma só é necessária. Foi Maria quem escolheu a melhor parte: ela não lhe será tirada".

Essa passagem do Evangelho de Lucas tem chamado muita atenção. Na história da espiritualidade cristã, a história de Marta e de Maria tem sido com freqüência interpretada como uma representação do contraste entre dois tipos de vida: o modo de vida ativo ou apostólico (Marta, atarefada na cozinha) e o modo contemplativo (Maria, em silêncio, ouvindo a palavra do Senhor). Naturalmente, quem seguiu o caminho contemplativo encontrou ampla justificativa nessa passagem. O clássico do misticismo inglês do século XIV *A Nuvem do Desconhecimento* dedica vários capítulos a essa história. É Maria, que "olhava com todo amor de seu coração" e concentrou sua atenção na "sabedoria suprema de sua Mente divina envolta nas palavras de sua humanidade", a heroína evidente da história. Foi ela quem escolheu "a melhor parte".

Mas, em geral, os desdobramentos dessa história para as mulheres têm sido ambíguos. Entretanto, essa passagem tem sido utilizada para colocar a vida contemplativa de freiras enclausuradas em um patamar ideal, mais alto, acima da vida comum das mulheres atarefadas no mundo. No decorrer dos séculos, as mulheres que "apenas" se ocuparam com as tarefas triviais como cozinhar, limpar e manter a vida certamente sentiram a aguilhoada da resposta de Jesus. Ao mesmo tempo, porém, a história mostra Jesus desafiando o tipo de estereótipos de gênero que poderiam restringir as mulheres ao trabalho doméstico. Rompendo com o costume, ele reconhece o direito de Maria de assumir o papel de uma discípula religiosa, de sentar-se aos pés do Senhor e de estudar Seus ensinamentos. Na realidade, foi a afirmação Dele uma reprovação a Marta ou foi também um sinal poderoso enviado aos outros discípulos que anotaram Suas palavras?

O Evangelho de João mostra Marta mantendo uma conversa teológica com Jesus. Quando Ele chega – muito tarde, é o que parece – após o enterro de seu irmão Lázaro, é Marta ("a ativa") que corre em sua direção, exclamando: "Senhor, se tivesses estado aqui, o meu irmão não teria morrido". Dessa vez, Jesus não banaliza sua preocupação, mas a conduz para uma conversa a respeito de mistérios mais profundos: "Eu sou a Ressurreição e a Vida", Ele lhe diz, "aquele que crê em mim, mesmo que morra, viverá; e todo aquele que vive e crê em mim não morrerá jamais".

Ela acredita Nele? Aqui é Marta quem responde com as grandes palavras de fé atribuídas, de outra maneira, a seus discípulos mais próximos: "Sim, Senhor, eu acredito que és o Cristo, o Filho de Deus, Aquele que vem ao mundo". Sua fé é justificada quando Cristo ressuscita Lázaro dos mortos.

João descreve um encontro final que ocorre pouco depois. Apenas alguns dias antes de sua Paixão, Jesus está, uma vez mais, desfrutando hospitalidade de suas amigas Marta e Maria; sem dúvida, a devoção das duas por seu hóspede foi aumentada pelo dom da vida de seu irmão. Uma vez mais "Marta servia", embora nessa ocasião sem se queixar. Maria faz um gesto que é, sob outros aspectos, atribuído nos Evangelhos a uma mulher não identificada em Betânia: ela pegou uma libra de um perfume muito caro e começou a ungir os pés de Cristo e a enxugá-los com seus cabelos. Uma vez mais, sua atitude em relação a Jesus é criticada pelos espectadores – não, dessa vez, por sua irmã, mas sim pelo falso discípulo, Judas, que observa que o perfume poderia ter sido vendido e o dinheiro distribuído entre os pobres. Mas, mais uma vez, Jesus declara o valor do gesto de Maria, ao mesmo tempo profundamente íntimo e misteriosamente cristológico em seu significado: "Deixa-a! Ela observa esse uso em vista do meu sepultamento. Pobres, vós os tendes sempre convosco; mas a mim não me tendes para sempre".

Tanto Marta quanto Maria, cada uma a seu modo, encontraram a "coisa necessária" – responder com amor, de qualquer modo apropriado, ao Cristo que estava entre elas.

SANTA MARIA MADALENA

Apóstolo dos Apóstolos (séc. I)

"Eu vi o Senhor."

– João 20, 18

Maria Madalena foi um dos discípulos originais de Jesus e a mais importante entre as muitas mulheres que O seguiram em seu ministério itinerante. Pouco pode ser dito a respeito de suas origens; ela é caracterizada simplesmente como "a mulher da qual haviam saído sete demônios", uma afirmação que dá ensejo a várias interpretações. Foi São Gregório, o Grande, que identificou Maria com a mulher, "uma pecadora", que havia procurado Jesus na casa de um fariseu para lavar os Seus pés com suas lágrimas e secá-los com seus cabelos. Este gesto, que escandalizou os outros convidados para o jantar, levou Jesus a dizer: "Se seus pecados tão numerosos foram perdoados, é porque ela mostrou muito amor". Dessa mistura, agora rejeitada por eruditos, bem como pela Igreja, surgiu a representação popular de Maria Madalena como uma pecadora penitente ou prostituta.

Essa imagem da "Madalena" atraiu artistas e dramaturgos no decorrer da história e, sem dúvida, ela tem sido um conforto para muitos. Entretanto, ao vincular uma imagem feminina tão estereotipada a Maria Madalena os padres ocidentais também ajudaram a apagar a lembrança da liderança e da proeminência das mulheres no início da ação de Jesus. Esse esquecimento já estava em andamento na época em que os Evangelhos foram escritos, no século I. Uma das características mais marcantes da ação de Jesus era a presença das mulheres entre seus discípulos íntimos. E, mesmo assim, a história e a identidade de muitas dessas mulheres foram deixadas de lado.

É ainda mais significativo quando mulheres como Maria de Betânia, sua irmã Marta ou Maria Madalena *são* identificadas. É um sinal de quão vital era o lugar que elas ainda ocupavam na memória viva da Igreja. Maria Madalena, em particular, foi firmemente associada a dois acontecimentos vitais: ela foi uma testemunha da crucifixão e foi a primeira a ver o Jesus Ressuscitado.

Todos os quatro Evangelhos nomeiam Maria entre as mulheres que seguiram Jesus ao Gólgota e lá testemunharam sua paixão e morte. Enquanto todos os discípulos homens fugiram, as mulheres permaneceram fiéis até o fim. Também foram elas, incluindo Maria Madalena, a ir até seu túmulo, no dia depois do *sabbath*, esperando ungir Seu corpo.

Mas, elas encontram a tumba vazia, vigiada por um anjo que revelou a espantosa notícia de que Jesus havia ressuscitado. As mulheres foram encarregadas de dizer aos discípulos que fossem reencontrar o Senhor na Galiléia. Nos Evangelhos de João e de Mateus, Maria Madalena vê o Senhor Ressuscitado. João oferece um relato particularmente emocionante, o qual reflete com maior clareza o relacionamento especial que existia entre Maria e Jesus.

Aqui, após intimar Pedro e o "discípulo amado" para que eles fossem ver a tumba vazia, "Maria ficara fora, perto do túmulo, e chorava". De repente, ela vê Jesus, mas não O reconhece. Pensando que fosse o jardineiro, ela diz: "Senhor, se foste tu que o tiraste, dize-me onde o puseste, e eu o levarei". Jesus lhe responde com uma única palavra – "Maria" – que é suficiente para sua identificação. "*Rabuni!*", ela exclama, "Mestre". Ele a instrui a não tentar retê-Lo, "Mas tu, vai ter com os meus irmãos e dize-lhe que eu subo para o meu Pai, que é vosso Pai, para o meu Deus, que é o vosso Deus". E, então, Maria vai encontrar os discípulos e diz: "Eu vi o Senhor".

Nada mais se sabe a respeito de Maria Madalena. Seus feitos não são descritos nos Atos dos Apóstolos, e ela não aparece nos escritos de Paulo. (Ao fazer uma lista das aparições do Jesus Ressuscitado ele começa com a aparição a Pedro.) Mas o nome de Maria Madalena merece um lugar especial, em particular em um tempo em que as mulheres lutam para ser ouvidas na Igreja e na sociedade. Foi ela, a discípula fiel, que proclamou, em primeiro lugar, a boa-nova aos Doze. Por isso, ela tem sido muitas vezes chamada "Apóstolo dos Apóstolos".

Santa Marcela

Viúva (325-410)

"Pela graça dos céus, o cativeiro já me encontrou uma mulher pobre, não me tornou uma. Agora posso precisar do pão de cada dia, mas não sentirei fome, pois estou plena de Cristo."

Tudo que sabemos de Marcela está contido nas muitas cartas que ela recebeu de seu amigo São Jerônimo, e especialmente de um eloqüente memorial, no qual ele a chamava "a glória de todos os santos e particularmente da cidade de Roma".

Marcela nasceu em uma família nobre e rica de Roma. Após a morte de seu pai, foi instada a se casar, e assim o fez. Seu marido também era um homem rico, mas apenas sete meses após o casamento ela se tornou viúva. Após o falecimento dele, ela resistiu a todas as propostas para casar-se novamente, dedicando-se com alegria a uma vida de castidade. Quando um cônsul de prestígio – e mais velho – lhe propôs deixar todo seu dinheiro caso se casasse com ele, ela respondeu: "Se eu desejasse me casar... em todo caso, procuraria um marido, não uma herança".

Depois disso, a vida de Marcela foi preenchida por orações, o estudo das Escrituras e visitas aos santuários dos mártires. Ela doou toda sua fortuna, "preferindo guardar o dinheiro no estômago dos pobres a escondê-lo em uma bolsa". Nessa época, ela deparou com relatos da vida de Santo Antônio, e foi inspirada, tanto quanto as circunstâncias o permitissem, a tomar a vida monástica dele como exemplo. Dessa forma, começou a reunir uma comunidade de mulheres com o mesmo espírito, tanto viúvas quanto solteiras, que partilhavam de seu desejo pela santidade. Muitas vinham da mesma classe social, embora aceitassem a pobreza voluntária de Marcela. Elas não seguiam uma regra formal. No entanto, essa talvez tenha sido uma das primeiras comunidades de mulheres cristãs.

Quando Jerônimo chegou a Roma, foi apresentado ao grupo de mulheres santas de Marcela, e foi convidado, um pouco relutante, a servir como diretor espiritual delas. Tão impressionado ficou com seus estudos e sua piedade, que as comparou às mulheres santas que ficavam ao lado de Jesus. Marcela, ele alegava, era outra Maria Madalena. Muitas dessas mulheres tornaram-se suas amigas por toda a vida. Jerônimo era um visitante tão freqüente da comunidade que, em "um local que amava as maledicências... onde o triunfo do vício era depreciar a virtude e macular tudo quanto é puro e imaculado", os seus inimigos encontraram um vasto material para fofocas. Este contexto contribuiu para a decisão de Jerônimo de fugir de Roma e seguir para a Terra Santa. No entanto, ele manteve uma correspondência íntima com Marcela até o falecimento dela.

Ela continuou sua vida santa até o saque de Roma em 410. O espetáculo da violência e a fome que veio a seguir causaram impacto em todo o mundo clássico. Como disse Jerônimo: "A cidade que havia conquistado o mundo inteiro foi ela própria conquistada". Em um determinado mo mento, as hordas invasoras entraram na casa de Marcela, então com 85 anos, e a espancaram com selvageria, tentando descobrir os tesouros que achavam que havia escondido. Em vão ela protestou que não possuía nada além da roupa que vestia, e temia que eles levassem até suas vestes. Não obstante, seu comportamento corajoso fez com que o assalto terminasse e, finalmente, os atacantes envergonhados a conduziram para o refúgio de uma igreja próxima.

Marcela faleceu alguns meses depois do ataque. Embora suas irmãs chorassem, Jerônimo escreve: "Ela sorriu, cônscia de ter vivido uma vida boa e esperando pela recompensa depois".

Ver: S. Jerônimo, "Carta CXXVII: To Principia", in: *Cartas Selecionadas de São Jerônimo*, trad. de F.A.Wright (Nova York: G.P. Putnam's Sons, 1932).

Santa Clara de Assis

Fundadora da Ordem das Clarissas Descalças (1193-1253)

"Põe tua mente naquele que é espelho da eternidade!
Põe tua alma no esplendor da sua glória!
Põe teu coração naquele em que o vigor de Deus se tornou visível!
E transforma-te, pela contemplação, em imagem
perfeita da própria Divindade!"

A história de Santa Clara de Assis é inevitavelmente ligada a São Francisco, a quem ela chamava de seu Pai, Semeador e Ajudante no Serviço de Cristo. Foi Francisco quem lhe deu a visão e permitiu que ela definisse um modo de vida separado das opções que lhe eram oferecidas pela sociedade. Contudo, o objetivo de Clara não era ser um reflexo de Francisco, mas ser, como ele, um reflexo de Cristo. "Cristo é o caminho", disse ela, "e Francisco mostrou-o para mim".

Como Francisco, Clara pertencia a uma das famílias ricas de Assis e, como todas as outras pessoas da cidade, ela tinha consciência do espetáculo notável que Francisco havia dado ao abandonar sua família respeitável e assumir a pobreza de um pedinte. Sem dúvida, houve quem em Assis respeitasse Francisco como um cristão fiel, assim como havia quem acreditasse que ele era um louco rematado. Já era muito ruim que um homem de sua posição estivesse perambulando pelos campos, consertando igrejas abandonadas com as mãos nuas e ministrando aos pobres e aos doentes. Mas, em poucos anos, ele havia começado a atrair alguns dos mais distintos moços da cidade para que o seguissem em sua irmandade.

O que a família de Clara pensou a respeito não se sabe. No entanto, sabemos o impacto que isso causou em Clara. Ela ouviu Francisco fazer uma série de sermões na Quaresma em 1212, quanto ela tinha 18 anos de idade. Ela conseguiu se encontrar em segredo com Francisco e pediu a sua ajuda para que ela também pudesse viver "à maneira do sagrado Evangelho". Na véspera do Domingo de Ramos, enquanto sua família e toda a cidade dormiam, ela saiu silenciosamente, por uma porta de trás da casa, passou despercebida pelos portões de Assis e caminhou pelos campos escuros e bosques de oliveiras para se encontrar com Francisco e seus irmãos na capela de Santa Maria dos Anjos. Na frente do altar, tirou suas roupas finas e vestiu um hábito penitencial, e Francisco cortou seus longos cabelos como um sinal do casamento dela com Cristo.

É tentador ler nesse episódio o romance de uma fuga espiritual. Para que possamos entender Clara, no entanto, devemos perceber que não era com Francisco que ela havia fugido para se encontrar à noite. Ele providenciou o ponto de encontro. Mas o compromisso dela era com Cristo.

No entanto, depois de Clara ter tomado a atitude de rejeitar sua família e sua posição social, não estava claro qual deveria ser o próximo passo. Aparentemente, nem Clara nem Francisco haviam considerado o futuro mais distante. Embora ela desejasse se identificar com a comunidade de Francisco, não era conveniente que fosse viver com os irmãos. Francisco conseguiu que ela passasse a noite em um convento beneditino da vizinhança. Lá, a família dela e um grupo de pretendentes irados a encontraram alguns dias depois, na Semana Santa. Quando os apelos se mostraram infrutíferos, eles a retiveram e tentaram levá-la à força. Porém, por fim, ela conseguiu detê-los ao arrancar o véu e mostrar sua cabeça raspada. Eles haviam chegado tarde demais. Ela já era "um deles".

Francisco tinha a intenção antiga de que uma comunidade de mulheres, semelhante à sua fraternidade, fosse estabelecida. Em Clara ele havia encontrado a parceira pela qual procurara. Ela foi facilmente convencida a fundar uma comunidade de mulheres, que foi criada em São Damião. Foi necessário um esforço muito maior da parte de Francisco para persuadi-la a servir como abadessa. Entretanto, Clara sem demora atraiu outras mulheres. Com o tempo, elas incluíam várias de suas parentas, entre as quais sua irmã Catarina e mesmo sua mãe viúva. Enquanto Clara ainda estava viva, comunidades adicionais foram criadas em outros lugares da Itália, França e Alemanha.

Ao contrário dos Frades, as Damas Pobres, como eram originalmente conhecidas, viviam na clausura. Mas Clara partilhava o compromisso apaixonado de Francisco com a "Senhora Pobreza". Para ele, isso significava pobreza espiritual e insegurança – não a luxuosa "pobreza espiritual" que desfrutavam tantos outros conventos, ricamente sustentados por presentes e doações. Para defender esse "privilégio da pobreza", Clara batalhou sem cessar contra prelados solícitos que tentaram mitigar sua austeridade. Esse foi o ponto central da regra que ela delineou para sua comunidade. Quando o papa se ofereceu para absolvê-la de seu rigoroso voto de pobreza, ela respondeu: "Absolva-me de meus pecados, Santo Padre, mas não de meu desejo de seguir Cristo". Dois dias antes de sua morte, em 1253, ela desfrutou da graça de receber de Roma uma cópia de sua regra adornada com o selo de aprovação do Papa Inocêncio IV. Uma anotação no documento original diz que Clara, chorando de alegria, cobriu o pergaminho com beijos.

Já foi dito que, de todos os seguidores de Francisco, Clara foi a mais fiel. Muitas histórias refletem os amorosos laços de amizade entre eles e a confiança que Francisco tinha na sabedoria e no conselho dela. De acordo com uma história, Francisco perguntou à Clara se ele deveria pregar ou devotar-se à oração. Foi Clara quem lhe pediu para sair pelo mundo: "Deus não o chamou apenas por você, mas também para a salvação de outros". Durante um período de abatimento, Francisco acampou em uma tenda fora do convento de São Damião. Foi lá que compôs seu exultante hino ao universo, "O Cântico do Irmão Sol". Mais tarde, quando Francisco recebeu os estigmas, Clara carinhosamente fez para ele sapatos macios para proteger seus pés machucados.

Finalmente, quando Francisco sentiu a proximidade da Irmã Morte, Clara também ficou muito doente. Ela sofria terrivelmente ao pensar que eles não se veriam outra vez em vida. Francisco mandou dizer-lhe que ela deveria deixar o medo de lado, pois *certamente* o veria de novo antes que partisse. Após a morte de Francisco, os irmãos levaram o seu corpo até São Damião, para que as Irmãs o vissem. O primeiro biógrafo de Francisco, Tomás de Celano, relata que, ao ver seu pobre corpo sem vida, Clara ficou "cheia de pesar e chorou alto".

Francisco foi canonizado apenas dois anos depois. Clara ainda viveu por outros 27 anos. Em seu "Testamento" final, escrito perto do fim de sua vida, Clara faz apenas uma discreta referência à dor da separação e o que isso significou para ela: "Nós nos demos conta... da fragilidade que temíamos em nós mesmas após a morte de nosso santo Pai Francisco. Ele era nosso pilar de força e, depois de Deus, nosso único consolo e apoio. Então, mais uma vez, nós nos comprometemos com nossa Senhora, a mais Sagrada Pobreza".

Ver: Francisco e Clara: Obra Completa, trad. de Regis Armstrong, O.F.M. Cap., e Ignatius Brady, O.F.M., Classics of Western Spirituality (Nova York: Paulist, 1982).

SANTA ISABEL DA HUNGRIA

Rainha franciscana (1207-1231)

"Devemos dar a Deus o que temos, com presteza e alegria."

Santa Isabel era filha da nobreza húngara. Aos quatro anos de idade, em um casamento politicamente arranjado, ela foi prometida ao futuro landgrave (príncipe) da Turíngia, no sul da Alemanha. Assim, ela foi enviada para longe de sua família para viver no castelo de seu futuro marido, Luís, na época um menino de nove anos. Poderíamos pensar que esses casamentos raramente dessem origem a um romance genuíno. Neste caso, entretanto, parece que as duas crianças desenvolveram uma profunda amizade que floresceu em devoção amorosa. Esta devoção suportou a crescente desaprovação da família de Luís à medida que a piedade de Isabel gradualmente transgredia os limites do que se considerava bom gosto. A jovem princesa vestia-se com simplicidade, diziam; ela não tinha moderação em suas orações e era pródiga em seus donativos. Luís, entretanto, rejeitava qualquer sugestão de mandá-la de volta para a Hungria; ele declarava que seria mais fácil se separar de uma montanha de ouro do que da mulher a quem carinhosamente chamava "sua querida irmã".

Na época estabelecida, eles se casaram em meio a muitas cerimônias. Isabel deu à luz três filhos sucessivamente, e alegrava-se pelo fato de que, sendo landgravina da Turíngia, agora tinha um terreno mais amplo para suas atividades de caridade. Ela fundou diversos hospitais para os indigentes e causou escândalo ao cuidar dos doentes e mesmo dos leprosos com suas próprias mãos. Sua pobreza espiritual instintiva aumentou ainda mais com a chegada dos primeiros missionários franciscanos na Alemanha. Ela ficou cativada com a história de Clara e de Francisco (de quem recebeu como presente seu manto), e por fim adotou a regra de membro da Ordem Terceira.

Em toda sua piedade e auxílio aos pobres, Isabel recebeu o leal apoio de seu marido. Quando a fome devastou o reino em um período no qual Luís estava fora, Isabel se encarregou de abrir pessoalmente os celeiros reais para os pobres. Muitas vidas foram salvas devido à sua generosidade. Entretanto, ao voltar Luís ficou chocado ao descobrir que sua esposa havia se tornado objeto de desprezo entre os ricos e os membros da elite da corte. Além de sua caridade, eles estavam ofendidos pela disciplina pessoal que ela se havia imposto de nunca comer um alimento que pudesse ser fruto de injustiça ou de exploração.

Em 1227, Luís revelou que aceitara comandar um exército de Cruzados que se dirigia à Terra Santa. Isabel, que estava grávida, sentiu uma sombria premonição de que eles não se veriam novamente, e a despedida foi uma cena de profunda tristeza. Alguns meses depois, ela recebeu a notícia de que Luís havia morrido de peste em sua viagem. Em um paroxismo de desespero, Isabel exclamou: "O mundo está morto para mim, e tudo quanto havia de alegria nele".

Acontecimentos chocantes se seguiram. Sem Luís para protegê-la do ressentimento de seus familiares, Isabel foi banida do castelo. Partiu em uma noite de inverno, deixando seus pertences pessoais e não levando mais que seu filho recém-nascido. Ela, que havia abraçado o espírito da pobreza, agora se sentia alegre ao aceitar abrigo em um lugar imundo, pois nenhuma casa respeitável iria acolhê-la. Finalmente, o escândalo de sua pobreza foi grande demais para que seus parentes pudessem tolerar, e deram a ela uma casinha em Marburgo. Além de sua virtude, Isabel era igualmente admirada por sua "beleza morena". O fato de ela ter caído em desgraça não impediu o Imperador Frederico II, cuja esposa havia falecido recentemente, de fazer perguntas a respeito da disponibilidade de Isabel para o casamento. Mas ela estava determinada a permanecer viúva e a se devotar às orações e ao serviço dos pobres.

Enquanto isso, por trás desse sofrimento público, Isabel tinha outra cruz para carregar. Antes da morte de seu esposo, ela aceitara do Papa

Honório III os serviços de um diretor espiritual, Conrado de Marburgo, que obteve de Isabel um voto de obediência cega. O mais recente serviço desse padre havia sido o de inquisidor dos heréticos, uma experiência que ele havia aplicado ao seu novo empreendimento. De forma ostensiva, seu objetivo era propiciar a santificação de Isabel, nela enfraquecendo quaisquer vestígios de ligação com o mundo. Dessa maneira, ele a repreendia cruelmente, e até mesmo a espancava com uma vara por qualquer desobediência de suas ordens. Ele a obrigou a se separar de suas melhores amigas, suas damas de companhia que a haviam seguido da Hungria quando ela era ainda criança, e colocou no lugar delas duas "mulheres duras" que a espiavam e faziam para ele relatos sobre as suas atividades. Escapar de seus cuidados era um dos benefícios de seu exílio da corte. Apesar desse tratamento, ela mantinha sua bondade de espírito e até mesmo respondia a essas crueldades com humor subversivo, evidência, se alguma fosse necessária, de quão pouco encorajamento sua santidade precisava.

Nesse ínterim, a reputação de santidade de Isabel começou a se firmar. A visão dessa princesa trabalhando em uma roca ou cuidando dos doentes em suas casas ou nos hospícios aos quais ela havia feito doações inspirava o respeito relutante daqueles que a haviam perseguido, bem como a devoção afetuosa dos pobres e das pessoas comuns. Quando não estava rezando ou atarefada com outro serviço, ela gostava de ir pescar em um riacho próximo, vendendo o produto de sua pesca para fazer donativos.

Em 1231, Isabel adoeceu e anunciou, serena, que não iria se recuperar. Ela faleceu em 17 de novembro, aos 24 anos de idade. Seu confessor, Mestre Conrado, trabalhou com afinco (e com mal disfarçado interesse próprio) para promover sua causa. Foi fácil reunir um dossiê de milagres creditados a ela e outras provas de sua santidade. Seus esforços foram recompensados com a canonização de Isabel três anos depois de sua morte – entretanto, Mestre Conrado não viveu para presenciar o acontecimento. Por muitos anos, os restos mortais de Isabel, enterrados na igreja de Marburgo, motivaram peregrinações até que, durante a Reforma Protestante, um futuro landgrave da Turíngia fez com que o corpo dela fosse removido para um local desconhecido.

Ver: Nesta de Robek: *Santa Isabel da Hungria: Uma História de Vinte e Quatro Anos* (Milwaukee: Bruce, 1954).

Santa Inês de Praga

Princesa e Abadessa (1203-1280)

"Embora você, mais que outros, pudesse ter desfrutado da magnificência, da honra e da dignidade do mundo, e pudesse ter se casado com o ilustre César, com esplendor que fizesse jus a você e à excelência dele, rejeitou tudo isso e escolheu com coração e alma uma vida de pobreza santa e de privações. Então, escolheu um esposo de uma linhagem mais nobre."

– Santa Clara de Assis a Santa Inês de Praga

Embora tenha morrido em 1280, Santa Inês de Praga foi canonizada apenas em 1989. Mas, ao longo desses sete séculos, foi objeto de um culto devoto, um símbolo de integridade e de virtude, mesmo durante os anos em que um governo comunista repressivo na Tchecoslováquia, apoiado pelo que Vaclev Havel chamou de "a cultura das mentiras", tentou, com todas as forças, apagar a memória religiosa do povo. Entre os fiéis, acreditava-se que o dia da possível canonização de Inês indicaria um renascimento para o povo tcheco.

Inês nasceu em 1203, em Praga. Ela era uma princesa, filha do rei Ottokar da Boêmia e da Rainha Constança da Hungria. Apesar do luxo e dos privilégios de sua posição social, não tinha liberdade para decidir seu próprio destino. Ao se adequar ao papel destinado às jovens da nobreza, ela era simplesmente uma mercadoria para ser investida em qualquer lugar onde pudesse gerar maior lucro para sua família e para os interesses dinásticos desta. Repetidamente, a partir dos três anos de idade, ela foi mandada para vários reinos e comprometida a estranhos que nunca havia visto, para depois ser devolvida quando algum problema surgia. Seu primeiro compromisso – com Boleslau, filho do duque da Silésia – não foi possível, pois seu futuro esposo morreu aos seis anos. O compromisso seguinte, com o filho do imperador Frederico II, terminou quando o provável noivo acabou se casando com outra princesa. Henrique III da Inglaterra pediu sua mão em casamento. O próprio Frederico II também pediu. Essa foi a última proposta, e o irmão dela, rei Venceslau, insistiu para que ela cooperasse.

Porém, nesse ponto Inês ousou declarar sua própria vontade. Ela escreveu ao Papa Gregório IX, pedindo-lhe que impedisse o casamento, tendo como justificativa o fato de ela não ter consentido e que seu desejo era, pelo contrário, dedicar-se a Cristo. Seu irmão levou a embaraçosa questão ao imperador, que – para surpresa de todos – respondeu respeitando o desejo de Inês. "Se ela tivesse me deixado por causa de um homem mortal, minha vingança teria sido sentida", disse ele, "mas não posso sentir-me ofendido se ela prefere o Rei dos Céus a mim".

O que levou a princesa a escolher uma opção tão ousada? Inês pode ter tirado sua inspiração do exemplo de sua prima, Santa Isabel da Hungria, que, após a morte de seu esposo, causou um escândalo ao abandonar os privilégios de sua posição real para tornar-se membro da Ordem Terceira dos franciscanos. Com certeza, Inês foi profundamente influenciada pela chegada, em Praga, dos primeiros frades franciscanos. Mais tarde, ela iniciou uma correspondência com Santa Clara, que lhe respondeu enviando cinco de suas Irmãs para Praga. Em 1236, deixando sua vida nobre para trás, Inês formalmente se juntou a elas.

As cartas de Santa Clara para Inês, entre os poucos escritos de sua autoria que chegaram até nós, lançam uma luz preciosa sobre o começo do movimento franciscano. Com cordialidade e evidente afeição, Clara chamava Inês de "a metade de sua alma e o santuário especial do amor mais profundo de seu coração". Falando como uma "mãe" para "sua filha favorita", ela recomendou para Inês a pobreza que havia escolhido. Ao rejeitar as falsas riquezas do mundo, havia reivindicado um prêmio de maior valor. Ao abdicar das falsas honras, havia garantido um lugar no "caminho da felicidade prudente". "Põe tua mente naquele que é espelho da eternidade!", Clara lhe aconselhou. "Põe tua alma no esplendor da sua glória! Põe teu coração naquele em que o vigor de Deus se tornou visível! E transforma-te, pela contemplação, em imagem perfeita da própria Divindade!"

Inês viveu 44 anos como Clarissa. Sua decisão de renunciar ao seu título real, riqueza e conforto pela pobreza de uma cela religiosa surtiu efeito muito além de sua terra de origem. Somente na Boêmia, cem jovens a acompanharam na Ordem das Clarissas, enquanto, por toda a Europa, outras damas da nobreza seguiram seu exemplo. Alguns acreditam que sua influência se estendeu muito além. Apenas uma semana após sua canonização pelo Papa João Paulo II, em 1989, a "Revolução de Veludo" em Praga acabou com quatro décadas de governo comunista sem que um único tiro fosse disparado.

Ver: Francisco e Clara: Obra Completa, trad. de Regis Armstrong, O.F.M. Cap., e Ignatius Brady, O.F.M., Classics of Western Spirituality (Nova York: Paulist, 1982).

SANTA ÂNGELA MERICI

Fundadora da Ordem das Ursulinas (1474-1540)

"Cada membro da Ordem deveria lutar para se desfazer de tudo e colocar todo seu bem, seu amor, sua alegria, não em roupas, não em comida, não nos parentes, mas apenas em Deus e em Sua benigna e inefável Providência."

É fácil aceitar, sem pensar muito no assunto, as dezenas de congregações religiosas dedicadas aos trabalhos de misericórdia e outros apostolados. À medida que seu número declina, é difícil relembrar um tempo em que um amplo sistema de escolas, de orfanatos e de hospitais era dirigido por legiões de Irmãs, cada uma usando o hábito característico de sua congregação. É ainda mais difícil recordar que existiu um tempo, antes que essas comunidades existissem, em que coube a determinadas visionárias e suas devotas pioneiras imaginar um novo modo de viver o Evangelho em resposta às necessidades em sua volta. Muitas delas, conscienciosamente, buscavam um novo modo para as mulheres viverem uma vida cristã no mundo – além das alternativas do casamento ou da clausura no convento. Uma dessas visionárias foi Ângela Merici (às vezes chamada Ângela de Brescia).

Ângela nasceu na cidade de Desenzano, no norte da Itália. Ela ficou órfã muito cedo, e logo em seguida perdeu uma irmã a quem muito amava. Em sua dor, foi consolada por uma visão – a primeira de muitas em sua vida – que lhe dava a garantia da salvação de sua irmã. Em agradecimento, tornou-se membro da Ordem Terceira dos franciscanos, e adotou para sempre uma vida de simplicidade piedosa. Ela dedicou muitos anos a uma contínua peregrinação, visitando os santuários da Itália. Finalmente, aceitou o irresistível desafio de todos os peregrinos de sua época, ou seja, uma viagem à Terra Santa. Antes de chegar, entretanto, ficou misteriosamente cega, e como conseqüência, nada pôde ver dos santuários sagrados. Ao retornar, sua visão, de um modo igualmente milagroso, foi recuperada.

O tema da vista ou da visão aparece em outra parte de sua biografia. Ela teve uma visão notável, na qual viu um grupo de anjos e de donzelas descendo de uma escada nos céus. Uma voz lhe revelou que um dia ela iria fundar uma nova ordem para mulheres, cujos membros seriam tão numerosos quanto as donzelas reveladas.

Na sua juventude, Ângela havia ficado comovida com a pobreza e a ignorância de seus vizinhos, e havia se encarregado de dar uma instrução religiosa simples para seus filhos. Com o passar dos anos, quando não estava viajando, havia feito do ensino sua ocupação regular. Pouco a pouco, outras mulheres foram atraídas a segui-la. Em 1533, quando tinha 50 anos e havia se instalado em Brescia, Ângela começou a tomar providências para formalizar uma comunidade com essas mulheres. Dois anos depois, tinha um grupo de 28 mulheres prontas para se consagrar junto com ela ao serviço de Deus. Elas escolheram como padroeira Santa Úrsula, uma legendária mártir do século IV, que era popularmente venerada como Protetora das Mulheres.

Embora delineasse uma regra simples para sua comunidade de Ursulinas, Ângela não pensou nela como uma ordem religiosa. Elas não usavam hábito; não faziam votos; continuavam a viver com suas famílias, e não na clausura. Naquele tempo, a idéia de uma associação de mulheres religiosas nesses termos era inédita e causou preocupações. Porém, o trabalho de Ângela e de suas companheiras, que se centralizava na educação de meninas pobres, era amplamente admirado.

Ângela foi eleita a primeira superiora geral da associação, e nessa posição dedicou em primeiro lugar à formação espiritual, sendo venerada como uma santa viva de Brescia. Multidões a seguiam até a igreja, atraídas em parte pela sua suposta habilidade de levitar vários centímetros acima do solo enquanto fitava a Eucaristia.

Faleceu em janeiro de 1540, depois de longa doença. Quatro anos depois, Roma aprovou uma constituição para sua ordem religiosa, que com o tempo chegaria a um número de dezenas de milhares de membros. Ela foi canonizada em 1807.

Ver: Philip Caraman, *Santa Ângela* (Nova York: Farra, Straus, 1963).

SANTA JOANA FRANCISCA FRÉMIOT DE CHANTAL

Co-fundadora da Ordem da Visitação de Maria (1572-1641)

"Às vezes, coloca-te simplesmente perante Deus, na certeza de Sua presença em todos os lugares, e sem nenhum esforço, sussurra docemente para Seu sagrado coração o que quer que teu coração te leve a dizer."

Joana de Chantal nasceu em uma família nobre em Dijon, França. Aos 20 anos, ela se casou com um barão, Christophe de Rabutin. Foi um casamento feliz, apesar de três de seus sete filhos terem morrido na infância. Em 1600, entretanto, depois de oito anos de casamento, seu marido morreu em um acidente de caça. Nos anos seguintes, enquanto lutava para educar os filhos, dependendo de seus parentes para seu sustento, seu coração se voltava cada vez mais para as atrações da vida religiosa. Ela jurou nunca mais se casar.

Em 1604 ouviu um sermão feito pelo Bispo de Genebra, Francisco de Sales. Esse foi um ponto decisivo em sua vida, o começo de uma profunda amizade espiritual e de uma parceria que iria levá-los, em seus respectivos caminhos, para a santidade. Francisco já era conhecido como pregador e como diretor espiritual. Em vez de apresentar a vida espiritual como algo adequado apenas para monges e freiras, ele tentou apresentar a espiritualidade como algo acessível a todos, possível de ser vivida neste mundo. Joana, imediatamente, respondeu a sua mensagem e pediu-lhe que se tornasse seu diretor espiritual.

Depois de sete anos, em 1610, os dois fundaram a Ordem da Visitação de Maria, uma congregação dedicada às orações e aos trabalhos de caridade. Sua intenção inicial era que a ordem pudesse ser adaptada para as viúvas e outras mulheres que, por questões de saúde, dinheiro ou idade, não pudessem suportar os rigores da vida na clausura. No entanto, o plano deparou com tamanha desaprovação por parte das autoridades eclesiásticas que, por fim, Joana aceitou a clausura. As filhas de Joana estavam casadas nessa época, mas seu filho de 15 anos, Celse-Benigne, resistiu ao plano da mãe de abraçar a vida religiosa. Este foi o motivo de um teste melodramático, pelo qual Joana é especialmente lembrada. Deitando seu corpo na entrada de sua casa, ele implorou para que ela não partisse. Entretanto, sem hesitar, ela passou por cima dele e seguiu seu caminho.

Joana mostrou ser uma superiora talentosa, combinando dotes administrativos soberbos com um profundo instinto para a vida espiritual. "Não importa o que aconteça", ela escreveu, "seja gentil com você mesmo". Enquanto viveu, a ordem cresceu e chegou a incluir oitenta comunidades em diversos países. A ordem atraiu muitas mulheres da aristocracia, que achavam difícil se adaptar ao espírito de pobreza e de obediência. Joana venceu esta e outras provações, incluindo a morte de seu filho na guerra e, depois, em 1622, a morte de seu amado amigo, São Francisco.

Ela viveu mais 20 anos, morrendo em 1641, aos 69 anos de idade. Outro amigo sagrado, São Vicente de Paula, observou: "Ela estava cheia de fé e, no entanto, durante toda a sua vida foi atormentada por pensamentos contra isso... Mas, apesar de todo o sofrimento, seu rosto nunca perdeu a serenidade, e nem uma vez ela abrandou a fidelidade que Deus lhe exigiu. Então, eu a vejo como uma das mais sagradas almas que já encontrei na terra".

Ver: Francisco de Sales, Joana de Chantal: Cartas de Aconselhamento Espiritual, ed. Wendy Wright e Joseph F. Powers, Classics of Western Spirituality (Nova York: Paulist, 1988).

Santa Elizabeth Feodorovna

Mártir (1864-1918)

"Estou deixando o mundo brilhante, no qual ocupava uma alta posição, e agora... estou pronta para ascender a um mundo muito maior, o mundo dos pobres."

Santa Elizabeth nasceu para ter uma vida de opulência e de luxo. Princesa alemã, neta da Rainha Vitória da Inglaterra, casou-se aos 20 anos com o Grão-Duque Serguei Alexandrovitch, irmão mais novo do Czar Alexandre III da Rússia. Como Grã-Duquesa, Elizabeth Feodorovna abraçou sua nova pátria com entusiasmo, imergindo em sua linguagem, religião e cultura. Em 1891, converteu-se à fé ortodoxa – uma decisão aparentemente tomada por genuína convicção, não apenas por obrigações familiares.

Quando seu marido se tornou governador de Moscou, Elizabeth assumiu diversos compromissos sociais. Mas, de uma maneira rara entre as pessoas de seu meio, era sensível à desesperada condição dos pobres e usava sua influência para atender às suas necessidades. Além de suas generosas contribuições para caridade, dedicava muito de seu tempo para visitar hospitais, prisões e orfanatos.

Em 1894, sua irmã Alexandra se casou com o novo Czar, Nicolau II, fato que colocou Elizabeth no centro da sociedade nobre da Rússia. Porém, esse também era o centro das forças sociais russas, as quais estavam se aproximando rapidamente de uma violenta crise. Em 1905, em um presságio dos acontecimentos futuros, seu marido foi morto por um assassino que jogou uma bomba na frente do Kremlin. Elizabeth estava próxima o suficiente para ouvir a explosão e, correndo até o local, ver os destroços em que se havia tornado o corpo de seu marido. Mais tarde, ela iria, em segredo, visitar o assassino na sua cela da prisão, dando-lhe o perdão e intercedendo ao seu favor com seu cunhado. Uma cruz memorial, erguida no local onde Serguei foi morto, traz a inscrição: "Pai, perdoai-os, pois eles não sabem o que fazem".

Com a sua morte, Elizabeth imediatamente alterou seu modo de vida. Retirando-se do palácio, dedicou-se ao trabalho nos hospitais, cuidando dos homens que haviam sido feridos na guerra russo-japonesa. Com o dinheiro obtido da venda de suas jóias, comprou uma propriedade nos arredores de Moscou e lá estabeleceu uma ordem religiosa feminina dedicada às santas Marta e Maria, irmãs de Lázaro, em cuja casa Cristo desfrutava freqüente hospitalidade. A dedicação da comunidade era significativa, pois seus membros tentavam combinar as virtudes de cada uma das santas: com Maria, ouvindo as palavras de Cristo, e com Marta, entrando a serviço do mais humilde de seus irmãos. Sua regra se baseava nas palavras da Escritura: "Eu tive fome e me destes de comer..." (Mateus 25, 35s). Em 1909, tornaram-se uma comunidade eclesiástica formal, as Irmãs da Caridade e da Compaixão, tendo Elizabeth como abadessa.

Esse monastério não estava isolado das preocupações do mundo. As Irmãs combinavam sua disciplina de orações diárias com o cuidado ativo dos pobres e dos necessitados. Elas tratavam dos doentes, alimentavam os famintos, cuidavam de crianças abandonadas, além de fazerem os serviços de misericórdia. Com a eclosão da Primeira Guerra Mundial, fizeram provisões para cuidar dos soldados feridos, que voltavam da batalha aos milhares.

Quando o levante revolucionário começou a emergir na Rússia, houve ameaças à vida de Elizabeth – devidas não apenas à sua condição de membro da realeza, mas também por causa de seu sangue alemão. Amigos e diplomatas lhe imploraram que deixasse o país. Entretanto, ela estava determinada a compartilhar o destino do povo russo. Finalmente, o Czar abdicou do trono e ele e sua família foram deportados para o interior do país e mantidos sob guarda. Em abril de 1918, Madre Elizabeth também foi presa. A caminho da prisão, ela escreveu uma carta de despedida para sua comunidade: "O Senhor julgou que era chegada nossa hora de carregar Sua Cruz. Deixem que sejamos dignos disso".

Em 17 de julho de 1918, o Czar e sua família foram assassinados. No dia seguinte, Madre Elizabeth e outros membros da família real foram aprisionados e levados para uma mina abandonada. Mesmo depois de terem sido arremessados no poço, suas vozes ainda podiam ser ouvidas, cantando hinos da Liturgia Sagrada. Seus executores, então, lançaram granadas de mão sobre os corpos, silenciando as vozes para sempre.

Os corpos de Elizabeth e de seus companheiros foram recuperados no ano seguinte e enterrados; o da Madre em uma capela russa em Jerusalém. Em 1991, foi canonizada pela Igreja Ortodoxa Russa.

Ver: Lily Emilia Clerkx, "*Santa Elizabeth: Da Riqueza ao Martírio*", in: Communion (*Journal of the Orthodox Peace Fellowship*), janeiro de 1998.

SANTA JOSEPHINE BAKHITA

Ex-escrava e freira (1869-1947)

"Ao ver o sol, a lua e as estrelas, disse a mim mesma: Quem poderia ser o Mestre de todas essas coisas bonitas? E senti um grande desejo de vê-Lo, de conhecê-Lo, e de prestar-Lhe homenagem."

Entre as características marcantes do pontificado de João Paulo II estava seu profundo interesse em aumentar o número dos santos canonizados. Em seus primeiros 18 anos como papa, ele canonizou e beatificou cerca de mil santos – mais que os canonizados em vários séculos precedentes desde o Concílio de Trento. Além de sua crença no valor dos ensinamentos das vidas sagradas, João Paulo estava particularmente interessado em reconhecer "santos locais" – pessoas cujas vidas têm um significado especial para as igrejas que ele fez questão de visitar em todo o mundo. Um exemplo desses novos santos é Santa Josephine Bakhita do Sudão, beatificada em 17 de maio de 1992.

Bakhita ("a afortunada") nasceu em uma vila no sul do Sudão em 1869. Aos nove anos de idade, foi raptada e vendida como escrava. Transferida de um patrão para outro em um espaço de alguns anos, ela vivenciou várias formas de brutalidade. Uma reviravolta decisiva aconteceu em 1883, quando foi vendida para uma família italiana que a tratou com relativa bondade e a trouxe para a Itália para trabalhar como empregada e babá de sua filha, Mimmina. Bakhita tornou-se devotada à criança. Quando Mimmina já estava em idade de ser mandada para um internato em Veneza, Bakhita a acompanhou. A escola era dirigida pelas Filhas de Caridade, ou "Irmãs Canossianas". Foi lá que Bakhita ouviu pela primeira vez o Evangelho e percebeu que a vontade de Deus era de que ela fosse livre.

Quando, depois de nove meses, a patroa de Bakhita anunciou que eles estavam voltando para o Sudão, Bakhita expressou sua vontade de ficar. A Signora lhe disse que estava magoada. Não a tinham sempre tratado como a um membro da família? Como ela podia ser tão ingrata agora? Por mais difícil que fosse resistir a esses apelos, Bakhita permaneceu firme em sua decisão: "Tenho certeza de que o Senhor me deu forças naquele momento", ela escreveu depois, "porque Ele queria que eu pertencesse apenas a Ele".

Quando os apelos não surtiram efeito, a Signora tentou outro modo de persuação: entrou na Justiça para reaver sua "propriedade". Mas a superiora das Irmãs Canossianas e o Cardeal de Veneza interferiram e partiram para a defesa de Bakhita. Assim, Bakhita descobriu o que ninguém se havia dado ao trabalho de dizer-lhe, ou seja, que a escravidão era ilegal na Itália. Ela havia sido livre o tempo todo.

E Bakhita permaneceu na Itália. Em 9 de janeiro de 1890, foi batizada, adotando o nome de Josephine Bakhita. Nessa época, ouviu "com clareza cada vez maior a voz gentil do Senhor, do fundo do meu coração, pedindo-me para me consagrar a Deus". E, assim, foi aceita como noviça na congregação que lhe havia dado abrigo. E, em 1896, ela fez seus votos religiosos.

Irmã Josephine viveu até os 78 anos. Passou sua vida realizando tarefas simples, cozinhando, costurando, servindo como sacristã e porteira. Nenhum trabalho era destituído de importância quando feito para "o Mestre" – sua expressão favorita para designar Deus. Ela se tornou famosa por sua fé silenciosa e pelo cuidado com que realizava suas tarefas, pequenas ou grandes. Diziam que ela tinha o dom de transformar o comum em incomum. Para as Irmãs, que eram professoras, ela disse: "Vocês ensinam o catecismo; eu vou ficar na capela e rezar por vocês, para que vocês ensinem bem".

Atravessou a Primeira e a Segunda Guerras Mundiais e, nesse período, sua reputação de santidade estava tão difundida na cidade de Schio, onde vivia, que era invocada como proteção contra as bombas lançadas. Ela havia garantido ao povo que nenhuma bomba destruiria a cidade, promessa que foi cumprida.

Em seus últimos anos de vida, doente, não podia deixar a cadeira de rodas. Quando um bispo, que estava em visita, lhe perguntou o que fazia o dia inteiro em sua cadeira de rodas, ela respondeu: "O que eu faço? Exatamente o que o senhor faz: a vontade de Deus". Irmã Josephine Bakhita faleceu em 8 de fevereiro de 1947. Ela foi canonizada em 2000, a primeira nativa do Sudão a ter tal reconhecimento.

Ver: Alicia von Stamwitz, "Beata Josephine Bakhita: Mulher de Fé e de Perdão", *Liguorian* (fevereiro, 1993).

Santa Katherine Drexel

Fundadora da Congregação das Irmãs do Santíssimo Sacramento (1858-1955)

"Resolução: Generosamente e sem o medo indiferente e tímido quanto às opiniões da Igreja e dos homens para manifestar minha missão... Você não tem tempo para ocupar seus pensamentos com a complacência ou a consideração do que os outros irão pensar. Sua tarefa é simplesmente: 'O que meu Pai celestial acha?'"

Katherine Drexel nasceu em uma das mais ricas famílias dos Estados Unidos. Seu pai era um banqueiro extremamente bem-sucedido, um católico de origem austríaca. Katherine não conheceu a mãe, que morreu cinco semanas após seu nascimento. No entanto, um ano depois, seu pai se casou de novo com outra eminente católica, Emma Bouvier, que exerceu uma forte influência em Katherine e suas duas irmãs. Quando Francis Drexel morreu, deixou 14 milhões de dólares em um fundo para suas três filhas. Inspiradas por sua fé católica, as três encararam essa fortuna como uma oportunidade de glorificar Deus por meio do serviço ao próximo.

Essa foi a grande era da imigração católica, quando as cidades dos Estados Unidos se expandiam para acomodar novas levas de imigrantes da Europa. A Igreja respondia com um extraordinário sistema de escolas, hospitais, orfanatos e outras instituições de caridade, provando para o mundo que os católicos sabiam como "cuidar dos seus". Havia, com certeza, um grande número de reivindicações solicitadas à generosidade de uma jovem herdeira católica. Mas a preocupação de Katherine Drexel envolvia os que estavam fora da Igreja; na verdade, aqueles que estavam excluídos da sociedade norte-americana – a saber, índios e negros. Ela começou fazendo doações para inúmeras escolas em reservas indígenas, por todo o país. Em 1878, durante uma audiência particular com o Papa Leão XIII, implorou-lhe que mandasse padres para ajudar os índios. Ele respondeu: "E por que você mesma não se torna uma missionária?"

Nesse momento, Katherine percebeu que não era suficiente partilhar sua fortuna. Deus a estava chamando para que ela oferecesse tudo. Em conseqüência, ela embarcou em uma longa busca para encontrar uma ordem religiosa que correspondesse à sua idéia de missão. Mas, quando nenhuma foi encontrada, recebeu o apoio de seu bispo para estabelecer sua própria congregação religiosa. Em 1891, foi declarada primeiro membro da Congregação das Irmãs do Santíssimo Sacramento para os Índios e as Pessoas de Cor. No espaço de um ano, dez outras mulheres haviam se juntado à sua ordem.

Embora Katherine tivesse feito um voto de pobreza, continuou a administrar os rendimentos de seu fundo – a enorme quantia de 400 mil dólares por ano. Ela poderia tê-la utilizado para fazer doações para sua própria congregação, mas insistiu que suas irmãs dependessem da caridade alheia. O dinheiro continuaria a ser usado para sustentar outros projetos a serviço dos índios e dos negros. Entre seus donativos, com o passar dos anos, constava um total de 1 milhão de dólares para o Bureau das Missões Católicas dos Índios e 100 mil dólares por ano para apoiar as escolas das missões nas reservas. Na década de 1920, contribuiu com 720 mil dólares para a Fundação da Universidade Xavier, em Nova Orleans, a primeira faculdade católica estabelecida para os negros. Incluindo tudo, tornou-se responsável pelo estabelecimento de 145 missões católicas, 12 escolas para os índios e 50 escolas para estudantes negros.

Madre Katherine Drexel faleceu em 3 de março de 1955, aos 96 anos, tendo vivenciado a era da escravidão e das guerras com os índios até o alvorecer do moderno movimento pelos direitos civis. Foi um período no qual negros e índios, as comunidades às quais Madre Drexel dedicou sua vida, estavam muito longe da consciência de muitos católicos norte-americanos. Seus trabalhos de caridade pouco fizeram para desafiar diretamente as estruturas do racismo e da discriminação. Mas, na era da rígida segregação racial, seu trabalho tinha um profundo "valor de testemunho". O caráter excepcional de seu comprometimento se reflete em uma carta de seu contemporâneo, Padre Augustus Tolton, que, na época, era o único padre negro dos Estados Unidos:

> Em toda a história da Igreja nos Estados Unidos, não podemos encontrar uma pessoa que tenha jurado dar seu tesouro em benefício único dos negros e dos índios. E, enquanto fico sozinho como o único padre negro dos Estados Unidos, assim também a senhora, Madre Katherine, se distingue dos demais como a primeira a ter feito este sacrifício pela causa de uma raça oprimida.

Katherine Drexel foi canonizada pelo Papa João Paulo II em 2000.

Ver: Irmã Consuela Marie Duffy, I.S.S., *Katherine Drexel: Uma Biografia* (Cornwell Heights, Pa.: Sisters of the Blessed Sacrament, 1966); Kenneth L. Woodward, *Fazendo Santos* (Nova York: Simon & Schuster, 1990).

Madeleine Delbrêl

Missionária e ativista (1904-1964)

"Senhor, permite que a pele grossa que me cobre não seja um empecilho para Ti. Não leve isso em conta. Meus olhos, minhas mãos, minha boca, são teus. Esta pobre dama à minha frente: eis minha boca para que sorrias para ela... Este homem idoso, convencido, tão obtuso, tão duro: eis meu coração, para que Tu possas amá-lo, com mais força do que ele tenha sido amado antes."

Madeleine Delbrêl nasceu em 24 de outubro de 1904, no sul da França. Seu pai trabalhava na estrada de ferro. Pequena (apenas 1,42 m de altura) e ágil, exalava uma energia e paixão pela vida que alegravam qualquer lugar onde ela se encontrasse. Acima de tudo, ela tinha paixão pelo absoluto. Embora tivesse vivido sua juventude como ateísta confessa, quando, aos 24 anos, se convenceu da existência de Deus, não viu alternativa a não ser dedicar sua vida ao serviço Dele. Sua conversão foi uma experiência avassaladora e "deslumbrante" que a marcou para sempre.

Madeleine considerou, por pouco tempo, a idéia de tornar-se freira, mas descobriu que sua vocação estava voltada para o mundo. Deus pode chamar algumas pessoas para que elas se isolem, decidiu, mas "há aqueles a quem Ele deixa no meio das multidões... Essas são as pessoas que têm um emprego comum, uma casa comum ou um celibato comum. Pessoas com doenças comuns e momentos comuns de tristeza... Essas são as pessoas da vida comum, as pessoas que podemos encontrar em qualquer rua". Apostando nessa multidão anônima, ela declarou: "Nós, as pessoas comuns das ruas, acreditamos com todas as nossas forças que esta rua, este mundo onde Deus nos colocou, é nosso espaço sagrado".

Com muitas amigas, elaborou a idéia de uma pequena comunidade leiga dedicada a levar uma vida contemplativa cristã no meio do mundo. Por causa dessa vocação, ela se preparou por três anos com ardente disciplina, orações silenciosas, estudando as Escrituras e fazendo cursos de assistência social. Finalmente, em 1933, com a bênção de seu diretor espiritual, ela e suas companheiras se dirigiram para Ivry, uma cidade industrial perto de Paris e um baluarte do Partido Comunista Francês.

Desde o início, o pastor local teve dificuldades para entender o que aquelas mulheres queriam. Tendo esperado que fossem se ocupar com as tarefas da paróquia, ele ficou perplexo quando descobriu que pareciam mais interessadas em passar seu tempo com os vizinhos comunistas. Madeleine e suas companheiras estavam, elas próprias, lutando para encontrar seu caminho. Em seu comprometimento com os trabalhadores, que estavam afastados da Igreja fazia muito tempo, elas sentiram que estavam se incumbindo de um novo tipo de trabalho missionário. Denominavam-se "missionárias sem barco" – não viajavam através dos mares, mas sim atravessando as fronteiras da fé para dar um testemunho do Evangelho em amizade e solidariedade.

Com o tempo, conquistaram a confiança dos vizinhos. Com a eclosão da Segunda Guerra Mundial, o governo da cidade chegou mesmo a pedir a Madeleine que supervisionasse os serviços para os refugiados que inundavam a cidade. Ela organizava cozinhas para preparar sopas, campanhas para coletar roupas e abrigos de emergência. Em reconhecimento por seu serviço, o governo comunista queria lhe dar uma medalha depois da guerra, mas ela declinou da honra.

Enquanto isso, o sofrimento do tempo de guerra quebrara diversas das históricas barreiras entre a Igreja e as classes trabalhadoras, pois revelavam quanto trabalho ainda havia para ser feito. O Cardeal Suhard de Paris apoiava o ponto de vista de que a historicamente católica França era então um "território de missão". Clamando por uma *Mission de France*, ele estabeleceu um seminário que treinasse padres para trabalhar em fábricas ao lado dos pobres. Madeleine foi convidada a trabalhar como consultora leiga. Esse foi o começo do que se tornou o movimento do Padre Trabalhador.

Madeleine mergulhou nessa tarefa com toda a sua vitalidade e entusiasmo. Porém, o movimento teve vida curta. Setores conservadores da Igreja na França e em Roma se opuseram a esse "comprometimento" com o mundo secular – em particular, a forte atmosfera marxista dos sindicatos. A experiência foi, por fim, abolida pelo Vaticano.

Madeleine continuou tão comprometida quanto antes com seu projeto missionário essencial, construindo uma ponte entre a Igreja e o mundo secular. Além de qualquer outra realização, esse contato com os descrentes reforçou sua própria fé, instigando-a, como ela disse, a ser mais autêntica, a pensar criticamente, a evitar clichês piedosos. Quando lhe perguntaram como ela rezava, descreveu sua "Oração da Agenda": Era simplesmente uma consciência intensificada da presença de Deus em todas as atividades comuns da vida – quer fosse encontrar pessoas, atender ao telefone ou fazer compras. Nessas circunstâncias comuns, insistia, uma pessoa pode experimentar as mais profundas dimensões espirituais da vida.

Finalmente, com o advento do Papa João XXIII ("um pequeno milagre de Deus", como ela o chamava), viveu para ver os primórdios de uma nova era na Igreja. Em muitos aspectos, o espírito de Madeleine foi adotado pelo Concílio Vaticano Segundo, especialmente em sua afirmação da vocação especial do laicato. Como disse Madeleine: "Somos chamados para ser o corpo visível de Cristo no meio do corpo humano da sociedade". Por sua vez, ela certamente teria adotado as palavras iniciais do *Gaudiam et Spes*, o documento final do Concílio, que não chegou a viver para testemunhar: "A alegria e a esperança, a dor e a angústia do povo do nosso tempo, em especial daqueles que são pobres ou estão aflitos de qualquer modo, são a alegria e a esperança, a dor e a angústia dos seguidores de Cristo também".

Mas Madeleine não depositava suas esperanças em acontecimentos históricos grandes e importantes. Os mais significativos acontecimentos no universo, ela acreditava, eram com freqüência pequenos e convenientemente comuns:

> Cada pequeno ato é um acontecimento extraordinário, no qual o céu nos é dado, no qual somos capazes de oferecer o céu a outros. Não faz diferença o que fazemos, se seguramos nas mãos uma vassoura ou uma caneta. Se nós falamos ou ficamos quietos. Se nós estamos costurando ou presidindo um encontro, cuidando de um doente ou escrevendo a máquina. O que quer que seja, é apenas a parte exterior de uma impressionante realidade interior: o encontro da alma, renovado a cada momento em que a alma cresce na graça e se torna ainda mais bela para seu Deus. A campainha da porta da frente está tocando? Depressa, abra a porta! É Deus que está chegando para nos amar. Alguém nos está pedindo para fazer alguma coisa? Veja só! É Deus que está chegando para nos amar. É hora de sentar para almoçar? Vamos – é Deus que está chegando para nos amar. Vamos permitir que Ele o faça.

O fim chegou para Madeleine Delbrêl quando ela trabalhava sentada à mesa: em 13 de outubro de 1964, duas semanas antes de seu aniversário, ela faleceu.

Ver: Madeleine Delbrêl, *Nós, as Pessoas Comuns das Ruas* (Grand Rapids, Mich.: William B. Eerdmans, 2000); Charles Mann, *Madeleine Delbrêl: Uma Vida Além das Fronteiras* (San Francisco: New World Press, 2000).

Irmãzinha Madalena de Jesus

Fundadora da Congregação das Irmãzinhas de Jesus (1898-1989)

> *"Enquanto trabalha, enquanto vai e vem, enquanto caminha no meio da multidão, ser uma contemplativa significa simplesmente que você tenta se voltar para Jesus dentro de você e começa a conversar com Ele, como se falasse com alguém a quem amasse mais que tudo no mundo."*

Enquanto crescia, na França, Madeleine Hutin sentia uma forte devoção por Jesus, mas não conseguia encontrar uma congregação religiosa que refletisse seu senso de vocação. Assim, quando tinha vinte e poucos anos de idade, casualmente leu uma biografia de Carlos de Foucauld, o explorador e padre francês, que acabou se tornando padre no deserto e morreu no norte da África em 1916.

Foucauld havia imaginado uma nova forma de vida contemplativa, enraizada no mundo dos pobres e baseada nos "anos ocultos" em que Jesus havia passado como carpinteiro em Nazaré. Em seu eremitério no Saara, ele havia concebido uma "fraternidade" de homens e mulheres que fossem viver entre seus vizinhos muçulmanos como irmãos e irmãs, abraçando a pobreza, o trabalho manual e um espírito de orações. Dessa forma, eles proclamariam o Evangelho, não com suas palavras, "mas com suas vidas". Por muitos anos, Foucauld havia preparado pacientemente o caminho para seguidores que nunca vieram. Ele morreu sozinho, mas sua mensagem foi transmitida para a apreciação de uma geração futura. Décadas mais tarde, ela foi descoberta por Madeleine Hutin, entre outros. Ao ler a biografia de Foucauld, se propôs imediatamente a adotá-lo como seu guia espiritual e fazer da visão dele a sua própria.

Devido à sua saúde frágil e às obrigações familiares, Madeleine Hutin não pôde começar até 1936, quando, aos 28 anos de idade, finalmente partiu para a Argélia. Ela embarcou com poucos planos, se é que tinha algum, determinada a se entregar unicamente à Providência. Logo, foi apresentada ao Padre René Voillaume, que havia sido convertido pela mesma biografia de Foucauld, e cujos Irmãozinhos de Jesus estavam vivendo no deserto desde 1933. Quando ela lhe confiou seu senso de vocação, ele respondeu encorajando-a, bem como com assistência inestimável para obter o apoio das autoridades da Igreja local. Em 1939, a nova congregação, as Irmãzinhas de Jesus, foi criada sob a liderança da Irmãzinha Madalena, como ela passou a ser conhecida.

O diminutivo tinha um sentido especial para Madalena. Nos primeiros anos de sua vocação, ela havia experimentado uma série de visões intensas, inspiradas em suas meditações sobre o Menino Jesus. A humildade, fraqueza e vulnerabilidade de um bebê eram disfarces sob os quais o Salvador do Mundo havia aparecido pela primeira vez. E parecia apropriado para ela que esse bebê fosse também a inspiração e o modelo para aqueles que quisessem dar o testemunho do amor divino entre os mais pobres e fracos do mundo.

Anos se passaram antes que a congregação fosse reconhecida em sua totalidade por Roma. Durante esse tempo todo foi necessário superar muitas dúvidas e críticas causadas pela originalidade da visão de Madalena. Suas Irmãzinhas não eram contemplativas enclausuradas nem estavam engajadas em atividades apostólicas tradicionais. Elas viviam em pequenas "fraternidades", algumas consistindo de não mais do que duas Irmãs. Enquanto mantinham um profundo compromisso com a oração contemplativa, também se empenhavam para entrar a fundo na vida e na cultura de seus vizinhos pobres. Entre outras coisas, isso significava se sustentar com o trabalho comum. No lugar de um hábito tradicional, usavam um simples hábito de sarja adornado com uma cruz. Era essencial para as Irmãzinhas que, não importa onde vivessem, deveriam estar entre os realmente pobres. Quanto aos desentendimentos, ela observou que "o mundo procura por eficiência mais que pela discrição da vida escondida". Dessa forma, "Belém e Nazaré permanecerão sempre um mistério para ele".

No começo, baseando sua visão no modelo literal do Irmão Carlos, Madalena havia imaginado a missão das Irmãzinhas exclusivamente relacionada aos muçulmanos no norte da África. Foi lá que a congregação se firmou e floresceu. Mas, devagar, Madalena expandiu sua visão para conceber uma missão universal. Por esta razão, a fraternidade se espalhou pelo mundo, atraindo mulheres de todas as raças e nacionalidades. Na época da morte de Madalena, havia 280 fraternidades com 1.400 Irmãzinhas de 64 países diferentes, que incluíam Irmãzinhas que viajavam com caravanas de ciganos na Europa, que viviam com trupes de circos nômades e que, até mesmo, se ofereciam para ser encarceradas como prisioneiras. Havia comunidades entre os pigmeus da República dos Camarões, em remotas vilas de esquimós no Alasca, entre barqueiros no sudeste da Ásia e em favelas de Londres, Beirute e Washington, capital dos Estados Unidos. No término de sua vida, Madalena sentiu um forte apelo para dar seu testemunho nos países comunistas do leste europeu. Viajando em uma minivan adaptada, ela fez dezenas de viagens pela Europa oriental, incluindo 18 viagens à Rússia. Silenciosamente, foi capaz de estabelecer fraternidades em muitos desses países. Qualquer que fosse o local, o objetivo das Irmãzinhas não era o de evangelizar em um sentido formal, mas sim de servir com humildade como um tipo de influência no meio do mundo, desse modo divulgando um espírito de amor.

Em 1949, a Irmãzinha Madalena abandonou seu cargo de líder da congregação. Ela preferia desempenhar um papel informal de mãe para suas Irmãzinhas, viajando com constância em volta do mundo em vez de se limitar a administrar uma congregação que crescia. Embora tivesse sido doentia na juventude, permaneceu notavelmente robusta em sua velhice, continuando a fazer trabalho manual mesmo já tendo ultrapassado os 80 anos, e realizou sua última e cansativa viagem para a União Soviética aos 91 anos de idade. Ela faleceu no fim daquele ano, em 8 de novembro de 1989.

Ver: Kathryn Spink, *O Chamado do Deserto: Uma Biografia da Irmãzinha Madalena de Jesus* (Londres: Darton, Longman and Todd, 1993).

Mev Puleo

Testemunho de solidariedade (1963-1996)

"Quando estava no começo da adolescência, um pensamento se havia apoderado de mim: Jesus não havia morrido para nos salvar do sofrimento. Ele morreu para nos ensinar a sofrer... Às vezes realmente quero dizer isso. Preferiria morrer jovem, tendo vivido uma vida repleta de significado, a morrer velha, mesmo em segurança, mas sem significado."

Assim escreveu Mev Puleo quando era aluna na Universidade Saint Louis. Anos depois, suas palavras foram lembradas por um ex-professor e amigo íntimo, Padre John Kavanaugh, que oficiou em seu funeral em 1996. Ele acrescentou o comentário: "Tais são os perigos de nossos altos e sagrados desejos". Seus amigos entenderam o óbvio: ela havia morrido jovem, depois de ter vivido uma vida "repleta de significado". Sob a tutela de Jesus e dos pobres, ela havia mesmo aprendido a sofrer. E havia deixado para tantos outros, tocados apenas de longe por seu espírito amoroso, o desafio contínuo de reconhecer e valorizar a preciosidade da vida.

Desde bem jovem, Mev tinha um forte sentimento de "admiração religiosa" na presença da natureza e de outras pessoas. De seus pais, católicos devotos, também aprendeu que a prática da fé cristã deveria envolver o serviço ao próximo. Mas um ponto decisivo na vida de Mev aconteceu aos 14 anos, quando acompanhou os pais em uma viagem ao Brasil. Ela estava em um ônibus, subindo uma ladeira íngreme, para ir visitar a famosa estátua do Cristo Redentor que contempla a cidade do Rio de Janeiro. De um lado do morro ela podia ver as casas luxuosas, hotéis sofisticados e praias imaculadas que os ricos desfrutavam. A visão do outro lado contava uma história diferente, de "casas miseráveis, crianças vestindo farrapos, jovens e velhos mendigando nossas moedas".

Determinados questionamentos eram inevitáveis: "O que significa ser cristão – um seguidor do caminho de Jesus – em um mundo de contradições e conflitos? O que significa estar a caminho de Jesus quando vejo o mundo da pobreza de dentro de um ônibus de turismo com ar-condicionado?" Estes questionamentos causam impacto na consciência de uma pessoa jovem e sensível. No caso de Mev, lançaram a pedra fundamental para sua vocação posterior. Com o correr dos anos, Mev sentiu o apelo para criar uma ponte entre os diferentes mundos que ela havia visto daquele ônibus.

Enquanto estudava na faculdade, trabalhou na casa do *Catholic Worker* de Saint Louis. E prosseguiu os estudos para obter títulos na pós-graduação em teologia. Entretanto, seus estudos apenas confirmaram sua crença na necessidade de uma nova linguagem para a fé, uma linguagem que falasse não apenas à cabeça, mas ao coração. Como ela disse: "Acredito menos na teologia e mais em Deus, porque acredito que na teologia há apenas o que você pode dizer a respeito de Deus".

Ainda jovem, Mev havia descoberto um grande talento para a fotografia. Em viagens ao Brasil, El Salvador, Haiti e outros lugares do Terceiro Mundo, suas imagens documentavam a vida, as lutas e a humanidade dos pobres. Seu objetivo era "reverenciar o espírito humano e diminuir a distância entre as pessoas". Ela pensou muito nos aspectos espirituais de sua arte. "As lentes da câmera", escreveu, "são os olhos da minha alma, por meio das quais eu toco o mundo e o mundo me toca". Mas também reconhecia as ambigüidades éticas da fotografia. Com freqüência, admitia terse perguntado: "'Posso ousar invadir suas vidas, roubar esse momento?' No entanto, como posso *não* compartilhar essas crianças com o mundo, trazendo-as de volta comigo para corações que possam recebê-las, vozes que possam falar por elas?"

Mev não ficava apenas tocada com o sofrimento dos pobres. Ela também se identificava com sua luta por justiça e libertação. Em suas viagens pelo Terceiro Mundo, foi exposta a um novo modelo de igreja que surgia da fé dos pobres. Realizou inúmeras entrevistas com ativistas desconhecidos do público, bispos proféticos e teólogos da libertação. Estava totalmente comprometida com a visão deles de uma igreja e de um mundo renovado, tendo em mente o reino de Deus. Parte desse trabalho se refletiu em seu livro sobre a Igreja no Brasil, *A Luta É Uma*, mas também levou essa mensagem em exposições de fotografias, palestras e um vídeo finalizado nos últimos meses de sua vida. Suas fotografias foram publicadas amplamente na imprensa religiosa e lhe deram inúmeros prêmios.

Nenhum resumo desses feitos reflete de modo adequado a extraordinária personalidade de Mev – seu entusiasmo pela vida, sua capacidade de ser alegre. Suas imagens expressavam uma profunda habilidade de se relacionar com outras pessoas. Ela tinha um olhar contemplativo, um talento para penetrar na essência espiritual das coisas e, em especial, das pessoas, nas quais via reflexos da face de Deus. Em 1992, casou-se com Mark Chmiel, um colega de estudos teológicos. Foi um casamento repleto de amor e de promessas.

No entanto, em 1994, Mev descobriu que tinha um tumor maligno no cérebro. O prognóstico inicial, depois da cirurgia, foi que teria seis meses de vida. Ela estava determinada a permanecer completamente ativa cada dia que permanecesse viva, e seus últimos meses foram plenos de muitas realizações. Publicou seu livro, finalizou seu vídeo e proferiu inúmeras palestras. Em 1995, recebeu o Catholic Award dos Estados Unidos, por favorecer a causa das mulheres na Igreja Católica.

Porém, e ainda mais importante: deixou para seus amigos um presente bem maior no exemplo de sua própria fé, coragem e esperança ao terminar sua jornada terrestre. Como o Padre Kavanaugh observou, "Ela havia desejado dar aos pobres uma face, uma voz. Sempre quis ser identificada com eles. E isso veio a acontecer: na época de seus últimos dias de vida, pois você podia vê-los, todos, no rosto dela – os pobres da Bósnia, os famintos do Haiti, os desamparados do Brasil. Ela, que lhes deu uma voz, perdeu a dela. Ela, que nos ajudou a ver os rostos deles, finalmente não mais podia ver... Ela se tornou o pobre a quem tanto amava".

Mev Puleo faleceu em 12 de janeiro de 1996, aos 32 anos de idade.

Ver: Mev Puleo, *A Luta É Uma: Vozes e Visões da Libertação* (Albany, N.Y.: SUNY Press, 1994); John F. Kavanaugh, com fotografias de Mev Puleo, *Faces da Pobreza, Faces de Cristo* (Maryknoll, N.Y.: Orbis Books, 1991).

Ade Bethune

Artista do movimento *Catholic Worker* (1914-2002)

"Os santos são Cristo. Em seus feitos heróicos brilha o exemplo de Cristo, refletido e multiplicado através do tempo e do espaço. A morte deles é a morte Dele; o amor deles é o amor Dele, puro e abnegado. O trabalho deles é um trabalho de misericórdia e de perdão. Quer seja na morte ou no trabalho, na palavra ou no silêncio, o Espírito de Cristo é deles. Seus frutos são o amor, a paz e a alegria."

Adelaide de Bethune devia seu nome profissional a um erro de impressão. Ela havia enviado uma seleção de desenhos para o *Catholic Worker* assim que o movimento teve início, assinando seu nome "A. de Bethune". Quando ele foi transformado em "Ade", ela gostou do som, bem como da oportunidade de disfarçar sua origem aristocrática. E, então, ela se tornou *Ade*. No entanto, ela devia mais que um nome ao *Catholic Worker*. Por meio de sua associação com o movimento, encontrou sua vocação e missão na vida – na verdade, como ela dizia, sua "salvação".

Esse momento decisivo aconteceu quando tinha 19 anos e era estudante de arte em Nova York, "sonhando com cores e luzes em vitrais". Ela havia emigrado da Bélgica, com sua família, em 1928. Haviam sido ricos, mas a fortuna havia se perdido devido à Primeira Guerra Mundial, deixando-os na pobreza. Os interesses de Ade se voltavam totalmente para as artes e trabalhos manuais. No entanto, ela ficou intrigada quando alguns amigos lhe falaram a respeito de um novo movimento, chamado Catholic Worker, que buscava relacionar o Evangelho às questões sociais. Além de um jornal, as pessoas do movimento viviam de suas convicções – alimentando os pobres, abrigando os desabrigados e praticando os "trabalhos de misericórdia".

Ao ver uma cópia do jornal, Ade se sentiu atraída por sua mensagem, embora o considerasse visualmente pouco atraente. Por iniciativa própria, Ade produziu uma série de ilustrações que captavam o espírito do movimento. Uma delas era um desenho de José e Maria sendo despejados de uma hospedaria em Belém, por um irado estalajadeiro. As outras retratavam santos em roupas modernas, realizando suas tarefas diárias. Poucos dias depois de enviá-las para o jornal, decidiu visitar o escritório central do movimento na East 15th Street, levando com ela duas sacolas cheias de roupas para doar. E, enquanto estava parada, tímida, na soleira da porta, "uma mulher mais velha, alta, ossuda, com cabelo liso que estava ficando grisalho" caminhou em sua direção. Era Dorothy Day, que estava com mais de 30 anos. Depois de olhar com simpatia para as sacolas cheias de Ade, Day disse: "Sinto muitíssimo, mas não temos mais espaço. Mas tentaremos encontrar outro lugar para você". Por fim, Ade conseguiu balbuciar: "Sou a moça que mandou os desenhos para vocês". "Ah, é você?", a mulher alta perguntou, e imediatamente pegou um livro de orações e começou a discutir os santos cujas datas festivas cairiam no mês seguinte – Santa Catarina de Siena e São João Bosco. Será que Ade poderia fazer os desenhos deles também? Como um insight, Ade viu um grande caminho aberto à sua frente. "Na vida de duas pessoas realmente sagradas dos séculos XIV e XIX, aquela mulher cheia de energia havia esboçado um plano de vida para mim."

Para Dorothy Day, a chegada de Ade foi igualmente auspiciosa. Ela havia procurado um artista que pudesse comunicar em imagens as suas idéias e de seu mentor, Peter Maurin, ambos lutando para divulgar em palavras: a dignidade do trabalho, as implicações sociais da Encarnação, o espírito radical dos trabalhos de caridade. Com sua absoluta simplicidade, as imagens de Ade capturavam com perfeição a mensagem do movimento. Ade se encarregou de redesenhar o cabeçalho do jornal. No centro deste havia a figura de Cristo na frente da cruz, seus braços acolhendo dois trabalhadores – um branco, outro negro – que tinham suas mãos dadas em solidariedade. (Para o qüinquagésimo aniversário do jornal, em 1983, ela atualizou a ilustração, substituindo um dos trabalhadores por uma trabalhadora rural.)

Nos anos seguintes, Ade redefiniria o caráter da arte religiosa moderna. Além das ilustrações para o *Catholic Worker*, trabalhou com todos os elementos possíveis – esculturas, vitrais, vestimentas litúrgicas, medalhões de bronze e mosaicos. Mas, qualquer que fosse o meio, sua vocação de artista sempre serviu à sua visão religiosa.

Essa visão tinha raízes em sua juventude. Ela descreveu um momento de conversão profunda que ocorrera na Quinta-feira Santa em 1934, logo após seu encontro com Dorothy Day. Ade estava caminhando pelo Lower East Side na hora do pôr-do-sol. As ruas estavam cheias de carrinhos de mão; em um deles um homem vendia umas pequenas tangerinas. "Meu coração se abriu para amar esse homem que as vendia. De algum modo, uma luz iluminou essas pessoas na minha mente. Pude ver que Deus as amava, e eu tinha de amá-las também. Um grande espírito de amor pela humanidade, pelas pessoas, surgiu em mim."

Ade, mais tarde, construiu um estúdio em Newport, Rhode Island, onde recebia aprendizes. Ali, ensinava não apenas arte e design, mas trabalhos manuais básicos e artes domésticas. Como disse Day: "Para Ade... o homem sagrado era o homem completo, o homem íntegro, que não apenas tentava transformar o mundo, mas viver nele como ele era". (Day mandou sua filha adolescente, Tamar, para viver e estudar com Ade por um ano.) Peter Maurin havia falado sobre a necessidade de existir uma "filosofia do trabalho". Para Ade, isso significava simplesmente "o amor ao trabalho". Tudo o que ela fazia refletia esse espírito. Day chamava isso de "um sentimento do aspecto sagrado da vida, da bondade das coisas". Uma lição que Ade aprendera com os santos que Dorothy lhe mostrara.

A princípio, ela dizia, tentara se concentrar nos "santos trabalhadores". Depois, percebeu que todos os santos eram trabalhadores; todos engajados não somente nas tarefas e nos assuntos da vida cotidiana, mas nos trabalhos de misericórdia. Eles nos mostraram que há um caminho para a santidade em tudo o que fazemos, desde que façamos com amor:

> Quando estou com fome e como uma boa refeição para a glória de Deus, é um trabalho de misericórdia... É ainda mais um trabalho de misericórdia quando planto, colho, descasco, cozinho ou sirvo uma refeição simples para minha família ou lavo a louça depois, ou varro a cozinha, ou coloco o lixo para ser recolhido. E é um trabalho de misericórdia ainda maior quando realizo tudo isso para estranhos, e muito maior quando o faço para meus inimigos.

Ade trabalhou até o dia de sua morte, 1º de maio de 2002, festa de São José, o Trabalhador. Tinha 88 anos. Ela foi enterrada em um caixão que havia desenhado e construído para si mesma, e sempre conservado em seu quarto. A tampa trazia a inscrição com sua letra bem-feita: "Para os que são fiéis a Vós, Senhor, a vida é transformada, não levada embora; e o receptáculo desta hóspede temporária terrestre tendo se dissolvido, uma moradia eterna está preparada nos céus".

Ver: Judith Stoughton, *Orgulhoso Burrinho de Schaerbeek: Ade Bethune, Artista do Movimento Catholic Worker* (St. Cloud, Minn.: North Star Press, 1988); Dorothy Day, *A Longa Solidão* (Nova York: Harper & Row, 1952).

ABENÇOADOS OS QUE CHORAM

Uma discípula devotada – uma alma vitimada – uma "louca de Deus" – uma abadessa perdida de amor – uma filósofa e mártir – uma freira infeliz no casamento – uma mística com o "dom das lágrimas" – as mães dos "desaparecidos" – uma assassina arrependida

De todas as Bem-Aventuranças, esta é, em determinados aspectos, a mais misteriosa. Chorar pode ser uma resposta natural para o sofrimento e a perda, mas, quase sempre, esse ato não é considerado uma virtude. Depois de um determinado ponto, geralmente somos aconselhados a "procurar ajuda", a fazer o que for necessário para agüentar a situação e seguir em frente. Como um padre observou para a mística medieval Margery Kempe, ao ouvir que o seu pranto era motivado pelos sofrimentos de Cristo: "Mulher, Jesus está morto faz muito tempo".

Porém, se existe um tempo para o júbilo e um tempo para seguir em frente, existe também um tempo em que chorar é a única atitude saudável e apropriada. Sob essas circunstâncias, quando o mundo nos aconselha a "superar", a sorrir e a "ser feliz", esse é um verdadeiro convite para o desespero. A bênção de Jesus não é um endosso para a depressão crônica. Ao chamar atenção para o espírito de discipulado, nos aconselha a respeito do perigo de nos entediarmos ou de aceitarmos facilmente as misérias do mundo.

Muitas santas foram, em especial, sensíveis à dor em sua volta. Esse era seu dom, bem como sua cruz. Jesus não exige que estes sofredores coloquem os seus sofrimentos de lado, que troquem seus corações de carne por corações de pedra. Mas Ele lhes fez uma promessa: "Eles serão consolados".

HAGAR, A EGÍPCIA

Escrava

"Tu és Deus, que me vê."

No relato bíblico do Gênesis, Hagar era uma escrava egípcia que pertencia a Sara, mulher de Abraão. Quando Sara se mostrou incapaz de dar um filho a Abraão, ela propôs que seu marido tivesse um filho com sua escrava, uma solução permitida pela lei. Supõe-se que Hagar não teve escolha. Ela serviu como mãe biológica para o filho que sua patroa desejava. Mas, na época em que estava grávida, Sara aparentemente lamentou o acordo, tratando-a com tanta crueldade, que Hagar tentou fugir. Mas um anjo do Senhor apareceu para ela e insistiu para que regressasse e tivesse seu filho. Hagar recebeu a promessa, assim como Abraão, de ter descendência tão numerosa que "não se conseguirá contá-la". E lhe disse que deveria chamar seu filho de Ismael, que significa, "Deus escuta". Hagar, maravilhada, dá um nome para a origem dessa anunciação: "Tu és Deus, que me vê... Eu realmente vi Deus e fiquei viva depois de vê-Lo?"

Ismael, filho de Hagar e de Abraão, nasceu. No entanto, depois de muitos anos, outro filho da promessa de Deus nasceu para Sara e Abraão. Sara não se sentia feliz com o pensamento de que seu filho, Isaac, devesse ser herdeiro da mesma forma que o filho de sua escrava. Por insistência dela, Abraão mandou Hagar e seu filho para o deserto – um ato chocante, mesmo se mitigado, no texto, pela promessa de Deus de que nada aconteceria a eles.

Hagar e Ismael caminharam pelo deserto até seu suprimento de água chegar ao fim. Então, Hagar colocou o menino debaixo de um arbusto e saiu caminhando, incapaz de testemunhar a morte da criança. Mas Deus ouviu o choro de Ismael e confortou Hagar, assegurando-lhe que o filho dela seria o patriarca de uma grande nação: "Deus abriu-lhe os olhos, e ela percebeu um poço com água. Foi encher o odre e fez o menino beber."

Embora Hagar não seja a protagonista da história de Abraão e Sara, ela desempenha um papel importante na caracterização de Deus. Apesar de ser uma excluída, uma estrangeira, uma mulher comum, uma escrava abandonada no deserto, é ela, porém, quem "vê" Deus e Lhe dá o nome do Deus que vê. Sua experiência revela, além disso, que o Senhor é um Deus de vida e de libertação, que ouve a voz dos oprimidos. Assim, sua redenção no deserto prefigura a redenção posterior dos descendentes de Abraão da escravidão no Egito. Hagar é uma testemunha do poder de Deus, que "encontra um caminho onde não há caminho".

Ver: Gênesis 16, 1-15 e 21, 1-21; Delores S. Williams, *Irmãs no Deserto: O Desafio da Conversa Feminina com Deus* (Maryknoll, N.Y.: Orbis Books, 1993).

A MULHER SAMARITANA

Evangelista (séc. I)

"Senhor, dá-me essa água, para que eu não tenha mais sede."

Jesus passava pela terra de Samaria quando parou perto de um poço de uma cidade (ver João 4, 1-42). Era meio dia e Ele estava "cansado da viagem". Uma mulher samaritana chegou para tirar água do poço e Jesus lhe pediu um pouco para beber. A princípio, ela estava admirada com a atenção Dele. Como mulher, e como samaritana – de um povo desprezado pelos judeus devido à sua prática religiosa não-ortodoxa –, ela esperava apenas desprezo. Depois de expressar seu espanto, Ele respondeu de modo enigmático: "Se conhecesses o dom de Deus, e quem é aquele que te diz: 'Dá-me de beber', tu é que lhe pedirias e ele te daria água viva."

Ao escutá-Lo, sentiu-se confusa com a linguagem simbólica. Mas Jesus direcionou a conversa para outro nível. "Todo aquele que bebe desta água ainda terá sede", disse Ele, "mas aquele que beber da água que lhe darei nunca mais terá sede; pelo contrário, a água que lhe darei se tornará nele uma fonte que jorrará para a vida eterna".

Com uma surpreendente rapidez, a conversa que se havia iniciado com a sede de Jesus se voltava para a sede da própria mulher por uma vida mais profunda e com mais sentido: "Senhor", disse ela, "dá-me dessa água, para que eu não tenha mais sede".

Como resposta, Jesus prosseguiu para tocar no mais oculto segredo dela. Ele lhe pediu que fosse buscar seu marido. "Eu não tenho marido", ela respondeu. "Tu dizes bem: 'Não tenho marido'", disse-lhe Jesus, "tiveste cinco, e o que tens agora não é teu marido. Nisso disseste a verdade".

Nós apenas podemos imaginar o misterioso significado dessa breve afirmativa. Porém, para a mulher samaritana, a frase de Jesus parecia resumir toda a história de sua vida, uma vida que a deixara ansiosa por algo mais.

Ela ousou perguntar-Lhe a respeito de questões religiosas – as diferenças entre judeus e samaritanos no que dizia respeito ao estilo e ao modo de adoração –, mas Ele colocou essas perguntas de lado, desafiando-a a prestar atenção na verdade que se desvelava diante de seus olhos.

"Eu sei que um Messias deve vir – aquele que chamam Cristo. Quando vier, ele nos anunciará todas as coisas", disse ela. O momento havia chegado: "Eu, que estou falando contigo, sou ele", respondeu Jesus.

Não durou mais que um ou dois minutos esse encontro entre pessoas que não se conheciam no calor do dia. De repente, um simples poço se tornara terreno sagrado. Uma mulher, oprimida pela vergonha, que tirava sua água do poço sozinha, depois que todas as outras mulheres haviam partido, foi repentinamente elevada – uma pessoa diferente, lavada por um novo tipo de água viva.

Imediatamente, ela foi contar a todos o que havia acontecido: "Vinde ver um homem que me disse tudo o que eu fiz. Não seria ele o Cristo?"

Essa mulher foi uma das primeiras evangelistas relatadas nos Evangelhos. Como recorda João: "Muitos samaritanos daquela cidade tinham acreditado n'Ele por causa da palavra da mulher que afirmava: 'Ele me disse tudo o que eu fiz'".

A MULHER DE BETÂNIA QUE UNGIU CRISTO

(séc. I)

"Em verdade, eu vos digo, onde quer que seja proclamado o Evangelho, no mundo inteiro, também se contará, em sua memória, o que ela fez."

– Marcos 14, 9

Uma das grandes mulheres dos Evangelhos é lembrada apenas por seu gesto; seu nome permaneceu perdido. São Marcos relata que, quando Jesus se sentou à mesa em Betânia, uma mulher anônima começou a ungir Sua cabeça com um óleo precioso. Como um gesto de hospitalidade, a ação, em si mesma, não produz comentários. O que dá origem a murmúrios de desaprovação é o extraordinário valor do óleo utilizado – quase o equivalente ao pagamento de um ano de trabalho. Não poderia o dinheiro ter sido usado com os pobres?

Mas Jesus silencia os que desaprovavam e aceita o gesto da mulher. Na verdade, Ele vai além. Ele enfatiza a oportunidade profética de sua ação e declara que ela é um dos momentos excepcionais e que definem o Evangelho. Um momento similar ocorreu com a famosa confissão de Pedro: "Tu és o Cristo [o Messias/o Ungido]". Neste episódio, e em outras passagens, entretanto, Jesus havia mostrado a determinação de corrigir a compreensão dos discípulos quanto ao que significava ser o Ungido de Deus: ele terá de sofrer e de morrer. O padrão de interação é repetido diversas vezes. Jesus é aclamado como o Messias, fato erroneamente compreendido pelos discípulos em termos de simples poder e glória; Jesus redefine Sua identidade em termos de sofrimento e de morte.

Quando Ele se aproxima de Jerusalém, o caminho está coberto de presságios de Sua autoridade messiânica: o burrinho que está à sua espera, a entrada na cidade real com seus ecos da coroação de Salomão. Agora, no clímax de Seu ministério, Ele é ungido com o óleo. A extravagância do gesto aponta para seu significado profético-simbólico. Uma vez mais, a conversa entre o mestre e os discípulos faz lembrar controvérsias anteriores: Jesus, o Ungido é ungido; os discípulos não entendem a ação, ou a entendem de modo incorreto (uma perda do óleo precioso); Jesus aceita a forma dessa aclamação simbólica, mas usa a situação, uma vez mais, para reinterpretar o significado de Seu messiado – Sua missão – em termos de sofrimento e de morte. "O que podia fazer, ela o fez: perfumou o meu corpo antecipadamente para o sepultamento."

Assim, Jesus aceita o significado do gesto "cristológico" da mulher de um modo que não poderia, sem explicação, aceitar a ingênua confissão de Pedro. Em seu silencioso ato de compaixão, ela reconheceu em Jesus o Homem Pobre por excelência, o Cristo que está para morrer. Somente essa mulher respondeu de modo apropriado. Embora seu nome acabasse sendo esquecido, Jesus a colocou à frente como o discípulo fiel, cuja ação deveria ser lembrada onde quer que o Evangelho fosse pregado.

Ver: Marcos 14, 3-9; Elizabeth Schüssler Fiorenza, *Lembrando-se Dela* (Nova York: Crossroad, 1983).

Santa Mônica

Viúva (332-387)

"Nada está distante de Deus."

Seria agradável pensar que, por trás de cada grande santo, existe uma mãe santa. Neste caso, poucas teriam sido celebradas de modo tão competente por seus filhos quanto Santa Mônica, a mãe de Santo Agostinho. Em suas *Confissões*, ele lhe dá um crédito especial por sua conversão, observando que "na carne ela me deu à luz, trazendo-me para o mundo: em seu coração ela me deu à luz conduzindo-me para a sua vida eterna".

Mônica, assim como seu filho, era uma africana, nascida perto de Cartago, filha de pais cristãos. Embora fosse devota em sua fé, seus pais arranjaram o casamento dela com um não-cristão, Patrício. Parece que o relacionamento foi marcado mais por respeito mútuo do que por afeição. Não obstante, antes de morrer, Patrício seguiu o exemplo piedoso de Mônica e foi recebido no seio da Igreja. Eles tiveram três filhos, dos quais Agostinho era o mais velho. O relato de Agostinho sugere que, desde o momento de seu nascimento, em 354, até a sua morte, 33 anos depois, o relacionamento de Mônica com seu filho brilhante, mas às vezes pródigo, era o centro de sua vida.

Ela tinha grandes esperanças em relação a Agostinho, e encorajou as suas ambições acadêmicas. Mas as esperanças da mãe iam além do sucesso mundano do filho, e ela sofreu demais com o fato de ele não partilhar sua fé. Seus sofrimentos eram causados pela conduta imoral de Agostinho e, mais tarde, pela sua imersão no culto maniqueísta. Ela foi consolada, entretanto, por uma visão profética na qual um anjo lhe garantia: "Seu filho está com você". Quando contou isso para Agostinho, ele retrucou de modo petulante que a visão poderia muito bem ser um prenúncio da apostasia dela própria. "Não", ela corrigiu, "Ele não me disse que eu estava com você; ele disse que você estava comigo".

Mônica não deixou de sofrer por causa desse filho, rezando constantemente por sua conversão e chorando por causa dos seus pecados. Finalmente, um bispo compreensivo lhe garantiu: "Vá, eu lhe peço: não é possível que o filho de tantas lágrimas possa perecer".

Quando Agostinho partiu para Roma para estudar retórica, Mônica estava determinada a viajar com ele. Embora a tivesse enganado e partido sem se despedir, ela foi atrás dele. Depois de muito procurar, encontrou-o em Milão, onde ele a recebeu com a auspiciosa notícia de que desejava tornar-se cristão. Os dois receberam conselho espiritual do bispo de Milão, Santo Ambrósio. Agostinho foi batizado em 387.

Logo em seguida, eles viajaram para Óstia, esperando um navio que os levasse de volta à África. Agostinho descreve uma conversa que lá ocorreu e que durou quase o dia inteiro, relacionada aos mistérios da fé e às alegrias celestiais. A beleza do momento era tamanha, que "por um fugaz instante" pareciam ter tocado a Sabedoria eterna pela qual tanto ansiavam. Mônica sentiu que sua vida estava chegando ao fim. Ela confessou ao filho que não encontrava mais prazeres nesta vida. "Havia uma razão, e apenas uma, pela qual eu desejava permanecer um pouco mais nesta vida, e era para vê-lo tornar-se um cristão católico antes que eu morresse. Deus me concedeu o meu desejo... O que me foi deixado para fazer neste mundo?" Na verdade, em poucos dias ela ficou mortalmente doente. Quando lhe perguntaram se ela não temia morrer tão longe de casa, respondeu: "Nada está distante de Deus".

Sua morte, aos 55 anos de idade, deixou Agostinho desolado. Depois de descrever a sua morte, acrescenta uma pungente reflexão sobre seus esforços vãos para conter as lágrimas. Como cristão, ele sentia, por um lado, que dar tamanha mostra de sofrimento era uma má prova de sua fé. Mas, por outro, ao pensar em sua mãe, e quanto havia sofrido por ele, não podia mais se conter: "Essa foi a mãe, agora morta e afastada de meus olhos, que chorou por mim por tantos anos para que eu pudesse viver sob seus olhos". Se algum leitor pudesse acusá-lo de ter pecado, ele implora: "Não permitas que ele zombe de mim, mas que ele próprio chore, se sua caridade for grande. Deixa que ele chore pelos pecados que cometi contra Ti, o Pai de todos os irmãos de teu Cristo".

Ver: Agostinho, *Confissões*, trad. de R.S. Pine-Coffin (Baltimore: Penguin, 1961).

HELOÍSA

Abadessa do Convento de Paraclet (1100-1164)

"Você sabe, bem-amado, como todo o mundo sabe, quanto perdi em você."

A história de Heloísa, inseparável da história de seu amado Abelardo, é um dos mais memoráveis episódios da literatura medieval. Embora recontada com freqüência, ela ainda retém seu mistério pungente.

Heloísa, uma moça bela e muito inteligente, foi criada por seu tio Fulbert, cânone da catedral de Paris. Tamanho era o seu brilho, que Fulbert contratou o mais famoso literato da França, o renomado Pedro Abelardo, para ser seu tutor. Heloísa deveria ter 17 anos, enquanto Abelardo, no auge de seus poderes, estava com mais de 30. Em seu relato posterior sobre o caso, Abelardo culpa a si mesmo por ter seduzido Heloísa. Contudo, por mais indignas que tenham sido suas intenções iniciais, em pouco tempo os dois eram amantes apaixonados. Porém, a falta de discrição dos dois levou a trágicas conseqüências.

Heloísa ficou grávida e teve um filho. Fulbert ficou enraivecido e não se acalmou com o casamento secreto dos dois. Esperando solucionar o conflito, Abelardo mandou Heloísa para um convento. Mas, enquanto isso, homens a serviço de Fulbert entraram nos aposentos de Abelardo uma noite e violentamente o emascularam. Agoniado e envergonhado, Abelardo retirou-se silenciosamente para um monastério, com a intenção de nunca mais ver a esposa e o filho que ela havia tido.

Anos se passaram. Abelardo sofreu muito, tanto por causa de sua humilhação pública quanto por uma série de controvérsias teológicas agressivas. Mas, como monge, havia lentamente reconquistado uma boa parte de seu antigo renome. Ele até tinha um pouco de contato indireto com Heloísa. Tendo sabido que a comunidade religiosa dela não tinha uma sede, ele a colocou no Oratório de Paraclet, que havia fundado. Contudo, ainda havia muitas questões não resolvidas entre eles.

Em 1132, Abelardo escreveu uma carta para um amigo monge, a "História de Meus Infortúnios", na qual ele contava minuciosamente a história de seu relacionamento com Heloísa e seu trágico desfecho. O relato chegou às mãos de Heloísa, agora abadessa do convento no qual por tanto tempo vivera. Isso aconteceu muitos anos depois de ela ter feito seus votos finais como freira, mas as feridas causadas pelo abandono de Abelardo nunca haviam cicatrizado. Na "História" egocêntrica dele, Heloísa ficou chocada ao descobrir outra traição ao relacionamento dos dois e, assim, depois de tanto tempo, se sentiu impelida a quebrar seu silêncio.

Em uma longa carta, dirigiu-se a ele com ironia mal disfarçada: "Para seu mestre, ou melhor, seu pai, marido, ou melhor, irmão; sua criada, ou melhor, sua esposa, filha, ou melhor, irmã; para Abelardo, Heloísa". Ela descreveu suas emoções ao ler a carta dele – piedade por todo o sofrimento dele, misturado, entretanto, com algum ressentimento. E quanto aos sofrimentos *dela*?

> Por que, depois de abraçarmos a religião, que foi decisão unicamente sua, fui tão negligenciada e abandonada por você?... Não foi um sentimento de vocação que me levou, quando ainda era uma menina, a aceitar a austeridade do claustro, mas somente suas súplicas, e, se não mereço gratidão da sua parte, julgue por si mesmo como meus esforços têm sido vãos. Não posso esperar recompensa de Deus por isso, pois, com certeza, nada fiz até agora por amor a Ele.

Ao responder, Abelardo tentou fazer com que os pensamentos amargos de Heloísa se voltassem para alguma resolução espiritual. O amor deles não poderia acontecer. Ela deveria tentar amá-lo em Cristo. Heloísa, por sua vez, acusou a si mesma de hipocrisia. O mundo julgava que era devota e casta e, enquanto isso, seu corpo queimava com a lembrança da união ilícita entre eles. Fora pelo amor dele que ela havia abraçado a vida religiosa: "Olhe a vida infeliz que levo, mais digna de pena que qualquer outra, se neste mundo devo agüentar tanta coisa em vão, sem esperanças de recompensa futura". Abelardo ainda a instou a aceitar a situação deles como fato e a buscar no sofrimento o caminho para a santificação.

Nesse momento, Heloísa mudou de atitude de repente. Ela deixou de lado seus apelos pessoais e pediu-lhe que lhe desse uma regra e instruções para sua comunidade monástica. Sem dúvida aliviado, Abelardo respondeu com diversos longos tratados. Eles nunca mais se referiram à sua história em comum.

Abelardo morreu em 1142, no meio de uma disputa teológica que quase o levou a ser oficialmente condenado. O abade de sua comunidade providenciou para que fosse enterrado na igreja da abadia da comunidade de Heloísa. Ela ainda viveu por mais 21 anos e faleceu em 16 de maio de 1164. Seu corpo foi enterrado ao lado do corpo de seu marido.

Ao longo dos séculos, Heloísa e Abelardo atraíram seus respectivos defensores. Com certeza, Heloísa foi uma das grandes mulheres intelectuais e escritoras da Idade Média. Terá ela sido também, como alguns sugerem, um tipo de santa? A resposta depende até certo ponto se aceitamos ou não, por si só, a estimativa que a própria Heloísa faz de sua situação. Chegou ela a alcançar a paz de espírito que Abelardo a instara a conseguir? É esse o melhor critério de santidade?

Sob sua liderança, o Paraclet tornou-se uma das maiores comunidades religiosas da Europa, e Heloísa foi amplamente reverenciada como uma abadessa sábia e santa. É possível, como disse Etienne Gilson, que "Heloísa não soubesse tudo a respeito de sua própria situação?". Como ela não renunciaria ao seu amor humano pelo amor de Deus, ela se considerava uma hipócrita. Mas quem pode dizer que Deus esperava essa renúncia? Talvez a insistência dela na integridade de seu amor – mesmo lhe custando grande sofrimento – fosse seu próprio caminho para a santificação. De qualquer modo, foi suficiente para lhe dar apoio durante uma vida inteira de orações e de trabalho.

Ao mandar o corpo de Abelardo para o Paraclet, Pedro, o Venerável, fez um eloqüente reconhecimento das súplicas de Heloísa, tanto neste mundo quanto tendo em mente a eternidade: "Cristo cuida dele em seu lugar; na verdade, como se fosse você mesma, e Ele vai devolvê-lo para você por Sua bondade no dia em que o Senhor descer dos céus".

Ver: As Cartas de Abelardo e Heloísa (Nova York: Penguin, 1974); Elizabeth Hamilton, *Heloísa* (Garden City, N.Y.: Doubleday, 1967); Etienne Gilson, *Heloísa e Abelardo* (Ann Arbor: University of Michigan Press, 1960).

Beata Ângela de Foligno

Mística franciscana (1248-1309)

"'Senhor', gritei, 'dizei-me o que quereis de mim; sou toda vossa'. Mas não houve resposta, e rezei desde as Matinas até as Terças – e então vi e ouvi."

Um dos grandes legados de São Francisco de Assis foi a fundação de sua Ordem Terceira, um movimento de seguidores leigos da regra franciscana que decidiram permanecer no mundo e não abraçar uma vida religiosa na clausura. Seus membros foram atraídos de todas as posições sociais – até mesmo rainhas como Isabel da Hungria e Isabel de Portugal. Com seu espírito de pobreza, e seu zelo pela vida apostólica, esses franciscanos da Ordem Terceira exerciam enorme influência na vida religiosa e social da Idade Média. Ângela de Foligno, mística e teóloga, foi um dos membros notáveis dessa família espiritual.

Ângela vinha de uma posição social elevada. Seus primeiros anos de vida foram dedicados às frivolidades do mundo e à busca do prazer. Ela se casou com um homem rico e teve três filhos. Mas era uma existência vazia, sem um propósito maior. Quando estava com 37 anos, achava que sua vida era uma carga tão pesada, que rezou para São Francisco pedindo algum tipo de alívio. No dia seguinte, foi à igreja e ouviu um pregador desconhecido, um frei franciscano chamado Irmão Arnaldo, cujo sermão lhe causou grande impressão. Ela se sentiu compelida a confessar-se com ele, e depois resolveu transformar sua vida.

Antes que muito tempo se passasse, a oportunidade para realizar uma mudança drástica surgiu por meio de circunstâncias trágicas – a perda de toda sua família durante uma epidemia de peste. Por meio de sua perda, Ângela percebeu a mão de Deus que a conduzia para uma vida de penitência e de oração. Uma vez, quando estava ajoelhada à frente de um crucifixo, ela foi levada, em um gesto que lembrava o de São Francisco, a tirar toda sua elegante roupa e a oferecer sua vida para o serviço de Cristo. Depois, durante uma peregrinação para Assis, foi subjugada por uma experiência do amor de Deus. Ela abriu mão de todos os seus bens, entrou na Ordem Terceira de São Francisco e resolveu viver de esmolas.

Irmão Arnaldo, que continuava sendo seu confessor, ficou a princípio desconfiado de sua conversão dramática e da extravagância das experiências místicas que se seguiram. Em um determinado momento, entretanto, ele se convenceu da origem divina da sabedoria e das revelações de Ângela, e seus papéis se reverteram. Finalmente, ele se tornou seu escriba e discípulo devotado. Nos relatos literais de seu discurso, Ângela fala do progresso de sua jornada espiritual, submetendo suas motivações a um escrutínio cuidadoso e descrevendo as constantes tentações que a assaltavam em seu caminho. Mas ela também narra em vívidos detalhes uma série de experiências nas quais testemunha o poder, a humildade, a justiça e o amor de Deus. Acima de tudo, ela descreve seu próprio sentimento de ter experimentado uma profunda comunhão com Deus na "cela" privada de sua alma, uma experiência de tamanha intimidade que existe além do domínio da alegria e do sofrimento.

E, mesmo assim, a comunhão de Ângela com Deus não a impediu de se preocupar com os outros. "O mundo", disse ela, "é grande com Deus". Com o tempo, reuniu ao seu redor uma família de franciscanos da Ordem Terceira, tanto homens quanto mulheres, para os quais servia como mãe espiritual. Segundo o espírito de Francisco, ela mantinha um padrão de estrita pobreza. Esse era um modo de se identificar com Cristo, mas também era um lembrete constante para permanecer sensível às necessidades dos outros.

Em uma Quinta-feira Santa, ela exortou seus companheiros: "Vamos sair procurar Cristo nosso Senhor. Iremos ao hospital e, talvez, entre os doentes e os que sofrem, possamos encontrá-Lo". Assim, solicitou para que pedissem comida, que levaram para o hospital: "E então oferecemos comida àquelas pessoas pobres e doentes, e em seguida lavamos os pés das mulheres e as mãos dos homens, enquanto ficavam sozinhos e esquecidos em seus catres miseráveis". Desse modo, ela concluiu, haviam cumprido com êxito sua missão de encontrar Cristo naquela Quinta-feira Santa.

Ângela morreu em paz, rodeada por seus filhos espirituais, em 4 de janeiro de 1309.

Ver: Paul Lachance, ed., *Ângela de Foligno: Obra Completa*, Classics of Western Spirituality (Nova York: Paulist, 1993).

Beata Lydwina de Schiedam

Padroeira dos Sofredores (1380-1433)

"Meditar sobre a Paixão e receber a Eucaristia tornaram-se, por assim dizer, os dois braços com os quais Lydwina abraçou seu Bem-amado."

– John Brugman, primeiro biógrafo de Lydwina

É difícil que existam santos cuja vida não tenha sido marcada pelo sofrimento. Nesse ponto, eles compartilhavam da condição humana. Mas, em seus sofrimentos, como muitos deles reconheciam, também partilhavam com muita intimidade da experiência de Cristo. Tendo a cruz em mente, o sofrimento deles estava dotado de um propósito e de um sentido mais profundos. Ele poderia se tornar uma potente força, beneficiando outras pessoas e produzindo incontáveis frutos em uma ordem espiritual mais ampla. Inspirados por este raciocínio, alguns santos até mesmo rezaram pedindo sofrimento, ou o impuseram a si mesmos por meio de rigorosas punições. No entanto, para outros, como Lydwina de Schiedam, o sofrimento chegou sem ser solicitado. A sua santidade se expressou com a resposta dela às circunstâncias além de seu controle.

Uma entre nove filhos, Lydwina nasceu em 1380, em uma família pobre, na pequena cidade holandesa de Schiedam. Em um dia de inverno, quando tinha 15 anos, ela sofreu um acidente quando patinava no canal congelado. A princípio, parecia que havia apenas quebrado algumas costelas – o que não era motivo para grande alarme. Porém, sua saúde rapidamente se deteriorou, iniciando uma doença que a deixaria inválida pelos próximos 40 anos. Embora recebesse o melhor tratamento médico disponível, nada lhe causava alívio; na verdade, seus sintomas apenas se tornaram piores e até mesmo repulsivos.

Com o tempo, devido aos pedidos insistentes do padre de sua paróquia, Lydwina começou a meditar a respeito dos sofrimentos de Cristo, lutando para unir seus próprios sofrimentos aos Dele. Por meio dessa reflexão lenta, gradativamente percebeu um significado maior em seu sofrimento. Sua vocação era essa: suportar seu sofrimento com coragem e fé como um sacrifício de amor pelos pecados dos outros.

Rapidamente, comentários sobre o sofrimento e a fé de Lydwina se espalharam de uma maneira extraordinária. Peregrinos vinham de grandes distâncias para testemunhar alguém ligado tão intimamente à Paixão de Cristo. Médicos também vinham para estudar seus sintomas misteriosos, embora nenhum deles pudesse recomendar algum remédio que aliviasse a sua dor. Por sua vez, Lydwina tinha visões nas quais ela visitava a Terra Santa e conversava com Cristo e Sua Mãe. Diziam que ela tinha o dom de fazer milagres e de curar, e também o dom da profecia.

E, apesar disso, ela tinha seus detratores. Um padre da paróquia pensou que ela era uma fraude. Ele a acusou de ter ilusões diabólicas e se recusou a ministrar-lhe a Sagrada Comunhão. Depois de determinado tempo, contudo, um inquisidor da Igreja confirmou a sua boa-fé e lhe deu novamente acesso à Eucaristia. Na verdade, nos últimos 19 anos de sua vida, como muitos atestaram, todo seu alimento consistia essencialmente da Eucaristia – um dos muitos sinais extraordinários que acompanharam o seu testemunho.

Em 14 de abril de 1433 os sofrimentos de Lydwina chegaram ao fim. Ela foi beatificada 400 anos depois, em 1890, ocasião em que foi chamada de padroeira de todos aqueles que sofrem pelos pecados dos outros.

Margery Kempe

Mística e peregrina (1373-1438?)

"E essa criatura chorou e soluçou tão copiosamente quanto se tivesse visto com seus olhos mortais nosso Senhor sofrendo Sua Paixão naquele momento."

Margery Kempe nasceu em 1373, em uma família abastada em King's Lynn, Norforlk. Ao atingir 20 anos, casou-se com John Kempe e no período de um ano deu à luz o primeiro de seus 14 filhos. Mas este primeiro parto ocasionou-lhe uma grave crise espiritual, que se aproximava da loucura e que durou mais de seis meses. Ela apenas se recuperou depois de ter experimentado uma visitação de Cristo, que lhe disse as seguintes palavras de conforto: "Filha, por que me abandonaste, se Eu nunca te abandonei?"

Depois disso, Margery recuperou a razão, mas seu coração permaneceu voltado para o mundo: vestia-se com elegância, se vangloriava de sua posição social e se dedicava à produção de cerveja. Evidentemente, seu fracasso nessa empreitada convenceu-a de que Deus tinha outros planos para ela. Logo depois, uma noite, quando estava deitada na cama com o marido, pensou ter ouvido uma música suave e de repente pulou da cama dizendo: "Ai de mim, que eu tenha pecado! O céu é tão alegre!" Foi nesse momento que experimentou uma conversão dramática, dedicando-se a uma vida de orações, de penitência e de serviço a Deus. Ela também fez um voto de celibato. Porém, infelizmente, de imediato, seu marido não compartilhou desse voto, o que ocasionou contínuos desentendimentos conjugais que duraram vários anos e nascimento de muitos outros filhos.

Entretanto, Margery começou a adotar uma disciplina penitencial rigorosa e também começou a experimentar freqüentes conversas com Cristo, Seu Pai, Sua Mãe, Maria, e muitos dos santos. Por meio desses "relacionamentos", relatados em sua autobiografia com o mesmo modo corriqueiro que usa para descrever encontros com seus contemporâneos, ela foi assegurada de sua vocação como penitente, bem como a extraordinária garantia de sua própria salvação.

Enquanto isso acontecia em seu íntimo, externamente Margery era mais notável por seu "dom" para as lágrimas. Ela chorava ruidosamente durante grande parte do dia, em especial quando se aproximava de uma igreja ou de qualquer lugar que casualmente a fizesse pensar no amor de Deus e nos sofrimentos de Cristo. Em determinadas circunstâncias, o "dom" de Margery inspirava surpresa e admiração. Mas, na maioria do tempo, atraía a caçoada e o desprezo.

Margery andou por grande parte da Inglaterra, tentando conversar com autoridades religiosas e guias espirituais. Alguns, como Juliana, a santa eremita de Norwich, aprovavam sua vocação espiritual. Outros ficavam completamente perdidos tentando entendê-la.

A Inglaterra, naquele tempo, estava sofrendo com os paroxismos da agitação religiosa, atiçada pelos heréticos lolardos. Estes seguidores do reformista John Wycliffe advogavam uma fé bíblica simplificada no lugar de toda a religião sacerdotal. Margery, recorrendo com freqüência à confissão e à comunhão semanal, não era um lolardo. No entanto, esta alcunha lhe era continuamente dirigida por clérigos e outros cidadãos escandalizados por seu entusiasmo desmedido. Era uma acusação perigosa, que poderia levar à prisão ou à morte na fogueira, mas, felizmente, Margery sempre foi capaz de demonstrar sua ortodoxia. Porém, isso não impediu que alguns clérigos desejassem que ela "fosse para o mar em um bote sem fundo".

Na verdade, os clérigos que a conheciam tinham uma opinião muito diferente a respeito de Margery. Havia alguns, em especial aqueles cujos sermões ela interrompia com seu pranto e gritos incontroláveis, que a consideravam um santo aborrecimento. Mas muitos outros ficaram convencidos da autenticidade de sua vocação. Por fim, entre estes, ela encontrou voluntários para quem ditou sa autobiografia, *O Livro de Margery Kempe*.

Quando tinha perto de 40 anos, Margery obteve o consentimento de seu esposo para que ele aceitasse um voto mútuo de castidade. Mais ou menos na mesma época, ela expandiu o alcance de sua peregrinação, começando com uma viagem à Terra Santa. Seus companheiros de peregrinação logo se cansaram de seu choro interminável e se tornaram rudes em seus esforços para mantê-la afastada e mesmo para deixá-la para trás no caminho. Contudo, ela completou a viagem, e entre os lugares sagrados encontrou referências ainda mais vívidas para suas constantes meditações sobre a vida e a paixão do Senhor. Seu pranto era entremeado por "gritos" espontâneos, que, se não fosse por mais nada, aumentavam ainda mais sua estranheza. Como Margery observa: "O pranto era tão alto e tão surpreendente, que deixava as pessoas atônitas".

Em conjunto com as habituais reclamações e rudes acusações, o comportamento de Margery acabou ganhando algum respeito, e muitos se impressionavam com o poder edificante de sua contrição pública. Uma vez, quando um padre lhe disse: "Mulher, Jesus está morto há muito tempo", ela respondeu: "Senhor, a morte Dele é tão recente para mim como se Ele tivesse morrido hoje, neste dia, e eu acho que deveria ser assim para o senhor e para todo o povo cristão. Devemos sempre nos lembrar de Sua bondade, e pensar sempre na morte dolorosa que Ele morreu por nós".

A partir de sua biografia, cujo único manuscrito foi descoberto apenas no século XX, Margery Kempe surge como uma das personalidades mais vivas da Idade Média. Eruditos, bem como seus contemporâneos, dividem-se em sua opinião a respeito dela. Não há dúvidas sobre sua excentricidade; ela própria se refere a si mesma como "quem ama Deus de um modo único". Mas, o que se sobressai é a ousada determinação de Margery de viver uma vocação espiritual singular, sob os olhos do público, mesmo exposta à zombaria e à perseguição. É claro que o propósito de seu espetáculo público não era o de chamar atenção para si mesma ou inspirar imitadores de sua extrema espiritualidade. Ao contrário, ela esperava inspirar outras pessoas a compartilhar uma pequena porção de sua contrição pelos pecados deles e uma pequena medida de sua emoção ao pensar nos sofrimentos de Cristo. Em uma de suas conversas místicas, o Senhor lhe disse: "Ordenei que fosses como um espelho [entre seus companheiros cristãos]; que sentisses uma grande dor, de modo que eles pudessem seguir teu exemplo e sentir um pouco de dor em seus corações por seus pecados, para que pudessem por meio disso obter a salvação".

Ver: O Livro de Margery Kempe, trad. de B.A. Windeatt (Nova York: Penguin, 1985); Clarissa W. Atkinson, *Mística e Peregrina: O Livro e o Mundo de Margery Kempe* (Ithaca, N.Y.: Cornell University Press, 1983).

SANTA CATARINA DE GÊNOVA

Mística (1447-1510)

"Toda bondade é uma participação em Deus e em Seu amor por Suas criaturas."

Catarina de Gênova foi mística e autora de muitos clássicos espirituais. Ela passou inumeráveis dias e noites em fervorosa oração, na qual, assim é dito, experimentava a chama ardente da presença de Deus em seu coração. O que é mais notável, todavia, é que essa vida contemplativa não foi passada em um convento. Catarina sempre foi uma mulher leiga, que se dedicava em cuidar dos doentes e dos pobres moribundos. Ela ajudou a fundar e a manter o primeiro hospital de Gênova, executando, muitas vezes, todo tipo de serviço, desde o mais humilde até o de diretora. É essa extraordinária combinação de ação e de contemplação que fez dessa mulher uma das mais interessantes figuras na história da espiritualidade cristã. Mas esse equilíbrio espiritual extraordinário não foi alcançado com rapidez: foi o fruto de uma longa e difícil luta.

Catarina nasceu em uma das grandes famílias aristocráticas de Gênova. Desde pequena, seu desejo era o de entrar em uma ordem religiosa. Porém, aos 15 anos, antes que pudesse concretizar seu sonho, foi casada com Juliano Adorno. Ele havia nascido em uma família rival e o casamento foi, sem dúvida, arranjado pelas duas famílias como um ato de reconciliação. Infelizmente, quem arrumou o casamento deu pouca importância ao fato de que Catarina e seu marido eram singularmente incompatíveis entre si. Enquanto sonhava com a vida religiosa, Juliano, como seu biógrafo observa, era "exatamente o seu oposto em seu modo de vida". Parece que Juliano vivia sua vida notória e bem independente, e que Catarina entrou silenciosamente em um estado de depressão crônica. Isso durou cinco anos. Por outros mais cinco anos, ela tentou se engajar nas diversões frívolas da vida social, mas isso a deixou ainda mais esgotada e melancólica.

Aos 25 anos, Catarina fez uma oração fervorosa para obter algum tipo de alívio do tormento que era sua existência, chegando mesmo a implorar para que alguma doença pudesse mandá-la para a cama "por três meses". Em vez disso, em 22 de março de 1473, enquanto se ajoelhava para a confissão, foi subitamente dominada por um sopro de amor divino que a deixou impressionada com a vastidão de seus pecados e com a bondade de Deus. "Não pensar mais no que é mundano", a ouviram dizer, "nunca mais pecar". Os ressentimentos bem justificados e a amargura mesquinha que haviam pouco a pouco confinado o seu espírito foram deixados de lado e, a partir daquele momento, ela começou a viver uma nova vida.

Com uma fé recém-descoberta, também encontrou um novo propósito para sua vida. Imediatamente, se dedicou ao trabalho no hospital – uma ocupação difícil para uma mulher de sua posição social. Forçando-se para dominar sua natureza sensível, ela deliberadamente pegou os casos mais nojentos e repulsivos. E o milagre foi o fato de Catarina, ao se desenvolver na prática do amor, também descobrir que estava aumentando sua capacidade de ser feliz.

Foi também nessa época, como uma coincidência, que o gosto extravagante de Juliano levou o casal à falência. Eles abriram mão da sua enorme casa, e se mudaram para outra simples, muito mais de acordo com o gosto de Catarina. Por fim – e talvez devido ao exemplo dela – Juliano passou por um processo de conversão e se tornou membro da Ordem Terceira de São Francisco. Eles, então, se mudaram para o hospital, onde, depois de muitos anos de trabalho, Catarina assumiu o posto de diretora.

Dizem que Catarina, ao dirigir o hospital, era capaz de dar conta de qualquer moedinha gasta. Mas ela ficou conhecida por seu cuidado devotado aos doentes. Durante a epidemia de peste de 1493, que matou quatro quintos daqueles que permaneceram na cidade, Catarina permaneceu em seu posto. Ela acabou ficando doente e quase morreu depois de beijar uma mulher moribunda. No entanto, se recuperou, e no mesmo ano teve de cuidar de Juliano durante uma doença fatal. Ele a havia feito sofrer muito durante muitos anos, mas antes de morrer ela confidenciou: "Meu doce Amor [ou seja, Cristo] garantiu-me que ele seria salvo".

Em seus últimos anos de vida, Catarina formou um círculo de discípulos devotados, atraídos não apenas pela oportunidade de trabalhar ao seu lado em seu trabalho de caridade, mas também pela chance de se beneficiar de sua sabedoria espiritual. O seu trabalho mais famoso é o tratado místico sobre o purgatório, baseado em sua experiência do amor divino. Em vez de chamar atenção para a miséria e o sofrimento das almas no purgatório, Catarina descreve esse estado como um tipo de antecâmara do paraíso, o estado no qual a alma é desnudada e purificada, tornando-se capaz de portar a luz do amor divino. Enquanto ainda estamos presos aos nossos pecados, a chama do amor nos queima. Porém, a dor é tolerável porque, ao contrário das dores do inferno, ela tem um limite, e cada momento traz a alma mais para perto da união com o Bem-amado.

> Não há alegria, a não ser aquela do paraíso, que se compara à alegria das almas no purgatório. Essa alegria se intensifica dia a dia, devido ao modo pelo qual o amor de Deus corresponde àquele da alma, já que o impedimento para aquele amor é desgastado diariamente. Esse impedimento é a crosta do pecado. E quando ele é consumido, a alma

fica cada vez mais aberta para o amor de Deus... Quanto mais a crosta do pecado é consumida pelo fogo, mais a alma responde àquele amor e sua alegria se intensifica.

Em seus últimos anos de vida, Catarina experimentava com freqüência êxtases místicos. Dizem que ela conversava com os anjos. E, no entanto, essa profunda "sobrenaturalidade" era combinada com uma atenção meticulosa aos detalhes práticos e à constante disponibilidade para as necessidades alheias. Em 1510, ficou bastante doente. Depois de muito sofrimento físico, faleceu em 15 de setembro, sendo canonizada em 1733.

Ver: Catarina de Gênova, *Purgação e Purgatório, o Diálogo Espiritual*, Classics of Western Spirituality (Nova York: Paulist, 1979).

SANTA XÊNIA DE SÃO PETERSBURGO

Louca de Deus (fim do séc. XVIII)

"Tendo renunciado à vaidade do mundo, tu realmente carregaste a cruz de uma vida de caminhada sem moradia; tu não temeste a dor, a privação nem a zombaria dos homens, e realmente conheceste o amor de Cristo."

– Oração a Santa Xênia

Sempre existiu um lugar de honra na tradição russa para aqueles chamados Loucos de Deus. Estes ascetas errantes, que viviam à margem da sociedade, deram seu testemunho a respeito de uma sabedoria espiritual considerada com freqüência como loucura aos olhos do mundo.

Para os fatos essenciais da vida de Santa Xênia, uma "louca de Deus" de São Petersburgo, pouco existe para se acrescentar à inscrição que aparece em sua lápide: "Em nome do Pai, do Filho e do Espírito Santo. Aqui jaz o corpo da Serva de Deus, Xênia Grigorievna, esposa do maestro de coro imperial, Coronel Andrei Teodorovitch Petrov. Viúva aos 26 anos, peregrina durante 45 anos, viveu um total de 71 anos. Ela era conhecida pelo nome de Andrei Teodorovitch. *Possa quem quer que me haja conhecido dizer uma oração pela minha alma para que a dele possa também ser salva. Amém*".

No começo de sua vida matrimonial, como seu epitáfio sugere, Santa Xênia teve uma existência confortável. O cargo de seu marido, "maestro de coro imperial", implica uma posição na nobreza menor. Mas sua fortuna sofreu um drástico revés quando seu marido caiu morto depois de uma noite de bebedeira. Confrontada com a futilidade de sua vida, Xênia de repente deixou de lado todos os prazeres terrenos e de sua propriedade. Seus parentes ficaram horrorizados e tentaram fazer com que ela fosse declarada insana. No entanto, um juiz decidiu de modo contrário, determinando que ela estava perfeitamente sã e autorizada a fazer o que quisesse com suas posses.

Durante alguns anos, Xênia desapareceu dos olhos e dos registros da história, talvez adotando a vida de peregrina solitária. Ao voltar para São Petersburgo, sem dinheiro e vestida com um dos antigos uniformes de seu marido, apenas atendia se fosse chamada pelo nome dele: Andrei Teodorovitch. Foi como se Xênia, e não seu marido, tivesse morrido. Quem havia sobrevivido vivia apenas para Cristo.

A princípio, a aparência e o comportamento estranhos de Xênia atraíram zombaria e insultos. Como não tinha casa, dormia ao relento no cemitério e, durante o dia, perambulava pelas ruas dos bairros pobres, repetindo sem cessar o nome de Deus e convidando os passantes a se lembrar de seus pecados. Mas, pouco a pouco, o povo de São Petersburgo veio a respeitar e honrar essa excêntrica testemunha de Cristo. Sua presença tornou-se uma bênção, e as pessoas ficavam felizes quando ela carregava seus filhos ou concordava em fazer uma refeição na casa deles.

Acreditava-se que Xênia tinha dons proféticos, e as pessoas aprenderam a levar suas extravagantes afirmativas a sério. Certa vez, ela chegou perto de uma mulher que estava sentada em sua casa. "A senhora está aqui, sentada, pregando botões", disse ela, "e não sabe que Deus lhe deu um filho! Vá imediatamente ao Cemitério Smolensk!". A mulher fez o que Xênia lhe havia dito. No cemitério, soube que uma mulher grávida, atingida por uma carruagem, entrara em trabalho de parto e morrera no local, depois de dar à luz um menino. Quando a polícia não conseguiu encontrar parentes da mãe morta, a mulher adotou o menino e o criou como se fosse seu.

Santa Xênia faleceu próximo ao término do século XVIII. Embora não exista um registro da data correta, seu túmulo se tornou um local muito popular de peregrinação. Sua lembrança persistiu e se espalhou – uma pequena vela sempre mantida acesa ao longo dos séculos seguintes, mesmo durante a noite escura da era soviética. Em 1988, foi formalmente canonizada pela Igreja Ortodoxa Russa.

Ver: Jim Forest, *Rezando com Ícones* (Maryknoll, N.Y.: Orbis Books, 1977).

Cornelia Connelly

Fundadora da Sociedade do Sagrado Menino Jesus (1809-1879)

"Não é nossa fé uma espada de força? Eu assim senti, meu Senhor."

Durante grande parte de sua vida, Cornelia Connelly lutou de maneira árdua para discernir sua vocação entre os apelos e exigências que outras pessoas lhe faziam. Mas, quando teve a certeza de ter ouvido a voz de Deus, ela permaneceu firme, apesar dos terríveis sacrifícios como conseqüência disso.

Nasceu em 1809, em uma família abastada de Filadélfia e, em 1831, se casou com um pastor episcopal chamado Pierce Connelly. Quando os estudos dele o convenceram de que o catolicismo era a verdadeira religião, ele renunciou às suas ordens da Igreja Anglicana e entrou para a Igreja Católica. Cornelia o seguiu. Embora em sua conversão, assim como em muitas de suas decisões posteriores, até determinado ponto tenha sido levada pela maré da grande força de vontade de seu marido, ela também sentiu um chamado para a santidade. Achava que iria descobri-lo no seio da família; porém, circunstâncias determinaram que isso deveria acontecer por meio do sofrimento e do sacrifício.

Em 1839, Cornelia e Pierce, com seus três filhos, estavam vivendo na área rural da Louisiana, onde ambos lecionavam em escolas católicas. Um quarto filho, Mary Magdalene, morreu sete semanas após nascer. Cinco meses depois, quando a ferida da morte da filha ainda era recente, seu filho de dois anos, John Henry, caiu em uma tina de caldo de cana fervente, empurrado por um cachorro. Ele morreu 43 horas depois. Durante esse período, enquanto segurava o seu corpinho queimado, Cornelia sentiu uma profunda identificação com os sofrimentos de Maria. Quando o menino morreu, em 2 de fevereiro, a festa da Apresentação do Menino Jesus, Cornelia escreveu em seu diário: "Ele foi levado ao Templo do Senhor".

No fim daquele ano, Pierce lhe confiou que desejava tomar ordens como padre católico. Cornelia ficou apavorada. Isso significaria a dissolução da família e, para ela, um comprometimento para a vida toda com o celibato. Para seu conselheiro espiritual, ela perguntou: "É necessário que Pierce faça esse sacrifício e *me sacrifique*? Eu amo meu marido; amo meus filhos queridos; por que devo abrir mão deles?". Sempre uma esposa fiel, tentou acreditar na coincidência entre os planos de seu marido e os desígnios de Deus, e tentou cooperar com o plano de seu marido. Ela aceitou a provação da vida celibatária e ficou em casa, grávida de seu quinto filho,

Adeline, enquanto Pierce ia até Roma para pesquisar as possibilidades para sua vocação.

Por fim, Pierce chamou a família para que fosse se juntar a ele. Ele havia conseguido uma audiência com o Papa Gregório XVI, que aceitara sua vocação e abrira o caminho para sua ordenação, desde que Cornelia fizesse um voto de castidade. Pierce prosseguia em seus estudos e Cornelia viveu com os filhos no convento da Sagrada Família em Trinità de Monte. Embora Pierce a visitasse uma vez por semana, ela estava, para todos os propósitos práticos, sozinha. Rezar lhe dava pouco conforto. Ela escreveu: "Incapaz de ouvir, ou de entender, ou de pensar... forcei minha vontade a se alegrar na grandeza do Senhor".

Em 1845, Cornelia fez o voto necessário e Pierce foi ordenado. Não estava claro o que ela deveria fazer então. Ela pensou que fosse voltar para os Estados Unidos. Nesse momento, entretanto, diversos bispos e padres insistiram para que fosse à Inglaterra. Lá, a Igreja Católica, emergindo de um longo período de repressão, estava lutando e passando por um período de expansão e de renovação. Foi sugerido a Cornelia que sua verdadeira missão era estabelecer uma congregação religiosa na Inglaterra para a educação das meninas. Cornelia aceitou o desafio, desde que pudesse manter seus filhos junto de si. E, assim, em 1846, chegou à Inglaterra para tornar-se responsável por uma escola em um convento recém-construído em Derby.

Houve muitas reviravoltas na fundação da escola e da comunidade que a atendia. Mas em poucos anos Cornelia alcançou alguma eminência dentro da Igreja Católica Inglesa. Em 1847, fez os votos religiosos e o Bispo Wiseman a empossou formalmente como superiora de sua congregação, a Sociedade do Sagrado Menino Jesus. O nome refletia a profunda devoção de Cornelia pela Encarnação, especificamente pelo "Deus humilde", que havia se revelado sob a forma de um indefeso bebê. Ela instruiu suas Irmãs nesse espírito: "Enquanto vocês caminham pelas ruas enlameadas, amem Deus com seus pés; e quando suas mãos estiverem atarefadas, amem-nO com suas mãos; e quando vocês ensinarem as crianças pequenas, amem-nO em Seus pequeninos". Seu trabalho estava apenas começando.

Depois de apenas três anos de sua nova vida, uma nova série de provações começou. Nessa época, Pierce havia ficado impaciente e insatisfeito com o sacerdócio. A princípio, ele tentou interferir na congregação de Cornelia e controlá-la. Depois de lhe pedir por favor, que permanecesse longe de seu convento, ele anunciou que iria largar o sacerdócio e que desejava que ela retomasse seus deveres conjugais. Uma vez mais, Cornelia ficou chocada. Embora o desejo de seu esposo a tivesse levado a tomar o hábito religioso, agora que ela o usava se tornara parte dela, e ela não iria mais aceitar a palavra de Pierce como sendo a palavra de Deus. Quando Cornelia se recusou a atender suas exigências, ele abriu um processo contra ela em uma corte eclesiástica superior (Anglicana). Como um anticatólico profissional, Pierce fez um retrato lúgubre de sua esposa sendo mantida prisioneira por agentes de Roma. Contudo, a corte decidiu a favor de Cornelia. Enraivecido, Pierce se vingou seqüestrando seus filhos e levando-os para fora do país. Nunca mais Cornelia iria vê-los de novo.

Cornelia permaneceu como superiora de sua congregação por cerca de 30 anos. Durante esse tempo, ela viu novas escolas surgirem na Inglaterra, nos Estados Unidos e na França. Sua congregação trabalhou muito para promover o progresso e a educação das mulheres jovens, sobretudo as pobres. Entretanto, Madre Cornelia sempre carregou o peso de seus inúmeros sofrimentos. Perto do fim de sua vida, sofreu com um doloroso caso de eczema que lhe deu a aparência de uma pessoa que sofresse do mal de Hansen – como, assim diziam, "se ela tivesse sido escaldada da cabeça aos pés". Parecia que estava revivendo em sua doença a experiência de seu maior sofrimento, bem como sua grande identificação com o Sagrado Infante. Agora era a vez de ser oferecida no Templo. No dia anterior à sua morte, 18 de abril de 1879, ela se voltou para a Irmã que cuidava dela e exclamou: "Neste corpo verei meu Deus!"

Ver: Mary Andrew Armour, *Cornelia* (Sociedade do Sagrado Menino Jesus, 1979); Juliana Wadham, *O Caso de Cornelia Connelly* (Nova York: Pantheon, 1957).

MAUDE DOMINICA PETRE

Modernista católica (1863-1942)

"A Igreja iluminou meu caminho. Em vez de lutar no meio de um deserto, tive um caminho – um caminho para a virtude e para a verdade. Apenas um caminho – um caminho para o fim, não o fim em si mesmo – o caminho para a verdade, não a plenitude da verdade em si... Em uma palavra, ela me ensinou como procurar Deus."

Durante o século XIX, um grupo de intelectuais católicos tentou encontrar uma maneira de reconciliar a Igreja com as características positivas da modernidade. De modo geral, seus esforços foram recebidos com desprezo. Na virada do século, defrontando-se com a onda crescente dos modos de pensamento liberal e secular, a Igreja havia se definido em oposição aos valores sociais e políticos sobressalentes da época. Com uma mentalidade de estado de sítio, muitos líderes da Igreja sentiram-se compelidos a definir sua missão predominantemente em termos de condenar os erros e asseverar sua autoridade.

O movimento modernista, na virada do século, foi o maior desafio para essa mentalidade. Falar de um "movimento" é uma referência de algum modo enganadora para um punhado de eruditos que formalmente não eram unidos entre si e trabalhavam em diversos países da Europa. Em geral, eles tentavam interpretar e apresentar a fé em termos da consciência histórica moderna, estudo crítico da Bíblia e um método apologético baseado na filosofia de "voltar-se para o objeto". A seriedade desse desafio provocou uma resposta muito severa e que não era comum da parte do Vaticano – uma condenação tão veemente, que muitas décadas se passaram antes que qualquer erudito católico pudesse se referir com tranqüilidade a esse trabalho sem suscitar horror.

Entre os membros desse grupo, a escritora inglesa Maude Petre era a única mulher. Ela sobreviveu aos outros protagonistas por muitos anos. Mas se distingue de outro modo, a única entre todos eles, por ter permanecido um membro leal da Igreja enquanto, ao mesmo tempo, carregava com orgulho e sem arrependimento o título de Modernista.

Maude Petre cresceu em um lar católico. Embora fosse membro de uma comunidade de religiosos regulares por alguns anos, sentiu que sua contribuição para a Igreja se daria no âmbito intelectual. Realizou seus estudos teológicos em Roma e tornou-se uma das primeiras mulheres católicas teólogas dos tempos modernos.

Um grande acontecimento em sua vida ocorreu em 1900, quando conheceu George Tyrrell (1861-1909), um carismático teólogo jesuíta que desempenharia o principal papel no drama Modernista. Um profundo laço intelectual e espiritual se desenvolveu entre Maude e o Padre Tyrrell, e ela se devotou de corpo e alma à causa e às lutas dele. O trabalho de Tyrrell desafiava o modo de ensino católico extrínseco e racional. Em vez do apelo à autoridade dogmática, ele enfatizava a dimensão afetiva e mística da cristandade e seu apelo à existência humana. Em seus livros, Maude Petre não apenas se dirigiu a estas questões teológicas como também defendeu o princípio de liberdade dentro da Igreja para suscitar o tipo de questionamento feito por Tyrrell e seus amigos. Ela, mais tarde, comparou os seus esforços com a famosa motivação para a Primeira Guerra Mundial: deixar o mundo – neste caso, a Igreja – seguro para a democracia.

A resposta do Vaticano foi rápida e furiosa. Em 1907, o Papa Pio X lançou a encíclica *Pascendi*, condenando os erros do "Modernismo" em termos violentos. Os Modernistas foram retratados como arquiinimigos da fé e deveriam ser combatidos com medidas extraordinárias. Elas incluíam um voto de antimodernismo a ser feito por todo o clero, bem como o estabelecimento de comitês de vigilância em cada diocese para buscar sinais da heresia. A ironia era que a causa do Modernismo – quaisquer que fossem seus erros – não tinha por objetivo um ataque ao catolicismo, mas sim era um esforço para afirmar e defender a relevância e a vitalidade do catolicismo no mundo moderno.

Como conseqüência da encíclica, Tyrrell e muitos outros foram excomungados e seus trabalhos banidos. Tyrrell morreu dois anos depois, ainda afirmando sua fé e lealdade para com a Igreja. Maude Petre, que considerava seu amigo um santo e mártir, assumiu o papel de sua executora literária. Ela dirigiu a edição e publicação da autobiografia de Tyrrell e uma série de outros livros póstumos. Isso foi visto como um sinal de desobediência por seu bispo, e ele insistiu que Maude também deveria fazer o voto de "antimodernismo". Como leiga, ela se recusou a concordar com essa ordem extraordinária, argumentando que este voto daria igual autoridade a essa encíclica papal e ao Credo de Nicéia. "Se eu estiver errada", ela escreveu, "então estou tão profunda e fundamentalmente errada, que apenas Deus pode me provar isso. Se estiver certa, então Ele vai transformar em um bem para mim o que eu infringi perante os homens". Como resultado, seu bispo anunciou que ela também estava excomungada naquela diocese.

No entanto, ela não deixou de se considerar uma católica fiel. Na verdade, posteriormente se mudou para a diocese de Westminster, em Londres, onde mantinha sua prática de comunhão diária. Ali viveu por mais três décadas, publicando reflexões críticas e históricas a respeito da controvérsia Modernista e seus principais membros. Em um momento de sua longa vida, descreveu a si mesma como "uma passageira solitária abandonada, a única representante viva daquela que veio a ser considerada como a causa perdida do Modernismo na Igreja Católica". Do mesmo modo como ela nunca havia comprometido seus princípios, tampouco falhou em seu comprometimento leal para com a Igreja. Assim, poderia ser dito que exemplificava uma espiritualidade de dissensão leal.

Próximo aos seus últimos dias no plano terrestre, em uma avaliação da causa Modernista, escreveu:

> Nada pode alterar as aspirações radicais do coração humano, e foi por causa delas que os Modernistas batalharam e, por cuja causa, suportaram a dolorosa tortura das instituições eclesiásticas, porque, apesar das suas limitações, eles encontraram um apoio na passagem por esta vida escura e perturbada; encontraram por meio delas a graça de viver, a coragem para morrer.

Maude Petre faleceu em 16 de dezembro de 1942 e foi enterrada no cemitério anglicano em Storrington, apenas um túmulo separando-a do túmulo do Padre Tyrrell.

Ver: M.D. Petre, *Meu Caminho de Fé* (Nova York: E.P. Dutton, 1937); Clyde F. Crews, *O Modernismo Católico Inglês: O Caminho de Fé de Maude Petre* (South Bend, Ind.: University of Notre Dame Press, 1984).

Santa Edith Stein

Mártir carmelita (1891-1942)

"Você quer se unir totalmente ao Crucificado? Se você tem certeza disso, estará presente, pelo poder da Sua Cruz, em cada frente, em cada lugar onde há tristeza, trazendo para aqueles que sofrem, cura e salvação."

Edith Stein nasceu em 12 de outubro de 1891 em Breslau, Alemanha, sendo o décimo primeiro filho de pais judeus ortodoxos. Seu nascimento caiu no dia do Yom Kippur, o Dia do Perdão judaico, um fato cujo significado mais tarde observou. Independente por natureza e dotada de prodigiosa inteligência, Edith abandonou a fé de sua família com 13 anos de idade. Ela se declarou ateísta – apenas o primeiro de uma série de golpes para sua piedosa mãe – e se dedicou ao estudo de filosofia. Foi aceita como uma das primeiras alunas na Universidade de Göttingen, onde estudou sob a supervisão do brilhante Edmund Husserl, pai da fenomenologia. Edith Stein tornou-se um de seus melhores alunos; tão respeitada, que Husserl a convidou para tornar-se sua assistente na Universidade de Friburgo. Lá ela terminou seu doutorado aos 23 anos, escrevendo uma tese a respeito da natureza da empatia.

Havia uma forte dimensão espiritual na escola fenomenológica, e muitos dos discípulos de Husserl eram cristãos devotos. No período depois da Primeira Guerra Mundial, Edith Stein começou a sentir um crescente interesse por religião. Esse fato atingiu seu ápice em uma noite de 1921, quando ela, por acaso, pegou a autobiografia de Santa Teresa de Ávila, a mística carmelita do século XVI. Fascinada, leu a noite inteira e de manhã chegou à conclusão: "Esta é a verdade". Ela foi batizada católica no Dia de Ano seguinte.

A mãe de Edith chorou ao ouvir a notícia da conversão da filha. Confrontada com a resolução de Edith, entretanto, tinha pouca escolha a não ser concordar. Edith continuava a acompanhar a mãe à sinagoga, sentindo que, ao aceitar Cristo, havia sido reunida, por um caminho misterioso, com suas raízes judaicas.

Edith Stein, a princípio, acreditava que, com sua conversão, deveria abandonar suas idéias de prosseguir na carreira acadêmica. Durante oito anos lecionou em uma escola dominicana para meninas. Mas, por fim, seus estudos de São Tomás de Aquino reacenderam seu interesse pelas pesquisas acadêmicas. Depois de preparar um trabalho integrando a fenomenologia com a escolástica, conseguiu um cargo como professora em Munique, em 1932.

O cargo, entretanto, não teria vida longa. Quando os nazistas chegaram ao poder, Edith Stein sentiu as reverberações do anti-semitismo. Com percepção pouco comum, reconheceu o destino dessa campanha de ódio. Com audácia, escreveu para obter uma audiência com o Papa Pio XI, esperando alertá-lo a respeito do perigo que rondava os judeus. Seu pedido não obteve resposta. Enquanto isso, com pesar da parte da administração da universidade, foi demitida do posto de professora em que mal havia começado a trabalhar.

Edith Stein já entendera a terrível tempestade que estava se aproximando e sentiu, de algum modo, que sua identidade judaico-cristã impunha uma vocação única. Como mais tarde escreveu, quando rezava no convento carmelita em Colônia,

> falei com o Salvador para dizer-Lhe: eu percebia que era a cruz Dele que agora estava sendo colocada sobre os ombros do povo judeu, e as poucas pessoas que compreendiam isso tinham a responsabilidade de carregá-la em nome de todos, e que eu estava disposta a fazer isso, se Ele me mostrasse como.

Enquanto isso, a perda de seu emprego lhe permitiu seguir sua crescente atração pela vida religiosa. Ela pediu para entrar no convento carmelita em Colônia. Uma vez mais sua mãe chorou – desta vez, acusando-a de abandonar seu povo em uma época de perseguição. Foi uma acusação amarga, que iria obscurecer a separação das duas. Depois de passar uma última noite com sua mãe na sinagoga, Edith se despediu. Ninguém da sua família estava presente em 15 de abril de 1934, para testemunhar sua adoção formal do hábito carmelita. Ela adotou como nome religioso Irmã Teresa Benedicta a Croce – a Abençoada pela Cruz. Um nome, explicou depois, escolhido para se referir "ao destino do povo de Deus, que então estava apenas começando a se revelar".

Em 1938, no dia 8 de novembro, a intensa guerra contra os judeus foi declarada, a *Kristallnacht* (Noite dos Cristais). Acreditando que sua presença no convento colocava em perigo suas Irmãs, Edith permitiu ser levada em segredo para fora do país, para um convento na Holanda. Ela não pensava em fugir do destino de seu povo. Na verdade, fez uma oração solene que entregou a sua prioresa, "me oferecendo ao Coração de Jesus como um sacrifício de redenção" pelo povo judeu, pela aversão à guerra e pela santificação de sua família carmelita. Tendo contemplado e enfrentado a realidade da morte, foi libertada de ansiedades adicionais, e se preparou para esperar o final.

Em 1940, os nazistas ocuparam a Holanda. Apesar de sua condição de enclausurada, Edith Stein foi obrigada a usar a estrela amarela de Davi em seu hábito. Logo, as deportações começaram. Edith se apressava para ter minar seu estudo da teologia mística de São João da Cruz. Ela era consolada pela presença de sua irmã Rosa, que, nessa época, também havia se convertido e estava ao seu lado no convento como irmã leiga.

Os alemães haviam mostrado uma disposição para poupar os judeus cristãos, desde que a Igreja permanecesse em silêncio. Quando, em 26 de julho de 1942, uma declaração feita pelos bispos católicos da Holanda denunciando a perseguição dos judeus foi lida nos púlpitos por todo o país, os nazistas retaliaram com raiva. Em uma semana, todos os judeus católicos, incluindo membros de ordens religiosas, haviam sido presos. Para Edith Stein e sua irmã, o fim se aproximou no dia 2 de agosto, quando a Gestapo chegou no convento. Rosa estava perturbada, mas Edith lhe garantiu: "Vamos, Rosa. Estamos indo por nosso povo".

Sobreviventes dos dias que se seguiram descrevem a coragem da freira e sua compostura, apesar da certeza do destino que a esperava. Ela se ocupou com orações, enquanto cuidava das crianças aterrorizadas e consolava as mães que haviam sido separadas de seus maridos. Alguém a descreveu como a "Pietà sem Cristo".

Do campo de concentração na Holanda, seguiu o mesmo caminho de milhões de outros: a viagem miserável em um vagão de trem fechado; a chegada, morta de fome, em um campo estranho, entre cachorros que rosnavam e guardas que vociferavam impropérios; a infame "seleção", ficar despida e a caminhada rápida para o quarto de banho, de onde ninguém voltava.

Edith Stein faleceu na câmara de gás em Auschwitz, em 9 de agosto de 1942. Em 1988, foi canonizada pelo Papa João Paulo II, um evento que provocou grande controvérsia. Muitos judeus reclamaram que, assim como outros seis milhões de pessoas, Edith morrera por ser judia, e não por sua fé cristã. Há uma verdade nisso. Mas o que é notável a respeito de Edith Stein não é o modo como morreu, mas sim sua compreensão daquela morte – em solidariedade ao seu povo, como um ato de expiação pela maldade de seu tempo e como uma identificação consciente com a cruz de Cristo.

Ver: Waltraud Herbstrith, *Edith Stein: Uma Biografia* (Nova York: Harper & Row, 1983); *Edith Stein: Escritos Essenciais*, ed. John Sullivan (Maryknoll, N.Y.: Orbis Books, 2002).

Adrienne von Speyr

Mística (1902-1967)

"Tornou-se claro para mim, repetidas vezes, que estava sendo colocada de lado, deixada à espera para alguma coisa."

Adrienne von Speyr nasceu na Suíça, em uma família que se orgulhava de muitas gerações de médicos, clérigos e banqueiros. Desde muito jovem, estava determinada a ser médica – uma ambição pouco comum para uma menina de sua época. Mas ela era pouco comum em outros aspectos também. Mesmo quando era pequena ela tinha experiências místicas – conversas com a Mãe de Deus e com santos e anjos – que faziam com que ficasse distante de seu sólido ambiente protestante. A menina rapidamente aprendeu a não partilhar essas experiências com ninguém. Quando, por exemplo, descreveu como Santo Inácio de Loyola havia aparecido para ela e se oferecido para conduzi-la pela mão, sua família reagiu com compreensível alarme.

Adrienne continuou com seus estudos e treinamento médico. Em 1927, casou-se com um viúvo, mais velho que ela, e que tinha dois filhos. Em seguida, começou a trabalhar como médica. Porém, a morte repentina do marido, em 1934, deixou Adrienne devastada, incerta quanto ao sentido da vida e de como poderia seguir em frente. A grande reviravolta em sua vida aconteceu em 1940, quando foi apresentada a Hans Urs von Balthasar, um padre jesuíta e capelão católico da Universidade da Basiléia. Em sua primeira conversa, Adrienne mencionou uma questão que a atormentara: o que significava se submeter à vontade de Deus? Ao responder-lhe, como Balthasar mais tarde refletiu, "eu inadvertidamente toquei em um botão que, em um instante, acendeu todas as luzes da sala. Adrienne parecia ter ficado livre das amarras dos impedimentos e foi arrebatada por um fluxo de orações como se uma represa houvesse estourado". Sua decisão de tornar-se católica aconteceu naquele momento, e ela foi batizada algumas semanas depois.

Se a influência de von Balthasar sobre Adrienne foi notável, talvez ainda mais notável tenha sido o efeito que ela – uma recém-convertida sem nenhum treino teológico – teria sobre ele. Von Balthasar estivera tateando em busca de um novo estilo de pregar a teologia – um mais afetivo, baseado no entendimento da experiência e não apenas na razão, preocupado mais com a santidade do que com a compreensão intelectual. Ele foi o primeiro a reconhecer os dons espirituais de Adrienne von Speyr, em particular sua capacidade de integrar a compreensão mística com engajamento ativo no mundo. Embora fosse se tornar um dos mais influentes teólogos católicos do século XX (e favorito declarado do Papa João Paulo II), von Balthasar mais tarde diria a respeito de Adrienne: "De modo geral eu recebi mais dela, teologicamente, do que ela de mim". Ela não apenas influenciou inúmeras das grandes decisões de sua vida, escreveu, "mas eu também lutei para aproximar meu modo de ver a revelação cristã em conformidade com o dela".

De início, a família de Adrienne ficou chocada com sua conversão. Mas exteriormente sua vida continuou muito parecida com o que era antes. Ela continuava com uma próspera carreira médica, atendendo até 80 pacientes por dia, antes de a doença forçá-la a abandonar a medicina. Ninguém, além de seu confessor, von Balthasar, conhecia a extensão de suas experiências místicas. Ela tinha visões regulares de Maria e dos santos. Passava grande parte da noite em orações, "viajando", como ela dizia, para locais afastados do planeta – igrejas distantes, prisões, conventos, zonas de guerra e campos de concentração – que, posteriormente, podia descrever em vívidos detalhes. Curas milagrosas aconteceram entre seus pacientes. Além disso, tinha um impressionante dom para interpretar as Escrituras. Muito depois de a doença deixá-la fraca demais para escrever, ditou milhares de páginas de comentários para von Balthasar, que nessa época havia se tornado seu amigo dedicado, bem como seu secretário.

Mas esses dons tiveram seu preço: após sua conversão, Adrienne foi visitada por um anjo que lhe perguntou se ela estava pronta para consentir com qualquer coisa que Deus pudesse lhe ordenar. Esse consentimento, ela acreditava – quer por Maria, por Jesus ou pelos santos – era o ponto crítico da vida espiritual, a única atitude que tornava tudo possível. Ela não podia senão concordar.

A partir desse momento, todo ano, durante a Semana Santa, ela revivia o sofrimento de Cristo, tanto físico quanto espiritual. Em 1942, recebeu os estigmas, as marcas físicas dos ferimentos de Cristo em suas mãos. Sofreu diversos ataques cardíacos que a enfraqueceram tanto, que não podia trabalhar. Ela sofria de diabetes e acabou ficando cega. Mesmo assim, seus trabalhos espirituais – por meio de orações, da meditação e dos inúmeros livros que ditou – continuaram até o fim de sua vida. A oração, disse a von Balthasar, é uma embarcação que nos transporta "além de todos os conceitos, no infinito mar de Deus".

Adrienne faleceu em 17 de setembro de 1967.

Ver: Hans Urs von Balthasar, *Primeira Impressão de Adrienne von Speyr* (San Francisco: Ignatius Press, 1991).

MÃES DOS DESAPARECIDOS

Argentina (1977-1983)

"Quando todos estavam aterrorizados, não ficamos em casa chorando – fomos às ruas confrontá-los diretamente. Estávamos loucas, mas esse era o único modo de ficar sãs."

O golpe militar na Argentina, em 24 de março de 1976, não foi uma surpresa. Depois de um período de crise econômica e de instabilidade política, inúmeros argentinos da classe média expressaram abertamente sua esperança de que o governo militar pudesse proporcionar um retorno à estabilidade e à ordem. Quando aconteceu, mesmo os bispos católicos do país deram sua bênção, assegurados pelas promessas dos generais de que protegeriam os valores da "cristandade, do patriotismo e da família". Poucos anteciparam a selvagem repressão que se seguiria.

Em nome de sua "guerra contra a subversão", os militares desencadearam uma onda de terror contra todas as pessoas e organizações "não-patrióticos", incluindo sindicatos, ativistas políticos, estudantes universitários e grupos defensores dos direitos humanos. Mas os generais argentinos, tendo estudado as lições de ditadores militares precedentes, estavam determinados a dar continuidade à repressão em silêncio e às ocultas. Em vez de lotarem estádios com prisioneiros políticos ou de deixarem corpos mutilados nos acostamentos das estradas, aperfeiçoaram a técnica de seqüestrar suas vítimas de suas próprias casas, matando-as em segredo, sem deixar evidências para trás. Desse modo, cerca de 15 a 30 mil homens e mulheres se juntaram às listas dos *desaparecidos*.

O objetivo da repressão era o de silenciar todos os protestos, e isso quase aconteceu. A oposição política desapareceu. A imprensa se mantinha em silêncio. Os líderes religiosos se mantinham obstinadamente cegos. Coube a um grupo de mulheres encontrar a coragem para quebrar o silêncio. Elas eram as chamadas Mães dos Desaparecidos.

A experiência comum as aproximou. Muitas delas haviam tido seus filhos ou filhas seqüestrados pelos agentes da segurança no meio da noite. Desesperadas, haviam feito vigílias, esperando por um chamado, uma mensagem, o som dos passos que retornavam às suas casas. Elas haviam percorrido o circuito das prisões, instalações militares e hospitais, esperando encontrar alguém que pudesse, ao menos, confirmar que seus filhos haviam sobrevivido, caso não se pudesse saber a localização deles. Em vão imploraram aos juízes, oficiais do governo e até mesmo aos bispos, por alguma ajuda. E, em todos os lugares, haviam sido mandadas embora, muitas vezes com um cinismo cruel. "Talvez seus filhos tenham fugido para Cuba, talvez suas filhas tenham fugido para se tornar prostitutas..." Amigos e vizinhos haviam sumido, não querendo se envolver, temendo serem considerados culpados por associação, e perturbados pela importunadora suspeita de que ninguém é preso por nada; sem dúvida, aqueles jovens *deveriam ter feito alguma coisa.*

Em seu desespero, as Mães encontraram umas às outras – mulheres que compartilhavam da mesma dor e angústia. A princípio, elas se uniram por causa do apoio mútuo e depois exigiram ser ouvidas. Tudo começou com uma vigília silenciosa na Plaza de Mayo, uma praça pública em Buenos Aires, que fica na frente do Ministério do Interior. A vigília se tornou um acontecimento mensal. Toda quinta-feira, dezenas dessas mulheres de meia-idade, as *Madres de la Plaza de Mayo*, permaneciam ali, silenciosas, identificadas apenas por seus lenços brancos e às vezes pelas fotos que seguravam de seus filhos desaparecidos.

Durante o estado de sítio era ilegal realizar protestos públicos. Mas os generais não sabiam como reagir a esse apelo silencioso. Eles recorreram ao ridículo; eles as chamavam de "as mulheres loucas", *las locas de la Plaza de Mayo.* Assim, eles voltaram à perseguição e ao terror. As Mães começaram a receber telefonemas e cartas ameaçadores. Muitas vezes elas foram presas, colocadas em ônibus e detidas durante a noite. Algumas foram fisicamente atacadas por membros do governo. Muitas foram seqüestradas e desapareceram. Mas as ameaças apenas reforçaram a coragem dessas mulheres.

O que lhes deu tamanha coragem? De acordo com uma das mães, "Quando uma mulher dá à luz um filho, ela dá a vida e, ao mesmo tempo, quando cortam o cordão umbilical, ela dá a liberdade. Nós estávamos lutando pela vida e pela liberdade. Foi nossa insistência, o fato de nos recusarmos a desistir, que nos tornou eficientes". E, como disse outra, simplesmente: "Quando uma mãe perde um filho essa dor é mais forte que o medo ou o terror".

Apesar da censura às notícias na Argentina, o protesto das Mães foi di vulgado por todo o mundo. Turistas as procuravam e autoridades que visitavam o país a elas se juntavam em solidariedade. Tornaram-se uma constante fonte de aborrecimentos para o governo. Em uma época em que a verdade era abafada em todos os lugares, as Mães e sua vigília silenciosa eram a consciência visível da nação. Em uma declaração amplamente divulgada, as Mães proclamaram seu compromisso com "uma Argentina onde há justiça, onde ninguém pode ser detido e desaparecer, como aconteceu com nossos filhos, onde a lei é respeitada, e onde é possível viver em liberdade, tolerância e respeito".

Em 1983, os militares, já completamente desacreditados, cederam o poder a um governo civil. As esperanças das Mães foram renovadas com o sonho de que milhares dos jovens finalmente retornariam da escuridão de suas celas secretas. Mas houve apenas um terrível silêncio, e as Mães tiveram de enfrentar a verdade – que seus filhos e filhas nunca mais voltariam. Algumas lutaram para recuperar seus netos desaparecidos – os bebês de suas filhas grávidas nascidos na prisão e com freqüência adotados por famílias de militares. Outras continuaram a lutar para levar os culpados à Justiça. Como uma disse: "A luta continua, além das vidas de nossos filhos. Essa luta se refere ao futuro de nosso país".

Ver: Jo Fisher, *Mães dos Desaparecidos* (Boston: Sound End Press, 1989).

MÁRTIRES DE EL MOZOTE

El Salvador (m. 1981)

"Tive medo de que fosse chorar, de que fosse gritar, de que fosse enlouquecer. Eu não podia tolerar isso, e rezei a Deus para me ajudar. Prometi a Deus que, se Ele me ajudasse, contaria ao mundo o que aconteceu aqui."

– Rufina Amaya

Em 10 de dezembro de 1981, dezenas de tropas salvadorenhas, parte do batalhão de elite treinado pelos Estados Unidos, o Atlacatl, entraram na cidade de El Mozote, um pequeno vilarejo na província salvadorenha de Morazán. Sua missão era denominada "Resgate". Seu objetivo era perseguir tropas guerrilheiras, cortar sua linha de suprimentos e eliminar suspeitos de subversão.

Ninguém jamais havia acusado o povo de El Mozote de subversão. Na verdade, os subversivos eram algo parecido com uma anomalia na província, que estava em grande parte sob controle da guerrilha. Mais da metade dos habitantes eram evangélicos renascidos, fato que pode ter sido em parte responsável pela decisão de permanecerem neutros na incessante guerra civil em El Salvador. No dia da Operação Resgate, a cidade estava lotada de refugiados vindos do interior, levados para lá pela crença de que El Mozote seria um abrigo seguro no meio da luta que os rodeava. Estavam errados.

No primeiro dia, os soldados reuniram os habitantes da cidade e os interrogaram buscando informações sobre os guerrilheiros. As pessoas não tinham informações para dar. Em um determinado momento, foi tomada a decisão de destruir a cidade. Nos dois dias seguintes, os soldados sistematicamente reuniram os habitantes locais em pequenos grupos de homens, mulheres e crianças e os massacraram. Foi um trabalho exaustivo, realizado com brutalidade inacreditável. O ar estava repleto de gritos e de choro, pontuados pelas rajadas das metralhadoras. Tendo iniciado a tarefa, os soldados estavam determinados a não deixar sobreviventes. Mas eles falharam.

Uma camponesa, Rufina Amaya, foi colocada no fim de uma fila de mulheres que haviam sido levadas para execução. Ela já havia visto seu marido ser decapitado. Quando chegou ao local onde deveria ser morta, Rufina caiu de joelhos: "Eu estava rezando e implorando a Deus que perdoasse meus pecados. Embora estivesse quase aos pés dos soldados, não implorava nada para eles – eu implorava a Deus". Mas, em um momento em que os soldados estavam olhando para outro lado, ela aproveitou a oportunidade para rastejar e se esconder debaixo de uns arbustos. Lá permaneceu por três dias – tremendo, sedenta, sangrando – vendo e ouvindo os soldados completarem sua missão. As crianças foram as últimas a ser mortas. Rufina ouviu os gritos de seus próprios filhos sendo mortos, mordendo a língua para conseguir ficar calada.

Naquela noite, ouviu os soldados discutindo a fé das pessoas a quem haviam matado. Uma jovem, em particular, permanecia na mente deles. Enquanto a violentavam várias vezes, ela havia continuado a cantar hinos religiosos. Mesmo depois de terem atirado em seu peito, ela continuou cantando. Atiraram outra vez, e ela ainda cantava. E então "o espanto deles se transformou em medo – até que acabaram desembainhando seus facões e a decapitaram, e finalmente o canto cessou".

Apenas Rufina sobreviveu para contar ao mundo o que havia acontecido em El Mozote, onde milhares de pessoas foram assassinadas. Foi o maior massacre da história moderna na América Latina.

Por mais de uma década, anos depois do término da guerra civil, a cidade de El Mozote permaneceu abandonada. Neste tempo, membros da polícia criminalística, apoiados por uma Comissão da Verdade da ONU, analisavam cuidadosamente as evidências repulsivas, confirmando o relato de Rufina a respeito dos acontecimentos terríveis que ela havia testemunhado. Por fim, as pessoas começaram a retornar e a reconstruir a cidade. Mas não Rufina. Ela não podia se forçar a voltar. Foi viver em uma cidade vizinha, onde se casou de novo e teve outros filhos. E, apesar da dor causada por suas lembranças, manteve seu propósito de recontar a história do massacre a qualquer pessoa que lhe fizesse perguntas.

Um memorial na praça de El Mozote traz a inscrição: "Eles não morreram, eles estão conosco, com vocês e com toda a humanidade".

Ver: Mark Danner, "A Verdade sobre El Mozote", *The New Yorker* (6 de dezembro de 1993).

JESSICA POWERS

Poeta carmelita (1905-1988)

Profundos na terra estão acres
de terras virgens, bosques santos
lá está o Espírito. E a alma traz em si
esta solidão sem vestígios.

Jessica Powers nasceu e foi criada em Cat Tail Valley, na área rural do Wisconsin. Desde muito jovem, seu espírito foi marcado pela beleza da natureza, pelos sons dos maçaricos e dos *whippoorwills* e pelas longas extensões de espaço aberto. Mas foi marcada também pela austeridade e pela solidão da vida no campo, especialmente pela escuridão e pelo frio dos longos invernos, e pela difícil luta pela sobrevivência. Como escreveu em um de seus poemas:

Mulher desconsolada é meu vale.
Suas escarpas – ametistas, da dor o matiz;
seus pinheiros estão entristecidos.
Não há história sombria que ela não cale;
nem pesar que não tenha sentido.
Nem um momento ela se sente feliz.

O começo de sua vida foi assinalado por uma dupla perda – a morte de sua irmã mais velha, quando Jessica tinha 11 anos de idade, seguida dois anos mais tarde pela morte de seu pai. No entanto, sua inteligência brilhante e seus talentos literários surgiram cedo. Sua professora de inglês, uma freira, reconheceu seu talento poético e o encorajou. Mas ela deixou de lado o sonho de poder estudar e explorar o mundo após a morte de sua mãe, quando tinha 20 anos. Coube a Jessica a tarefa de cuidar de seus irmãos e supervisionar a administração da fazenda da família.

Esse período de sua vida duraria 11 anos. Enquanto mantinha o ciclo de tarefas cotidianas, Jessica continuou a alimentar uma vida interior e a esperança de encontrar seu lugar no mundo. Ela também escreveu inúmeros poemas, muitos publicados em jornais e revistas.

Dizem que isso tudo é a vida
e pouco importa, oh não
se jamais andarei até alcançar
o mundo além de minhas mãos

Dizem que qualquer terra cheia de sol
nada mais tem a oferecer
mas sei tão bem que meu destino
não é esta vida viver.

Sua oportunidade surgiu em 1936 quando, por uma coincidência feliz, seus irmãos se casaram. Finalmente livre, ela partiu para Nova York. Enquanto se sustentava trabalhando como empregada e babá, ela rapidamente encontrou uma comunidade literária de amigos católicos. Seu primeiro livro, *A Lanterna Queima*, foi publicado em 1939.

Bem no momento em que havia obtido algum reconhecimento como poeta, ela surpreendeu amigos e família com a notícia de que havia decidido se tornar freira carmelita. A vocação crescera silenciosamente em seu coração já há algum tempo, desde que havia comprado um livro de poemas de São João da Cruz, "e os levei para casa como se tivesse acabado de comprar o céu". Ao mesmo tempo em que os Estados Unidos entravam em uma nova guerra mundial, Powers estava desaparecendo por trás da rígida clausura de um novo convento carmelita em Milwaukee. Lá se tornou a Irmã Maria do Espírito Santo.

Nessa comunidade austera e silenciosa, Jessica Powers permaneceu o resto de sua vida, lutando para prestar atenção nos sinais da graça e, por meio de sua poesia, fazer com que se tornassem visíveis para um mundo ferido.

Há um abandono que jamais será definido
mais que não ter um lugar só seu, nem cama ou cadeira...

É a dor do místico subitamente arremessado
da luz de Deus até a noite de sua humanidade.
É sua dor; é a dor de todos aqueles que rezam
com palavras finitas para a Infinidade
que, se eles vissem, não compreenderiam;
quem eles não podem ver.

A maioria de seus dias era ocupada com orações, trabalhos simples e a disciplina litúrgica da vida carmelita. Por três vezes foi prioresa de sua comunidade, supervisionou a mudança para uma nova localidade rural, ajustando-se com dificuldade às reviravoltas radicais na vida religiosa que se seguiram ao Concílio Vaticano II. Mas, por meio de sua poesia confessional, permitiu que seus leitores devotos acompanhassem sua própria jornada espiritual.

Estou só no escuro, e estou pensando
que escuridão seria a minha, se eu visse
a ruína que causei onde caminhei

e se não estivesse
ciente do Único que me segue
a quem amo, ó Deus, quando amo a Ti?

Nesse mesmo poema ela se dirige a Deus como "O grande Destruidor que dilacera/ os muros que ergui contra o humano coração,/ o Remendão que emendou as bordas/ por meio das quais irrompi ao sair buscar o mal,/ o Amor que me segue e sempre perdoa". No último verso, ela declara: "Deus repara obstáculos, transforma meu caminho em descanso".

Jessica Powers faleceu em 18 de agosto de 1988, aos 83 anos de idade.

Ver: Dolores R. Leckey, *Música de Inverno: A Vida de Jessica Powers* (Lanham, Md.: Sheed & Ward, 1992); *Poesia Seleta de Jessica Powers*, ed. Regina Siegfried e Robert Morneau (Kansas City, Mo.: Sheed & Ward, 1989).

Karla Faye Tucker

Penitente (1959-1998)

"Se este homem fosse um profeta, saberia quem é esta mulher que o toca e o que ela é: uma pecadora."

– Lucas 7, 39

"Quando você fez uma coisa como a que eu fiz e foi perdoado por isso e é amado – isso tem um poder de fazer você mudar tanto. Experimentei o verdadeiro amor. Eu sei o que é o perdão, mesmo tendo feito algo tão terrível. Eu sei disso porque Deus me perdoou quando aceitei o que Jesus fez na cruz. Quando eu partir daqui, vou ficar com Ele."

Em 3 de fevereiro de 1998, Karla Faye Tucker se tornou a primeira mulher a ser executada no estado do Texas em um período de cem anos. Uma multidão considerável manteve vigília aquela noite fora da unidade correcional de Huntsville, seus cartazes e faixas refletindo duas realidades contrastantes a respeito da vida de Karla. Havia quem se lembrasse da mulher que ela havia sido – a fria "assassina da machadinha" que matara brutalmente duas pessoas 15 anos antes. Mas, entre a multidão, havia um número igual de pessoas atraídas pela história da mulher que ela se tornara – uma cristã "renascida", cujo remorso por suas ações era tão evidente quanto a alegria e o amor que havia partilhado com todas as pessoas que encontrara.

Muitos prisioneiros "encontram a religião" depois de ter sido presos por seus crimes. Relatos dessas conversões muitas vezes levam a reações cínicas. Mas poucos que viram Karla duvidaram de sua sinceridade. Ela nunca tentou minimizar o horror de suas ações ou sua própria responsabilidade pelas escolhas que a conduziram ao seu destino. Promotores, funcionários da prisão e mesmo os policiais que a prenderam, todos foram testemunhas de sua transformação e esperavam que ela não fosse morrer. A eles se uniu um grupo pouco comum de advogados, desde o Papa João Paulo II até o evangelista Pat Robertson. Quanto a Karla, ela havia adotado as palavras de São Paulo: "Pois se vivemos, vivemos para o Senhor; se morremos, morremos para o Senhor: quer vivamos, quer morramos, pertencemos ao Senhor".

Com certeza, seria difícil imaginar um contraste mais improvável entre a jovem Karla Faye e a mulher dos seus últimos anos de vida. Viciada em drogas desde os 11 anos, começara a se prostituir aos 14 anos – ensinada pela mãe, também viciada em drogas. Ela era uma fora-da-lei turbulenta, uma *groupie* ocasional, que sentia atração por grupos de motociclistas e por "homens machos" que sabiam como viver muito perto do perigo. Uma noite em 1983, quando Karla tinha 24 anos, ela e seu namorado saíram para roubar partes de uma motocicleta de um homem a quem ambos detestavam. Excitados pela velocidade e pela emoção de estar fazendo algo proibido, acabaram matando o homem e sua namorada com extrema crueldade. O fato de se vangloriarem em seguida para seus amigos os levou à prisão. Ambos foram julgados e sentenciados à morte por assassinato.

No tempo em que estava na prisão, esperando seu julgamento, Karla foi levada pela curiosidade a freqüentar um encontro com o grupo de ministério da prisão. Membros desse grupo compartilhavam suas experiências de prisão, de prostituição, de vício e de violência, e Karla observou que "eles sentiam uma paz e uma alegria – algo que era real. Eu nunca havia visto aquilo em ninguém". Ela percebeu que desejava "sentir o que eles estão sentindo". Aquela noite, sem saber que as Bíblias estavam à disposição de quem pedisse, ela roubou uma e a escondeu em sua cela. Ao começar a ler, sentiu pela primeira vez a magnitude total de suas ações, a percepção de que "eu havia matado brutalmente duas pessoas e que havia gente lá fora que sofria por minha causa". De joelhos, pediu a Deus que "viesse em meu coração e me perdoasse por tudo que eu havia feito". E quase imediatamente sentiu um incrível sopro do amor de Deus. "Ele tocou no meu íntimo, arrancou aquela violência pelas raízes e Se derramou dentro de mim."

A diferença em Karla se tornou visível. Testemunhando na fase do julgamento em que a sentença ia ser promulgada, ela confessou abertamente suas ações e não fez força para minimizar ou mitigar sua responsabilidade. Ela se dedicou ao trabalho de ministério na prisão, fazendo tudo o que podia para servir seus companheiros presos e para "salvar outras vidas" do peso do pecado e do desespero. Ela se tornou uma fonte de esperança para todos em quem tocava. "Eu estava no deserto, mas ele não era de modo algum seco", disse ela, "porque sempre há um poço com água viva jorrando. As circunstâncias não comandam minha alegria. A alegria jorra, não importa o que aconteça".

Sua jornada no corredor da morte durou 14 anos. Embora estivesse preparada para aceitar qualquer coisa que acontecesse, não queria morrer. Ela cooperava com os apelos a seu favor, até o fim, grata por todos os dias de vida. Ela se apaixonou por um membro de seu ministério na prisão e se casaram legalmente, embora jamais pudessem ficar a sós. "Agora eu amo a vida", disse ela. "Em vez de tirar vidas, apenas quero partilhar a vida que há em mim."

Mas seus apelos se esgotaram. A data de sua execução foi determinada. O governador George W. Bush recusou seu apelo em uma instância final. Karla disse aos seus amigos que não ficassem tristes. Ela estava "indo para casa com Jesus".

Depois de sua morte, um de seus ministros disse: "Karla era uma assassina que disse sim para Deus. Ela passou todos os testes; não tropeçou uma única vez durante as mais difíceis provações. Ela caminhou com a glória de Deus, com clareza e com alegria, nunca duvidando de Sua lealdade. Ela usou seu tempo na prisão para treinar para seus momentos finais. Cada dia Deus colocava à sua frente a vida e a morte. A cada vez ela escolhia a vida, e essa escolha resultou na alegria que vimos nela. À medida que se tornava uma cristã mais forte, ministrava aquela força e alegria para qualquer um que a recebesse, sempre apontando na direção dele e para longe dela mesma".

Como disse a Irmã Helen Prejean, nossas vidas são mais que "a pior coisa que jamais fizemos". A pior coisa que Karla Faye Tucker fez custou-lhe a vida. E, no entanto, ela deu seu testemunho sobre a mensagem do Evangelho de que o amor de Deus é maior que qualquer pecado, e que ele é abertamente oferecido para qualquer um que o aceite. Este amor tem o poder de nos transformar, de nos fazer pessoas diferentes. Por esse motivo, Karla Faye Tucker acreditava, existe a esperança – até para um assassino como São Paulo, mesmo para o assassino crucificado ao lado de Jesus, que recebeu a promessa: "Em verdade, eu te digo, hoje, estarás comigo no Paraíso".

Ver: Linda Strom, *Karla Faye Tucker Libertada* (Colorado Springs, Colo.: Water-Brook Press, 2000); Beverly Lowry, *Transportada: Um Assassinato, uma Biografia* (Nova York: Alfred A. Knopf, 1992).

ABENÇOADOS OS QUE SÃO MANSOS

Uma mãe desesperada – uma mulher sofredora – uma freira – uma eremita mística – uma poeta reclusa – uma "florzinha" – uma conselheira espiritual – uma missionária – um testemunho do Holocausto – quatro crianças mártires da luta dos direitos civis

Em um mundo que valoriza a "afirmação de si mesmo", a "auto-realização" e qualquer outra forma de auto-engrandecimento, a mansidão não é uma virtude muito convincente. Mas aqui, como em outros lugares, Jesus vira as hierarquias tradicionais de ponta-cabeça. O último será o primeiro; os que seriam os primeiros de todos devem se tornar os servidores de todos.

Há um poder na mansidão que nada tem a ver com a submissão excessivamente respeitosa. Algumas traduções se referem a esses abençoados como "os gentis" ou "os não-violentos", desse modo sugerindo a força que está escondida por trás de uma aparente fraqueza.

Santa Teresa de Lisieux descreveu seu percurso como Pequeno Caminho ou o percurso da infância espiritual. Os que trilham esse caminho não buscam o renome para si mesmos. E, no entanto, conforme prometeu Jesus, é para eles, e não para os governantes atuais ou para as celebridades, que "seu quinhão será a terra".

A MULHER SIRO-FENÍCIA

Testemunha fiel (séc. I)

"Logo em seguida, uma mulher cuja filha tinha um espírito impuro ouviu falar dele e veio atirar-se a seus pés."

– Marcos 7, 25

Os Evangelhos relatam inúmeras ocasiões nas quais Jesus confrontou seus discípulos e outras pessoas com as implicações libertadoras de Sua mensagem. Porém, há pelo menos um relato no qual o desafio foi revertido. A história de uma mulher gentia anônima, identificada apenas por sua origem siro-fenícia, faz lembrar uma ocasião na qual o próprio Jesus foi levado a agir segundo a lógica universal do Evangelho.

Assim como foi narrado por Marcos, essa mulher abordou Jesus em uma casa particular, implorando-Lhe que expulsasse um demônio de sua filha doente. Sem dúvida, ela sabia que sua atitude violava com profundidade os códigos civis e religiosos da sociedade judaica. Nesse caso, estava muito mais acostumada que o leitor moderno à resposta rude de Jesus: "Deixa que os filhos se fartem primeiro, pois não fica bem tirar o pão dos filhos para atirá-lo aos cachorrinhos". Em vez de se sentir ofendida, contudo, a mulher persistiu em seu pedido, respondendo com inteligência a Jesus com um desafio ao qual Ele não poderia resistir: "É verdade, Senhor, mas debaixo da mesa, os cachorrinhos comem as migalhas dos filhos".

Há poucos encontros nos quais Jesus não tenha a última palavra. Este é um deles. Aparentemente persuadido pelo apelo da mulher, Ele atendeu ao seu pedido: "Por causa desta palavra, vai, o demônio saiu da tua filha".

Essa mulher siro-fenícia anônima merece ser lembrada como uma das antepassadas da Igreja gentia que intuiu, mesmo quando Jesus ainda vivia, que Seu evangelho era para todos. Ela pode ser também honrada como um exemplo das inúmeras mulheres que, tendo se recusado a aceitar sua marginalização como a palavra final, desafiaram a Igreja a compreender a lógica universal e libertadora da salvação.

A MULHER COM HEMORRAGIA

(séc. I)

"Se eu conseguir somente tocar em sua veste, serei salva."

Um dia, enquanto Jesus passava pelo meio de uma multidão, uma mulher, sem ser notada, forçou seu caminho por meio do círculo protetor dos discípulos e tocou as Suas roupas. Imediatamente, Jesus percebeu que "uma força saíra dele". Ele parou. Olhando a multidão, perguntou: "Quem foi que tocou minhas vestes?". Com medo e tremendo, a mulher deu um passo adiante e lançou-se aos Seus pés e contou-Lhe sua história. Ela havia sofrido por 12 anos de "hemorragia".

Ao fazer esta confissão humilhante, ela poderia muito bem ter se preparado para enfrentar a repulsa da multidão. Mais que uma simples enfermidade física, esta condição a tornaria impura aos olhos da lei. Ela era uma excluída, uma intocável; se tocasse em algum objeto já o tornaria impuro. E, no entanto, tendo ouvido relatos das milagrosas curas efetuadas por Jesus, havia ousado tocar nas vestes Dele, acreditando que somente isso a curaria. Com essa atitude, compreendera, de um modo que os discípulos ainda não haviam entendido, que o poder de Jesus estava a serviço do amor. E, ao tocar em Suas vestes, sentiu imediatamente que havia sido curada.

Não havia um poder de cura especial com a simples proximidade de Cristo. Entre aqueles que O ouviam pregar estavam os que tramavam Sua morte. Judas pusera sua mão no mesmo prato que Jesus antes de sair para traí-Lo. Não era suficiente tocar Nele, pois assim haviam feito muitos outros que se acotovelavam contra Ele no meio da multidão, e assim o fizeram aqueles que, mais tarde, Lhe tiraram as roupas e O açoitaram e O pregaram na cruz.

Cristo estava presente no meio daquela multidão com todo Seu amor e poder. Mas foi a fé de uma mulher pobre, atemorizada, doente e intocável que reconheceu esse poder e o despertou com um toque e fez com que Ele fosse visto por todos.

Jesus ouviu a sua história. De acordo com os códigos de pureza ritual, Ele deveria ter se sentido chocado. Mas não ficou. Ele foi capaz de perceber no gesto insolente dessa mulher um autêntico ato de fé. "Minha filha", disse Ele, "a tua fé te salvou".

Ver: Marcos 5, 25-34; Hisako Kinukawa, *Mulheres e Jesus em Marcos: Uma Perspectiva Feminista Japonesa* (Maryknoll, N.Y.: Orbis Books, 1994).

SANTA LÍDIA

Adoradora de Deus (séc. I)

"Após saírem da prisão, Paulo e Silas foram ter com Lídia; avistaram-se com os irmãos para os encorajar, depois partiram."

– Atos dos Apóstolos 16, 40

Evidências a respeito do papel da mulher nos primórdios da Igreja são, no mínimo, incompletas. Os Atos dos Apóstolos e as cartas de São Paulo relegam as mulheres a papéis menores. Mulheres como Santa Lídia, destacadas por uma menção específica, oferecem algumas sugestões de uma história maior e esquecida.

Lídia entra na história da Igreja quando São Paulo e seu companheiro de viagem, Timóteo, se aventuraram pela primeira vez em território europeu. Depois que chegaram à cidade de Filipos, na Macedônia, os missionários foram para a beira do rio, onde "pensávamos nós, devia haver um lugar de oração" (uma sinagoga). Sua audiência acabou consistindo inteiramente de mulheres, incluindo uma que se chamava Lídia, da cidade de Tiatira. Ela era "comerciante de púrpura, que adorava a Deus". Por meio desses detalhes um pouco misteriosos, podemos supor que ela era uma negociante com um pouco de posses (uma comerciante que trabalhava com o caro tecido tingido de púrpura) e que "adorava a Deus" – uma gentia que respeitava a lei religiosa judaica.

Lídia respondeu imediatamente às boas-novas: "pois o Senhor abrira-lhe o coração para torná-la atenta às palavras de Paulo", e como resultado foi batizada junto com todas as pessoas de sua casa – os primeiros convertidos na Europa. Ela, por sua vez, pressionou Paulo a ficar em sua casa: "Visto julgardes que creio no Senhor, vinde hospedar-vos na minha casa". E a isto o narrador dos Atos dos Apóstolos responde na primeira pessoa: "E ela nos forçou a aceitar".

O movimento cristão se originou nessas "casas de oração", como a casa de Lídia. Assim, é lógico recordá-la como uma das fundadoras da Igreja na Europa. A carta de Paulo aos "santos em Jesus Cristo que estão em Filipos", escrita durante sua prisão em Roma, não menciona Lídia pelo nome. Mas reflete o lugar especial que essa Igreja ocupava no coração dele: "Deus me é testemunha", ele escreveu, "de que vos prezo a todos na ternura de Jesus Cristo... Alegrai-vos no Senhor o tempo todo; eu repito, alegrai-vos".

Ver: Atos dos Apóstolos 16, 14-15.

Santa Escolástica

Freira (m. 543)

"Eu pedi ao meu Senhor, e Ele me escutou."

Essa mulher sagrada era irmã gêmea de São Bento, fundador do monasticismo ocidental. Nosso conhecimento a respeito de sua história depende de dois capítulos na famosa vida de Bento, escrita por São Gregório, o Grande. Neles aprendemos que Escolástica entrou na vida religiosa ainda jovem, e possivelmente chegou a ser abadessa em um convento próximo ao mosteiro de seu irmão em Monte Cassino. O relato de Gregório sobre Escolástica é em grande parte dedicado a um relato dos seus últimos dias de vida, o que ilustra o relacionamento afetivo e um pouco competitivo entre os irmãos. Mais importante, proporciona uma parábola monástica a respeito do poder e da virtude do amor em oposição a uma devoção rígida às regras.

É provável que, uma vez por ano, Bento e Escolástica tinham o costume de se encontrar em uma casa próxima aos seus respectivos mosteiros. Lá passariam o dia inteiro "louvando a Deus e falando de questões espirituais". Em um determinado ano, eles se encontraram como de costume. Mas, quando a noite começou a cair, Bento fez os preparativos para partir, e sua irmã pediu-lhe que passasse a noite lá, para que eles pudessem "conversar até o amanhecer a respeito das alegrias da vida no céu". Bento recusou, citando as regras de seu mosteiro, das quais era "impossível" se desviar. E, a essa resposta, Escolástica respondeu curvando-se a cabeça em oração. Imediatamente, os céus irromperam em trovões e uma tempestade violenta caiu, tornando o regresso de Bento impossível. "Possa Deus Todo-poderoso poupar você, irmã", Bento gritou, alarmado: "O que você fez?". E Escolástica retrucou com simplicidade: "Eu lhe pedi, mas você não estava com vontade de me ouvir. Eu pedi ao meu Senhor, e Ele me escutou".

E, assim, Escolástica teve seu desejo satisfeito: "Eles passaram toda a noite acordados, e conversaram longamente a respeito de questões espirituais". São Gregório comenta a respeito da vitória de Escolástica sobre o irmão nesse caso: "Como diz João, 'Deus é amor', e ela simplesmente o superou com a força maior de seu amor".

Esse seria o último encontro deles. Três dias depois, enquanto Bento estava em sua cela, teve uma visão da alma de sua irmã deixando o seu corpo e ascendendo ao céu na forma de uma pomba. Sem demora, ele mandou que vários monges fossem buscar o corpo de Escolástica. Eles a encontraram morta, assim como Bento havia previsto. O corpo de sua irmã foi carregado até o mosteiro e colocado em uma tumba que Bento havia preparado para ele mesmo. Lá, com o passar do tempo, ele se uniu a ela.

Ver: Gregório, o Grande, *Diálogos, vol. II: São Bento.* Trad. de Myra Uhlfelder (Indianapolis, Bobbs-Merrill Educational Publishing, 1967).

MECHTILD DE MAGDEBURGO

Mística beguina (1210?-1282?)

"Peixes não se afogam na água,
pássaros não caem no ar,
o ouro não perece
no fogo do ourives.
Isso Deus ofereceu a todas as criaturas,
abrigar e buscar sua própria natureza
como então posso eu resistir à minha?"

Mechtild de Magdeburgo, uma mística alemã do século XIII, é conhecida apenas por intermédio de seu livro, *A Luz Harmoniosa da Divindade*. Escrito à mão, no dialeto de sua Saxônia nativa, seu livro é um tipo de jornada espiritual, um trabalho em progresso, ao qual ela retorna continuamente, acrescentando e corrigindo, durante toda sua vida.

Mechtild evidentemente nasceu em uma família abastada perto da cidade de Magdeburgo, na Saxônia. Aos 12 anos, teve uma visão mística, a primeira de uma série de "visitas de Deus" que continuariam todos os dias pelo resto de sua vida. Ela, posteriormente, descreveu os efeitos dessas visitações: "A verdadeira visita de Deus, que vem do fluxo celestial originado da Trindade harmoniosa, tem tamanho poder, que retira toda a força do corpo e deixa somente a alma nua. Então, ela se vê como um dos abençoados e recebe em si mesma a glória divina".

Quando tinha perto de 20 anos de idade, Mechtild decidiu deixar sua família e viajar para Magdeburgo, onde não conhecia ninguém. Em vez de entrar para um convento, juntou-se a uma comunidade de beguinas. Elas eram um movimento de mulheres que tentavam estabelecer uma vida religiosa independente, sem regras, clausura nem aprovação eclesiástica, e floresceram nos Países Baixos e na Alemanha no século XIII, proporcionando um atraente refúgio para religiosas visionárias como Mechtild.

Quase nada se sabe a respeito de como Mechtild passou seus muitos anos de vida na comunidade das beguinas, embora possa se supor que, como outros membros da comunidade, passasse seus dias rezando, realizando trabalhos simples e prestando serviços aos pobres. E escrevendo um roteiro de sua jornada espiritual. Seu livro combina uma porção de gêneros – poemas místicos de amor que descrevem a comunhão da alma com Deus, diálogos com Cristo e vívidas descrições de suas visões do paraíso, do inferno e do destino de todas as criaturas.

Entre outras coisas, o livro de Mechtild revela seu dom para um aconselhamento espiritual gentil:

> Acima de tudo, o que impede quase todas as pessoas espirituais de alcançar a completa perfeição é que elas dão muito pouca atenção aos pecados pequenos. Em verdade, eu vos digo: quando deixo de dar um sorriso que não magoaria ninguém, ou sinto uma amargura em meu coração que não conto a ninguém, ou sinto alguma impaciência em relação a minha própria dor, então minha alma fica tão negra... e meu coração tão frio, que devo chorar copiosamente e lamentar de modo desprezível, e ansiar ardentemente e confessar com humildade toda a minha falta de virtude.

Ao mesmo tempo, Mechtild tinha um olhar crítico em relação ao que chamava "cristandade pobre". "Eu, pobre mulher, fui tão ousada em minhas orações, que imprudentemente tomei a cristandade corrupta nos braços de minh'alma e a ergui em lamentação."

Trechos do seu livro foram copiados e tiveram ampla circulação, e aparentemente geraram leais seguidores. Ao mesmo tempo, seus escritos atraíram críticas daqueles a quem chamava "meus fariseus". Tão veementes eram seus detratores, que ela descreveu a si mesma como "um posto ou alvo no qual as pessoas atiram pedras". Por sua vez, não tinha clemência em suas críticas à corrupção e ao mundanismo eclesiásticos:

> Pobre de ti! Coroa da sagrada Igreja, quão embaçada te tornaste. Tuas pedras preciosas caíram de ti, porque és fraca e desonras a sagrada fé cristã... Pobre de ti, coroa do sagrado sacerdócio, tu desapareceste e nada deixaste a não ser tua forma exterior – ou seja, o poder sacerdotal – e com isso lutas contra Deus e Seus amigos escolhidos... Pois nosso Senhor assim diz: Eu tocarei o coração do papa em Roma com grande tristeza e nessa tristeza falarei com ele e lamentarei que Meus pastores de Jerusalém se tenham tornado assassinos e lobos.

Esses eram sentimentos temerários, para dizer pouco. Se, por um lado, as beguinas tinham alguma liberdade, por outro, também ofereciam pouca proteção. Dessa forma, não é surpresa saber que Mechtild deixou sua comunidade. Em algum momento, perto de 1270, ela se estabeleceu no convento cisterciense em Helfta. Nessa época, estava doente e cega. No entanto, nessa comunidade fantástica, que já incluía outras duas místicas, Mechtild de Hackeborn e Santa Gertrudes de Helfta, ela foi bem recebida e bem cuidada até sua morte.

A vida de intimidade com Deus lhe trouxe muita solidão e isolamento do mundo. Ela aceitou o preço junto com as recompensas de sua vocação:

> Sempre sofrendo na alma,
> sempre sofrendo no corpo,
> doloridos os sentidos...
> Quem se dedica completamente a Deus
> bem sabe o que digo.

Mas, para quem permaneceu fiel, o sofrimento não era a palavra final.

> Veja junto à carne
> qual brilhante pavio aceso
> a alma o dedo de Deus ilumina
> para dar-lhe liberdade,
> alegria, poder e amor,
> para torná-la como cristal, como
> talvez Ele próprio.

Ver: John Howard, "A Mística Alemã: Mechtild de Magdeburgo", in *Mulheres Místicas da Idade Média*, ed. Katharina M. Wilson (Atenas: University of Georgia Press, 1984); Carol Lee Flinders, *Graça Permanente: Retratos Vivos de Sete Mulheres Místicas* (San Francisco, HarperSanFrancisco, 1993).

Beata Margaret Ebner

Mística (1291-1351)

"O Nome Jesus Cristo *floresce dentro de mim durante a época do Advento com uma graça especialmente doce, e nada posso fazer a não ser o que me é dado com* Jesus, *por* Jesus *e em* Jesus."

Desde os 15 anos, até sua morte, 50 anos depois, Margaret Ebner viveu como uma freira dominicana em um convento perto de Dillingen, no Danúbio, atual território da Alemanha. Como outros membros de sua comunidade, veio dotada por sua família aristocrática com uma excelente educação. Isso a preparou muito bem para sua ocupação principal no mosteiro: copiar manuscritos à mão, como os trabalhos de São Tomás de Aquino. Nos primeiros 20 anos de sua vida, como Margaret lembraria depois, ela havia vivido sem uma verdadeira "consciência de si mesma". Mas, isso começou a mudar em 1312 na "Festa dos Santos Vedastus e Amandus", quando foi acometida por uma doença misteriosa que, em suas várias formas, iria dominar sua vida pelos próximos 14 anos. Por muitos anos permaneceu incapaz de sair da cama. Ela evitava qualquer companhia e só encontrava consolo ao recitar o Pai-Nosso.

O grande sofrimento de Margaret produziu um estado de profunda depressão, que apenas melhorou no dia em que ela foi apresentada a um novo confessor, um padre secular chamado Henry de Nördlingen, líder de uma comunidade piedosa conhecida como "Amigos de Deus". Como Margaret escreveu depois, "quando o Amigo de Deus veio até mim – eu vi com toda autenticidade que, para mim, era como se Deus tivesse mandado Seu anjo querido na luz da verdade... Quando eu o deixei, naquela noite, a graça de Deus estava tão viva em mim por ter falado com ele, que mal podia esperar até o amanhecer para poder visitá-lo de novo... Nem percebi meu corpo, e me parecia que estava flutuando para o alto". A partir desse momento, ela "continuou a viver todo o tempo com evidente alegria".

O encontro foi também decisivo para Henry. Em suas inúmeras cartas ele descreveu Margaret como "a fiel médica de meu coração ferido", "a alegria escolhida de meu coração", "a bondade mais interna de minha alma que possuo aqui na terra" e "meu fiel poder em Deus". A maior mudança, contudo, foi evidente em Margaret: ela não somente se recuperou de suas doenças, mas também sua personalidade sofreu uma transformação. "A tristeza tornou-se não-tristeza", e ela parecia viver cada dia na presença da vida celestial. De uma freira que havia sido convencional, e se distinguia por causa de seus estranhos sofrimentos, ela passou a ser uma profetisa e visionária, cujos pronunciamentos e conselhos eram muito apreciados além dos muros de seu mosteiro. Henry, a princípio seu professor espiritual, depois seu amigo e finalmente seu pupilo devoto, ficou maravilhado. Ela havia "dominado os passos da dança de uma verdadeira vida regida pela doce melodia" de Cristo, ele escreveu. Sua "voz profética me deixa sem fala".

O mundo de Margaret estava dilacerado pela violência e pela turbulência. Seu mosteiro foi pego no meio de uma luta de poder entre o papa e o imperador. Guerras e escaramuças similares irromperam em toda a Europa naquelas décadas. A Peste Negra reduziria a população à metade. Ela foi levada a acreditar que tudo isso acontecia "devido aos grandes erros e pecados da cristandade".

Entretanto, Margaret tinha a habilidade de ver o mundo em sua dimensão derradeira – envolto pela divina presença. Às vezes, se sentia como "se me houvessem dado uma luz, que fluísse de meus olhos como chamas". Por longos períodos era tomada por arrebatamentos, ou colocada na presença da Paixão de Cristo ou em cenas da Sua infância. Ela era estapeada entre períodos de "Silêncio obrigatório", quando não podia falar uma só palavra, e outros períodos em que era propensa a "exclamações" estáticas, ou "Menções" incontroláveis do nome de Jesus que a deixavam fisicamente exausta.

Henry lhe pediu que escrevesse suas visões e aventuras espirituais. E é pela compilação de suas *Revelações* que é principalmente lembrada. Em 1979, tornou-se a primeira santa a ser beatificada pelo Papa João Paulo II.

Ver: Margaret Ebner, *Principais Obras*, Classics of Western Spirituality (Nova York: Paulist, 1993).

Beata Juliana de Norwich

Mística (1342-1416)

"Tão certo quanto Deus é nosso Pai, do mesmo modo Deus é nossa Mãe. Nosso Pai deseja, nossa Mãe trabalha, nosso bom Senhor, o Espírito Santo, confirma."

O fim do século XIV foi uma época de terríveis revoltas. Com a Peste Negra, a Guerra dos Cem Anos e a crise da autoridade da Igreja causada pelo longo cisma papal, a Europa estava oprimida por uma atmosfera de ansiedade. Grandes preocupações a respeito da perspectiva da salvação pessoal, em conjunto com dúvidas a respeito da eficácia da Igreja e seus canais prescritos de espiritualidade, levaram a uma proliferação de novas formas de expressão religiosa. Boa parte dessa nova espiritualidade surgiu entre as pessoas leigas que aspiravam a uma vida de santidade fora das ordens religiosas convencionais.

O anseio por uma fé pessoal e experimental contribuiu para o florescimento de um misticismo cristão não-monástico. A Inglaterra do século

XIV produziu um número significante de clássicos místicos, escritos na língua vernacular, muitas vezes por pessoas leigas que viviam em solidão, e dirigidos a outros leigos que buscavam um relacionamento mais íntimo com Deus. A obra *Revelações*, de Juliana de Norwich, é um desses escritos – e talvez o maior deles.

Pouco se sabe a respeito dos dados biográficos de Juliana; mesmo seu nome é incerto, talvez tendo sido tirado da igreja de São Juliano em Norwich, à qual ela se uniu no fim de sua vida como eremita reclusa. Como eremita, teria sido literalmente fechada em uma habitação unida aos muros da igreja. Sua cela lhe teria oferecido uma vista do interior da igreja, bem como uma janela exterior por onde a comida lhe era oferecida e pela qual recebia visitantes que buscavam conselho espiritual. Ela pode também ter desfrutado um jardim e a companhia de um gato. A não ser por isso, sua vida foi dedicada à oração e à reflexão.

O que hoje pode parecer uma forma extrema de rejeição do mundo, era reconhecida, em sua época, como um meio de exercer uma importante função social. De qualquer maneira, seus escritos testemunham o profundo amor e a compaixão que eram o fruto de sua existência solitária. Para outros detalhes de sua vida, dependemos inteiramente do testemunho de suas *Revelações*.

Desse modo, ficamos sabendo que nasceu em 1342. Em determinado momento de sua juventude havia rezado para obter três graças: recordação da Paixão de Cristo; enfermidade física e "três chagas" de contrição, compaixão e desejo por Deus. Suas orações foram atendidas quando ela atingiu 30 anos, e ficou tão doente, que os últimos ritos da Igreja lhe foram administrados. Porém, não faleceu, mas enquanto ficava deitada, com os olhos fixos em um crucifixo, experimentou 16 revelações distintas a respeito da Paixão de Cristo, depois das quais sua doença a abandonou por completo. Ela relatou essas revelações em duas versões escritas em um intervalo de 20 anos.

Na primeira revelação, Juliana observa a coroa de espinhos de Cristo, cujos efeitos são descritos com uma exatidão clínica: "O sangue vermelho correndo debaixo da coroa, quente e jorrando livre e copiosamente, uma corrente viva". No entanto, essa visão, ao mesmo tempo "horrível e assustadora", é também "doce e adorável". Essa junção inesperada de adjetivos salienta a qualidade mais característica do trabalho de Juliana. Para ela, a cruz se torna não apenas uma fonte de terror e de angústia, mas de consolo, um sinal da "amizade" e da "extrema cortesia" de Cristo. Se, desse modo, quem é o maior assume o posto reservado para o menor, Deus presta a homenagem de um rei que condescende em ter familiaridade com um empregado. Fisicamente, ela vê uma cabeça sangrando. Espiritualmente, ela vê na profundidade do amor e da bondade de Deus.

Essa visão única prova ser um solo rico, que produz reflexões em inúmeras questões teológicas, incluindo o valor da criação, o poder da expiação e a impotência do mal. A criação nada mais é do que uma avelã nas mãos de Deus. Fisicamente, ela nada é; porém, espiritualmente, seu valor é medido em relação ao amor de Deus e ao preço que Deus pagou por isso em sangue. Dessa forma, olhar no coração das trevas é entrar na misteriosa imensidão da bondade de Deus. Quanto menor o nosso valor, maior é o amor de Deus. Apesar de todo seu pecado e fraqueza, Deus sofreu por este mundo; o sangue de Cristo foi seu preço. E o término do sofrimento de Deus se transforma em alegria, pois nosso Criador, que também é nosso Protetor, é também nosso Amante, fazendo o bem de todas as formas. A lógica da alegria e da misericórdia era predeterminada antes mesmo que Cristo sofresse com a coroa de espinhos. Nós somos "alma e corpo, envoltos e encerrados na bondade de Deus".

Há muitos temas nos textos de Juliana que falam diretamente para o coração da espiritualidade contemporânea. Entre eles, está a utilização freqüente das imagens femininas de Deus. Jesus, diz ela, é nossa verdadeira Mãe, que nos carrega no ventre de Seu amor e nos nutre com Sua própria carne. Em todos os seus escritos, a afirmação da bondade da criação e sua ênfase na beleza, amizade e amor de Deus contrastam nitidamente com uma teologia que enfatiza a ira e o julgamento onipotente de Deus sobre um mundo pecador.

Juliana não se dirigiu diretamente aos grandes conflitos políticos e eclesiásticos. Mas não pode ser dito que estava afastada das preocupações de sua época. Em uma era de ansiosa incerteza, os cristãos estavam desesperados para encontrar uma garantia de salvação, do significado do sofrimento e do poder e da bondade de Deus. As respostas de Juliana se dirigiram diretamente a essas questões. Sua maior percepção foi a de que o Deus que nos criou por amor e nos redimiu por meio do amor sofredor também nos sustenta e deseja se unir a nós no fim de tudo. De maneira fundamental é esse amor, e não o pecado, que determina nossa existência. O mal não tem uma posição independente; tudo o que nós possamos sofrer Deus já sofreu. "O pior", observou, "já aconteceu e já foi reparado". Quanto ao nosso sofrimento nesta vida terrena, já que partilhamos da Paixão de Cristo, podemos esperar também partilhar de Sua alegria no céu. Desse modo, ela disse, com suas palavras mais famosas e características: "Tudo terminará bem, tudo terminará bem, e todas as maneiras de coisas ficarão bem".

Ver: Juliana de Norwich, *Revelações*, trad. de James Walsh, S.J., Classics of Western Spirituality (Nova York: Paulist, 1978).

Emily Dickinson

Poeta (1830-1886)

"Sou Ninguém! Quem é você?
É – Ninguém – também?"

Emily Dickinson nasceu em 1830 em Amherst, Massachusetts. Estudou por curto período no Seminário Feminino Mount Holyoke, regressando para casa depois de apenas um ano, talvez pelo fato de não se sentir bem na forte atmosfera de renovação evangélica. Muitos integrantes de sua família, incluindo seu pai, uma pessoa de prestígio em Amherst, foram surpreendidos nesse despertar espiritual. Mas a própria Emily parece ter resistido a esse impulso. Em um de seus poemas, descreveu suas razões para evitar os serviços religiosos:

Há quem louve Deus indo à igreja –
e eu, ficando no lar –
um triste-pia como coral –
como domo um pomar – ...

Deus prega, notável clérigo –
O sermão é bem curtinho.
em vez de ir para o Céu, finalmente
sem parar, eu caminho.

Embora, em sua juventude Emily tenha feito algumas viagens até Washington, Boston e Filadélfia, em determinado momento ela realmente se retirou para sua casa e adotou uma vida reclusa, de eremita ou de peregrina que não caminha, dependendo do ponto de vista de cada um. Para seus vizinhos, era simplesmente uma pessoa excêntrica, famosa por se vestir somente de branco e por sua paixão pela reclusão. Ela se descrevia nos seguintes termos: "Pequena, como uma corruíra; e meu cabelo é atrevido como o carrapicho do castanheiro-da-índia; e meus olhos, como o xerez no copo deixado pelo convidado".

Muitas teorias foram levantadas sobre sua reclusão: um amor não correspondido; um protesto feminista contra as limitações impostas às mulheres; a necessária solidão para sua vocação de escritora; ou simplesmente agorafobia. Não há um jeito fácil de solucionar o mistério. Ao mesmo tempo em que mantinha uma correspondência repleta de vigor e tinha vários amigos, desfrutava de pouco contato social, além da família. Durante sua última doença, permitia que um médico a "examinasse" apenas do hall de entrada da casa, olhando-a caminhar de um lado para outro na frente da porta de seu quarto.

Como ela passava seu tempo? Depois de sua morte, em 1886, sua família descobriu em suas gavetas uma coleção de poemas – 1.775 ao todo – cuidadosamente escritos à mão e organizados em cadernos. Ela havia compartilhado seus poemas apenas com poucos amigos e publicado apenas um punhado deles em vida, embora durante o tempo todo escrevesse com uma profunda concentração. A primeira seleção dos poemas foi publicada quatro anos após sua morte; a edição completa, em 1955. Essa obra garantiu-lhe a reputação de ser uma das figuras mais notáveis da literatura norte-americana.

Os poemas de Emily Dickinson eram enganosamente simples, muitos deles seguindo os ritmos alegres de hinos populares. Mas refletiam uma abordagem complexa e profundamente pessoal em relação ao mundo. Um grande número deles revelava o seu esforço para definir sua relação com Deus – não segundo as doutrinas da religião puritana, mas sim em seus próprios termos, oscilando com freqüência entre a dúvida e a fé.

Era uma grande poeta da natureza. Suas observações cuidadosas a respeito das abelhas, dos pássaros e de todos os tipos de flores mostravam sua capacidade de enxergar o universo em um grão de areia. Para ela, esses detalhes da ordem natural serviam como um ancoradouro, abrindo-se para meditações especulativas a respeito da eternidade. Mas era o tema da morte – a fronteira entre o individual e o infinito – que parecia ter atraído sua imaginação acima de tudo. Em toda sua poesia, a morte aparece como amiga e guia, uma fonte de dor, mas também um condutor para uma nova vida. A morte é "o Noivo sutil/ Que vence no fim", ou, como ela escreveu em um de seus mais famosos poemas,

> Como não parei para aguardar a Morte –
> por mim ela parou, gentil –
> a carruagem nos levou, as duas –
> e a imortalidade...

A perda de muitos amigos e de familiares, a separação daqueles que amava, o vasto cenário sangrento da Guerra Civil lhe proporcionaram um amplo panorama, inspecionado da reclusão de seu quarto. A palavra escrita era seu ponto de contato: "Eis minha carta para o Mundo/ Que nunca Me escreveu". A respeito da poesia, escreveu: "Se leio um livro e ele faz meu corpo ficar tão frio que nenhum fogo pode jamais me aquecer, sei que é poesia. Se sinto como se o alto da minha cabeça tivesse sido removido, sei que é poesia".

Poucas pessoas na vida de Emily Dickinson chegaram a suspeitar do fogo que aquecia seu coração. No entanto, ao considerar o sentido da vida, ela adotava uma perspectiva mais abrangente:

Cada vida converge para um centro
expresso ou silente –
existe em cada natureza humana
um fim –

Ele mal se revela a si mesmo, e pode ser –
belo demais
para o temor da credibilidade
deixar para trás...

Perdido, pode ser, pelo desígnio da vida,
mas talvez
a eternidade permita uma tentativa
outra vez.

Em 14 de maio de 1886, escreveu para os amigos: "Priminhos – Chamada de volta. Emily." Ela faleceu no dia seguinte.

Ver: *Poemas Seletos & Cartas de Emily Dickinson* (Garden City, N.Y.: Doubleday, 1959).

Santa Teresa de Lisieux

Doutora da Igreja (1873 1897)

"Sou apenas uma alma muito pequena,
que pode apenas oferecer coisas muito pequenas ao nosso Senhor."

A história de Santa Teresa é pobre em drama externo. Nasceu em 1873, em uma família de classe média em Lisieux, uma cidadezinha na Normandia. Sua mãe faleceu quando Teresa tinha quatro anos de idade, e suas quatro irmãs mais velhas foram deixadas sob os cuidados do pai, um fabricante de relógios e homem de acentuada piedade.

Teresa, ao que parece, era sua filha favorita. Aos 15 anos, recebeu uma dispensa especial (considerando sua pouca idade) para entrar no convento carmelita de Lisieux, onde duas de suas irmãs já a haviam precedido. O resto de sua curta vida foi passado no claustro desse convento obscuro. Teresa faleceu de tuberculose em 30 de setembro de 1897, aos 24 anos. Poderia se supor que a lembrança de uma vida tão breve e comum fosse permanecer entre os muros do convento. No entanto, ao contrário, sua fama como um raio circulou o mundo. Como resposta à aclamação popular, sua canonização aconteceu com uma rapidez notável. Ela foi santificada em 1925 e sua festa é celebrada no dia 1º de outubro.

O que existe por trás desses acontecimentos foi a publicação póstuma de sua autobiografia, *A História de uma Alma*, na qual ela descreve sua experiência e seu profundo entendimento a respeito da vida espiritual. É um livro que poderia ter por subtítulo "Como fazer um santo", pois fala essencialmente sobre o caminho da santidade no dia-a-dia. Apesar do estilo de sua piedade provinciana, que chega a ser bastante sentimental, Teresa se apresenta como uma mulher que tinha uma vontade férrea. Quando criança, se determinara a orientar seus pontos de vista com o objetivo de alcançar a santidade e continuou a perseguir esse objetivo com corajosa tenacidade. Ela chamava seu método de espiritualidade de "Pequeno Caminho". Dito de maneira simples, significava praticar suas ações diárias e sofrer cada insulto mesquinho ou mágoa na presença e no amor de Deus.

Na adolescência, havia movido céus e terra para ser aceita no convento carmelita. Uma vez admitida, como seu livro revela, não se sentiu contente apenas por seguir os mandamentos de sua regra religiosa. É provável que, impulsionada por um sentimento de que tinha pouco tempo disponível, tentou acelerar o processo de santificação. Devotando-se de corpo e alma a Cristo, ofereceu sua vida como vítima do amor para a salvação das almas. E tão forte era sua crença no Corpo Místico de Cristo, que acreditava que cada ato de devoção e cada momento de sofrimento vivido com paciência, poderiam ser creditados a outras almas que deles necessitassem com maior intensidade.

Teresa se considerava pouco importante – literalmente, uma "Florzinha" —, embora, por essa mesma razão, não menos preciosa aos olhos de Deus. Ela também chamava de seu Pequeno Caminho o caminho da infância espiritual. Mas acreditava que esse caminho poderia transformar qualquer situação em um vasto campo para a santidade e que a pessoa poderia, assim, por meio do efeito de ações sutis, dar uma significativa contribuição para transformar o mundo.

Teresa escreve sobre seu sentimento de que era chamada para todas as vocações. Ela sentia uma forte vocação para ser padre – mas também guerreiro, apóstolo, Doutor da Igreja e mártir. "Eu gostaria de praticar as ações mais heróicas. Sinto ter a coragem de um cruzado. Gostaria de morrer no campo de batalha defendendo a Igreja. Se ao menos eu fosse um padre!" A passagem do tempo não tirou o brilho do desafio dessa confissão sincera. Mas, com o decorrer dos anos, Teresa começou a perceber que sua vocação nada mais era do que a própria Caridade, uma virtude que abrange todas as outras vocações. "Minha vocação é amor!... No coração da Igreja, que é minha Mãe, *eu serei amor*. Então, devo ser tudo, e meus sonhos serão realizados!" Em outro trecho, descreve sua missão como simplesmente "fazer o Amor ser amado".

Em 1894, Teresa acordou na manhã da Sexta-feira Santa e percebeu que sua boca estava cheia de sangue. Intimamente se rejubilou ao pensar que em breve estaria a caminho do céu. "Eu tinha certeza absoluta de que, no aniversário de Sua morte, meu Bem-amado me havia permitido ouvir Seu primeiro chamado, como um murmúrio gentil e distante que anunciava Sua alegre chegada". Entretanto, esse sinal apenas anunciou o princípio de um prolongado período de dores excruciantes, bem como de desolação espiritual. Antes de sua morte, esses sofrimentos se tornariam uma verdadeira crucifixão.

Teresa escreveu sua autobiografia obedecendo ao pedido de sua superiora. Os últimos capítulos foram escritos literalmente *in extremis*. Durante esse tempo, seu sofrimento físico foi aumentado por períodos de intenso sofrimento espiritual. Sua consciência estava repleta de imagens terríveis e, às vezes, ela chegava perto do desespero. No entanto, continuando a rezar e a segurar com firmeza a imagem de Cristo, conseguiu superar essa noite escura. Ao morrer, na companhia de suas Irmãs Carmelitas, suas últimas palavras foram: "Oh, eu O amo... Meu Deus... eu Vos amo!"

A publicação da autobiografia de Teresa imediatamente deu início a uma onda de simpatia por ela, em especial entre os "pobres fiéis". Poucos são os chamados a fazer grandes coisas, a testemunhar perante reis e príncipes, ou a carregar a cruz do martírio. E, entretanto, como Teresa demonstrou, há um princípio de continuidade entre nossa resposta às situações cotidianas nas quais nos encontramos, e as "grandes" arenas nas quais os santos e mártires ofereceram seu testemunho. De acordo com Teresa, cada momento, recebido e vivido em um espírito de amor, é uma ocasião para o heroísmo e um passo potencial no caminho da santidade.

Nos anos que se seguiram à sua morte, um elevado número de milagres foi creditado a Teresa. E as pessoas lembraram que ela havia dito uma vez: "Depois de minha morte, irei deixar cair uma chuva de rosas. Vou passar o tempo no céu fazendo o bem na terra".

Ver: A Autobiografia de Santa Teresa de Lisieux: A História de uma Alma (Garden City, N.Y.: Image, 1957); Dorothy Day, *Teresa* (Springfield, Ill.: Templegate Publishing, 1960); *Santa Teresa de Lisieux: Escritos Essenciais*, ed. Mary Frohlich (Maryknoll, N.Y.: Orbis Books, 2003).

MARY SLESSOR

Missionária (1848-1915)

"Senhor, a tarefa é impossível para mim, mas não para Ti. Indica o caminho e eu Te seguirei."

Mary Slessor, uma "garota pequenininha e ruiva" de Dundee, Escócia, nasceu em 2 de dezembro de 1848. Seu pai era sapateiro. E como era alcoólatra, na maioria das vezes estava incapacitado para trabalhar. Assim sendo, sobre a sua mãe recaiu a responsabilidade de sustentar a família. Ela era uma tecelã, e presbiteriana devota, que lia com avidez o número mensal do *Missionary Record*. Mary cresceu ouvindo as histórias do Dr. Livingstone e relatos de aventuras dos missionários entre os "pagãos". Esses relatos falavam sobre um mundo distante dos cortiços de Dundee e dos moinhos onde Mary começou a trabalhar com 11 anos. Depois de 12 horas de faina por dia, ia para a escola à noite e, nos fins de semana, ministrava aulas na escola dominical. Mas, enquanto vivia essa situação, sonhava com a África.

Em 1876, aos 28 anos, a solicitação de Mary para fazer parte dos membros da missão presbiteriana foi aceita, e ela partiu para a região do rio Calabar, no sul da Nigéria. Aquela era uma região dizimada por séculos de tráfico de escravos e constantes lutas tribais. O clima era impiedoso – muitos ocidentais julgavam que seria impossível sobreviver na região. Porém, muito rápido Mary se habituou. Nos primeiros anos, trabalhou nas cidades missioneiras da costa, aprendeu a falar com fluência a difícil língua efik e se adaptou, o melhor que pôde, aos costumes locais.

Seu objetivo era despertar no povo o amor por Cristo. Mas, não acreditava que pudesse conseguir apenas por meio de orações. Assim, procurou demonstrar seu amor pelas pessoas e, desse modo, despertar nelas a idéia de quão preciosas eram aos olhos de Deus. Mary expressava essa idéia principalmente por meio de sua devoção às mulheres e às crianças, o que às vezes fazia com que entrasse em conflito com os costumes tradicionais. Nesse sentido, por exemplo, ela se opunha ao hábito de atribuir qualquer infortúnio aos espíritos malignos ou talismãs maléficos. A reação típica a uma doença ou a um acidente era, em primeiro lugar, identificar o malfeitor responsável pelo fato, e então determinar a punição. Mary interferia em inúmeras disputas domésticas e, inclusive, entre os vilarejos, impedindo derramamento de sangue desnecessário.

Ali, o nascimento de gêmeos era considerado um mau presságio; as duas crianças deveriam ser levadas para a selva e a mãe poderia se tornar pária intocável. Mary adquiriu o hábito de resgatar os gêmeos e as mães, levando-os para sua casa. Ela criou oito crianças como se fossem seus filhos. Por fim, seus esforços deram resultado. Devido ao seu exemplo, escreveu: "Neles foi despertada a consciência de que, mesmo com risco, a vida vale a pena ser salva".

Com o tempo, Mary recebeu permissão para estender sua atividade missionária rio acima, na parte desconhecida da selva aonde nenhum missionário ousara ir. Havia histórias de canibalismo e de outros horrores. Mesmo os habitantes dos vilarejos vizinhos lhe avisaram que com certeza acabaria assassinada; mas ela não seria dissuadida. "Por que devo temer? Estou em uma Missão Real. Estou a serviço do Rei dos reis." Como era esperado, ela contraiu malária, uma doença que com freqüência a deixava incapacitada por longo tempo. Mesmo assim continuava com sua missão, suportando não apenas a doença, mas todo tipo de perigo físico. Os habitantes se espantavam com sua coragem e resistência; aos poucos, suas suspeitas cederam lugar à confiança e ao respeito. Eles a chamavam carinhosamente de "Ma" ou "Mãe de Todos os Povos".

Na selva, ela fundou um hospital rudimentar e ofereceu educação básica. No entanto, seu objetivo maior era transmitir uma compreensão do amor divino e o desejo de que todas as pessoas experimentassem a vida em abundância. Seu amor deu credibilidade à sua mensagem. Mary exerceu suas atividades em Calabar por quase 40 anos, a maior parte do tempo trabalhando de modo totalmente independente. Ela escreveu para o conselho de sua missão, dirigindo-se a outras moças com as seguintes palavras:

> Não cresça para se transformar em uma solteirona nervosa! Prepare-se para a batalha em algum lugar lá fora e mantenha o coração jovem. Seja desprendida para criar música em todos os lugares, nos lugares iluminados e nos escuros, e sua vida vai ser uma Melodia! Eu sou uma testemunha da perfeita alegria e satisfação de uma vida de pessoa solteira – com um bando de gente se aglomerando à minha volta. Isso é raro! É tão excitante quanto um aeroplano ou um dirigível ou qualquer coisa que as pessoas estejam tentando colocar nas alturas e está sempre caindo ao chão!
>
> Meu serviço tem sido cheio de alegria, Deus tem sido bom para mim, permitindo que eu O sirva desse modo tão humilde. Não posso dar-Lhe graças o suficiente pela honra que Ele me conferiu quando me mandou para o 'continente negro'.

Em 1914 Mary teve uma febre terrível, mas manteve a confiança até o fim. "A hora de o pássaro cantar é quando Cristo está presente", disse.

"Nunca fale a respeito da mão fria da morte. É a mão de Cristo... A vida é tão grande, e a eternidade é tão real."

Mary Slessor faleceu em 13 de janeiro de 1915.

Ver: James Buchan, *A Sacrificável Mary Slessor* (Nova York: Seabury, 1981).

EVELYN UNDERHILL

Conselheira espiritual (1875-1941)

"É inútil fazer pedidos fervorosos para o estabelecimento de Vosso Reino e para que seja feita a Vossa Vontade, a não ser que estejamos dispostos a fazer algo a respeito nós mesmos... Somos agentes do Espírito Criador neste mundo. Um avanço verdadeiro na vida espiritual significa aceitar essa vocação com tudo o que ela envolve."

Por meio de seus volumosos escritos, Evelyn Underhill muito realizou para despertar o interesse moderno pelas tradições místicas da cristandade. Em seu trabalho acadêmico, destacou as ligações entre figuras tão díspares quando Meister Eckhart, Juliana de Norwich e São João da Cruz. Mas como escritora popular e conselheira espiritual, foi mais além mostrando a relevância do misticismo para a pessoa comum que vive no mundo moderno.

Nascida em 6 de dezembro de 1875, Evelyn foi criada em um confortável lar da classe média na Inglaterra. Embora fosse oficialmente anglicana, não mostrou sinais precoces de seus futuros anseios religiosos. Perto dos 30 anos de idade, entretanto, começou a sentir uma irresistível atração pelo catolicismo romano. Dessa forma, ia regularmente à missa e recebia instrução religiosa; mas evitou a conversão formal. Um motivo decisivo foi a forte objeção de seu noivo, Hubert Stuart Moore, com quem ela se casou em 1907. Mas havia outros fatores. A severa crítica do papa ao Modernismo naquele mesmo ano fez com que ela visse com cautela o fato de se submeter à autoridade da Igreja.

Durante alguns anos se voltou para uma fé particular, que não incluía nenhuma outra prática a não ser seu estudo sistemático dos místicos cristãos. Esse interesse era anormal na época de Evelyn; em inúmeros casos, os escritos destes místicos sequer estavam disponíveis em inglês. Considerando o conhecimento que os protestantes tinham do misticismo cristão, eles tendiam a vê-lo como um tipo especial de neurose católica, uma relíquia da Idade Média. Para os católicos, no entanto, a palavra "misticismo" tinha uma relação com dons sobrenaturais, como o dom da ubiqüidade ou os estigmas – algo reservado aos poucos escolhidos por Deus, mas de pouca importância para os fiéis comuns. Foi nesse contexto, em 1911, que Evelyn publicou seu trabalho fundamental, *Misticismo*.

Evelyn Underhill distinguia o misticismo em seu sentido mais puro das visões, êxtases e "efeitos especiais". "O misticismo", escreveu, "é a arte da união com a Realidade. O místico é a pessoa que atingiu essa união em maior ou menor grau; ou que tem por objetivo atingi-la e acredita neste feito." As origens do misticismo cristão estavam de fato nas Escrituras – na vida de Jesus, de São Paulo e dos primeiros discípulos. Neste sentido, não era uma exceção extraordinária, mas uma expressão essencial da vida cristã. Ele atingiu seu apogeu com grandes figuras como Eckhart e Santa Hildegarda de Bingen, ou com o autor anônimo de *A Nuvem do Desconhecido*. Mas, essencialmente, estava disponível para todos os crentes. Misticismo era apenas a dimensão experimental da fé, "a alma da religião".

A publicação de seu livro trouxe-lhe novos amigos, entre eles o Barão Friedrich von Hügel, um filósofo católico da Igreja de Roma cuja obra, *O Elemento Místico da Religião*, permanece um clássico em sua área. Evelyn pediu-lhe que se tornasse seu conselheiro espiritual. Assim sendo, ele criticou sua abordagem um pouco individualista da vida espiritual e instou-a a retomar a disciplina da oração em comum e da adoração. Também insistiu para que ela fizesse um trabalho de caridade entre os pobres.

Ela entendeu o seu ponto de vista. "Separado de toda expressão institucional, o misticismo tende a se tornar estranho, vago, ou apenas sentimental", escreveu posteriormente. "O verdadeiro misticismo é a alma da religião; mas, como a alma do ser humano, ele precisa de um corpo se deve realizar seu poderoso destino." O resultado foi seu sincero e formal retorno à Igreja Anglicana.

Evelyn Underhill escreveu 30 livros – alguns estudos bastante profundos dos místicos, mas outros a respeito de temas espirituais mais gerais, direcionados a um público mais popular. Como mulher leiga e casada, atarefada com os problemas e os transtornos da vida comum da classe média, sentia uma especial vocação para se dirigir a outros leigos. Ela queria mostrar que o crescimento na vida espiritual não era simplesmente para prodígios de santidade ou para aqueles fechados na clausura, mas deveria ser o objetivo de todo cristão.

Embora mantivesse sua própria disciplina de orações, adoração, leituras espirituais e trabalhos de caridade, nunca se apresentou como um modelo de piedade heróica. Na vida espiritual, observou, alguns vão até Deus "por meio de uma escada rolante" ou "parecem passar rapidamente por nós em um elevador". O que importa se "nos encontramos em uma escadaria íngreme com uma curva no alto, de modo que não podemos ver quão mais longe devemos ir?". O que era importante, afirmava, "é a convicção de que estamos todos nos movendo na direção de Deus e, nessa jornada, somos acompanhados, apoiados, vigiados e alimentados por Deus". Quando percebemos isso, a vida "interna e externa, se torna um único e variado ato de adoração e de doação de si mesmo; uma resposta indivisível da criatura às exigências e à pressão do Amor Criativo".

No entanto, ela sempre enfatizava a dimensão prática da espiritualidade. Nosso trabalho não é somente olhar com reverente apreciação para a criação de Deus. "Ele nos fez de modo que pudesse nos usar, e nos usar do modo mais proveitoso", algumas vezes de modo dramático ou heróico, mas com maior freqüência em tarefas humildes. Em nossa "vida comum e misturada do dia-a-dia" – é que vivemos nossa vocação religiosa. Como conselheira espiritual, Evelyn Underhill ofereceu conselhos igualmente simples e práticos. Para uma correspondente escrupulosa por demais, escreveu: "Recuse-se a ficar dando muita atenção a um interesse mórbido em seus próprios infortúnios. Levante-se, fique triste, recomponha-se, e vá adiante". Para outra: "Não se empanturre o tempo todo com livros místicos... Leite quente e um romance bem tolo são coisas bem melhores para você levar para a cama agora do que a obra de Santa Teresa".

Evelyn Underhill nos deixou em 15 de junho de 1941.

Ver: Christopher J.R. Armstrong, *Evelyn Underhill: Uma Introdução à Sua Vida e Obra* (Grand Rapids, Mich.: William B. Eerdmans, 1975); Emilie Griffin, ed., *Evelyn Underhill, Escritos Essenciais* (Maryknoll, N.Y.: Orbis Books, 2003).

EDEL QUINN

Missionária da Legião de Maria (1907-1944)

"Temos apenas esta vida tão curta na qual possamos provar nosso amor."

O que mais impressionava as pessoas a respeito de Edel Quinn era sua imensa alegria e seu espírito brincalhão. Alguns poderiam achar que isso era contraditório com uma vida de intensa devoção religiosa; mas para Edel eram os dois lados da mesma moeda. Não importa qual fosse a posição de uma pessoa – bispo, prostituta, trabalhador do porto na Irlanda ou camponês africano –, todos percebiam em sua presença uma aura de intensa animação que os atraía para perto dela, aumentando a sua fé.

Edel nasceu e foi criada na Irlanda. Depois de sair da escola, fez um curso para ser estenógrafa e foi trabalhar para ajudar a sustentar sua família. Seu patrão apaixonou-se e a pediu em casamento, mas Edel recusou a proposta, explicando-lhe que planejava, o mais cedo possível, entrar para um convento de contemplativas. Seus pais pediram-lhe que deixasse sua vocação para mais tarde, pois necessitavam de sua ajuda para criar seus irmãos. Enquanto trabalhava, começou a participar na Legião de Maria, uma organização de pessoas laicas piedosas, comprometidas com o revigoramento da fé de seus próximos por meio de uma ajuda carinhosa. Antes que muito tempo se passasse, Edel havia ficado apaixonadamente envolvida com seu trabalho, que ocupava todo seu tempo livre. Um de seus projetos particulares era fazer amizade e resgatar prostitutas – uma missão para a qual demonstrou surpreendente aptidão.

Em 1932, estava pronta para entrar no convento das Clarissas. Mas, no último momento, a doença interveio. Depois de sofrer uma hemorragia, Edel foi diagnosticada com tuberculose em estado adiantado. Ela passou um ano em um sanatório, tempo que considerava como uma oportunidade para um intenso estudo espiritual e reflexão. Finalmente, quando sua saúde se estabilizou, permitiram que ela voltasse para casa e retomasse seu plano anterior de trabalho apostólico. Em 1936, prontamente aceitou um convite para trabalhar com a Legião na África Oriental. A Legião relutou em colocar nas mãos de uma jovem de saúde delicada um trabalho tão árduo. Mas o seu entusiasmo venceu a batalha.

Ao chegar à África, estabeleceu sua base de operações em Nairóbi, onde encontrou a Igreja rigidamente segregada entre os europeus e os africanos. Todos diziam que era perda de tempo tentar superar esse abismo, mas ela não se sentiu desencorajada. "O impossível já aconteceu em outros lugares – e por que não aqui?", escreveu. "Deixem-nos dar uma oportunidade para a graça e para a fé." Na verdade, em poucas semanas havia estabelecido células da Legião por toda Nairóbi e, em meses, estava reunindo católicos brancos e negros em celebrações religiosas.

Ela parecia incansável, cobrindo imensas distâncias por toda a África Oriental – Quênia, Uganda, Niassalândia e Tanganica –, a maioria a bordo de caminhões que trafegavam em estradas primitivas e não-pavimentadas, sob condições que teriam amedrontado pessoas de saúde perfeita. Onde quer que fosse, deixava uma parte de sua própria fé e de seu amor. Nas palavras de um bispo, "depois de um ano de trabalho da Srta. Quinn, a atmosfera de minha diocese mudou. Sem nenhum barulho, ela havia trazido uma semente de vida... A pessoa podia sentir a transferência da graça. Em sua presença, questões ligadas à raça e à classe social desapareciam. A vinda dela entre nós foi um dom e um favor vindos diretamente de Deus".

Em 1938, entretanto, sua saúde havia se deteriorado visivelmente. Após ela sofrer um grave ataque de malária, alguns de seus colegas suplicaram a Edel que deixasse a África. Ela não queria nem ouvir falar disso. Nunca fora tão feliz, insistiu. Sua vida estava inteiramente nas mãos de Deus. Quando alguém lhe perguntou: "Você é naturalmente despreocupada ou pratica isso como uma virtude?", ela respondeu: "É cerca de três quartos natural".

Nos anos seguintes, a vida de Edel foi marcada por uma doença que a deixava incapacitada. Assim que se recuperava de uma crise, voltava a viajar. Mas a cada crise ela ficava visivelmente mais fraca. Finalmente, acabou falecendo em 12 de maio de 1944, aos 37 anos de idade.

Muitos anos depois de sua morte, pessoas com quem se havia encontrado – mesmo que brevemente – lembravam-se dela como uma das pessoas mais extraordinárias que já haviam conhecido. Um bispo resumiu suas impressões com simplicidade: "Ela era esplêndida!".

Ver: Hilda Graef, *Místicas de Nossos Tempos* (Garden City, N.Y.: Hanover House, 1962); Leon-Joseph Suenens, *Edel Quinn* (Dublin: C.J. Fallon, 1953).

ANNE FRANK

Testemunho do Holocausto (1929-1945)

"Quem jamais pensaria que tanta coisa possa se passar na alma de uma menina?"

Há algumas pessoas cujo maior dom, em uma época de trevas, é simplesmente o de manter uma vela acesa para a humanidade e, desse modo, garantir que a escuridão não tenha a palavra final. Anne Frank, uma menina judia que morreu durante o Holocausto, sem dúvida era uma delas. Sua vida foi ceifada quando tinha 15 anos – desse modo contribuindo para o sonho nazista de uma Europa livre de judeus. Entretanto, sua luz continuou a brilhar, realizando o sonho da própria Anne: "Quero continuar a viver depois de minha morte".

A história de Anne é bem conhecida. Ela nasceu em 12 de junho de 1929. Durante a ocupação nazista da Holanda, sua família, juntamente com outra, os van Daam, abrigou-se em um "anexo secreto" no escritório do pai de Anne, no centro de Amsterdã. Ali, permaneceram isolados por dois anos. Ficando em silêncio o dia inteiro, sem jamais saírem de seu esconderijo, contavam com o apoio de amigos holandeses para manter seu segredo e trazer-lhes comida e notícias do mundo exterior. Anne tinha 13 anos quando entrou no esconderijo, em julho de 1942. Além de seus cadernos escolares e de seu adorado caderno de recortes, com fotos de atores de Hollywood, levou também um diário que havia recebido como presente de aniversário. Endereçando suas anotações no diário a uma amiga imaginária, "Kitty", Anne o manteve com fidelidade durante o período de seu cativeiro. Esse diário foi publicado após a guerra e logo aclamado como um dos mais comoventes produtos do Holocausto. Mas, devido ao talento incomum de Anne como escritora e por causa das qualidades extraordinárias de sua personalidade, seu trabalho merece ser reconhecido como um clássico da literatura por direito próprio, e como um dos grandes documentos morais do século XX.

Para Anne, manter o diário não era apenas uma distração, mas também um dever, a responsabilidade de expressar sua experiência e seus sentimentos com as palavras mais precisas. "Quero escrever, mas mais que isso, quero mostrar todas as coisas que estão escondidas no fundo do meu coração", escreve nas primeiras páginas. Com notável talento, Anne consegue descrever as personalidades e a atmosfera do anexo – o peso do cativeiro e a falta de espaço e os esforços heróicos para continuar a viver. Tudo tendo como pano de fundo o medo e o constante perigo de serem descobertos.

> Eu nos vejo, nós oito, com nosso "Anexo Secreto" como se fôssemos um pedacinho do céu azul, rodeado por pesadas nuvens negras de chuva. O lugar arredondado e claramente definido onde ficamos ainda está a salvo, mas as nuvens se amontoam cada vez mais perto de nós, e o círculo que nos separa do perigo que se aproxima se fecha cada vez mais.

O diário é, sobretudo, uma crônica relatada com precisão das provações cotidianas e das modestas alegrias da vida de uma adolescente "na clandestinidade". No entanto, também contém as notáveis reflexões de Anne – pouco características de uma criança – a respeito do sentido da vida e da fé nas horas de adversidade.

> O melhor remédio para as pessoas que estão com medo, solitárias ou infelizes é sair, ir para algum lugar aonde possam ficar sozinhas com o

céu, com a natureza, com Deus. Porque só assim a pessoa sente que tudo está como deveria ser, e que Deus quer ver as pessoas felizes no meio da beleza simples da natureza. Enquanto isso existir... eu sei que sempre haverá consolo para qualquer tristeza, quaisquer que sejam as circunstâncias.

Deitada na cama, ela diz que termina suas orações diárias com as palavras: "Eu Te agradeço, Deus, por tudo que é bom e amado e belo", e acrescenta, "Estou repleta de alegria... Não penso de modo algum na tristeza, mas na beleza que ainda permanece".

Além de reconhecer o terror que espreita, por trás dela, em seu esconderijo, o diário também reflete o misterioso desabrochar da personalidade de Anne, sua transição da infância e sua crescente consciência de si mesma como uma jovem mulher com um futuro e uma tarefa para realizar no mundo.

> Sei o que quero, tenho um objetivo, uma opinião, tenho uma religião e amor. Deixem que eu seja eu mesma, e estarei satisfeita. Sei que sou uma mulher, uma mulher com força interior e com muita coragem. Se Deus me deixar viver... Não serei insignificante, vou trabalhar no mundo e para a humanidade! E agora sei que antes de qualquer outra coisa, vou precisar de coragem e de alegria.

Raramente alguém definiu tão bem as virtudes necessárias para nossa época – "coragem e alegria" – quanto essa garota de 14 anos que já vivia sob a sentença de morte.

Em agosto de 1944, logo após Anne completar 15 anos, o "anexo secreto" foi descoberto e todos os seus oito ocupantes foram espalhados pelas fábricas da morte. Apenas Otto Frank, pai de Anne, sobreviveu à guerra e voltou para a velha casa de Amsterdã. Ele soube que sua esposa havia morrido em janeiro de 1945 em Auschwitz, enquanto Anne e sua irmã Margot haviam morrido de tifo no começo de março, em Bergen-Belsen. E lhe foram entregues os diários de sua filha, carinhosamente preservados por amigos que esperavam por seu retorno.

Tendo a sua morte em nossa memória, é doloroso ler as confidências íntimas de Anne, seu relato dos detalhes caseiros da vida no esconderijo. Mas, por meio do relato juvenil de brigas com a mãe, de preocupações com seus estudos e a possibilidade de encontrar a felicidade romântica com o filho adolescente dos van Daam, Otto Frank foi o primeiro a reconhecer no diário de sua filha um profundo testemunho a respeito do valor da vida e da virtude da esperança. Palavras escritas dias antes de sua prisão ganham força adicional, se seu destino for levado em consideração:

> Apesar de tudo, ainda acredito que as pessoas realmente têm um coração bom... Vejo o mundo lentamente se transformando em um deserto, escuto o trovão que está se aproximando, que nos destruirá também, posso sentir o sofrimento de milhões de pessoas e, no entanto, se olho para o céu, penso que, no fim, tudo vai ficar bem ... Enquanto isso, eu devo defender meus ideais, pois talvez chegue o tempo em que possa ser capaz de levá-los adiante.

Ver: O Diário de Anne Frank (Londres: Pan, 1954).

MÁRTIRES DE BIRMINGHAM

(m. 1963)

"Essas crianças – inofensivas, inocentes e belas – foram vítimas de um dos mais odiosos e horríveis crimes jamais perpetrados contra a humanidade."

– Martin Luther King Jr.

Na manhã de 15 de setembro de 1963, alguém jogou uma bomba de dinamite através da janela do porão da Igreja Batista da Rua Dezesseis, em Birmingham, Alabama. Momentos depois, uma explosão matou quatro meninas e feriu gravemente outras duas dezenas. As crianças mortas eram Addie Mae Collins, Carole Robertson e Cynthia Wesley, de 14 anos, e Denise McNair, de 11. No momento da explosão, elas haviam acabado de sair de sua aula na escola dominical e estavam no vestiário do porão, colocando as roupas que usavam para cantar no coral.

A explosão da igreja foi uma resposta terrível ao espetáculo exaltador, apenas algumas semanas antes, da Marcha em Washington, na qual Martin Luther King Jr. havia feito seu famoso discurso: "Eu tenho um sonho". Mas, em Birmingham ele também se seguiu a um intenso verão de manifestações e de desobediência civil. O objetivo da campanha, organizada, em sua grande parte, em igrejas como essa da Rua Dezesseis, era desafiar as políticas rigidamente impostas de segregação racial na cidade, conhecida como a Johannesburgo do Sul. Cenas das mangueiras dos caminhões de bombeiros e dos cachorros lançados contra os manifestantes não-violentos tinham representado, de forma dramática para a nação, tanto a realidade do racismo quanto a odiosa violência incitada pelo clamor pacífico por justiça.

Tudo parecia culminar na explosão da manhã de domingo. O simbolismo terrível desse massacre na igreja e a inocência das jovens vítimas pareciam sublinhar o caráter espiritual das forças engajadas na luta de Birmingham – literalmente, uma batalha entre os Filhos da Luz e os Filhos das Trevas. Martin Luther King proferiu um sermão no funeral elogiando as meninas. Ele as chamou de "heroínas martirizadas de uma cruzada sagrada pela liberdade e pela dignidade humanas". E expressou sua esperança de que as mortes pudessem despertar a consciência de Birmingham e da nação e, desse modo, extinguir as chamas do ódio e da divisão. "Deus ainda tem um jeito de transformar em bondade o que é maldade", disse, esperançoso. "A História tem provado várias vezes que o sofrimento indevido redime." Aos pais das quatro meninas, dirigiu as seguintes palavras de conforto:

> Suas filhas não viveram por muito tempo, mas viveram bem. A duração de suas vidas é incomodamente pequena, mas a qualidade foi espantosamente grande. Onde elas morreram e o que estavam fazendo quando a morte chegou permanecerá como um maravilhoso tributo para cada um de vocês e um epitáfio eterno para cada uma delas... Elas morreram dentro das paredes sagradas de uma igreja, depois de discutirem um princípio tão eterno como o amor.

Ver: Henry Hampton e Steve Fayer, *Vozes da Liberdade* (Nova York: Bantam, 1990); James M. Washington, ed., *Testamento da Esperança: Escritos Essenciais de Martin Luther King Jr.* (San Francisco: Harper & Row, 1986).

GLADYS AYLWARD

Missionária (1902-1970)

"Acredito que Deus tenha me chamado... e não é para caminhar como outras pessoas têm trilhado um caminho róseo e agradável, mas simplesmente para ficar ao longo do caminho que Ele trilhou em direção ao Calvário... Um dia nós saberemos e entenderemos o porquê."

Gladys Aylward cresceu em um lar da classe trabalhadora em Londres. Ela deixou a escola aos 14 anos, sem treinamento para o trabalho e sem uma perspectiva de poder deixar o mundo limitado, reservado para sua classe. E, no entanto, mesmo na sua infância, ela sonhava em se tornar missionária e divulgar o nome de Jesus Cristo na China. Era uma ambição fantástica. Ela tentou obter apoio da Missão China Continental, mas eles decidiram que ela não tinha a educação necessária, que nunca aprenderia chinês e que estava mais preparada para seu atual trabalho, de empregada doméstica.

Gladys não desistiria. Após ouvir falar sobre uma missionária já idosa, Jeannie Lawson, que vivia em algum lugar da China, ficou convencida de que Deus desejava que saísse procurando a sra. Lawson e se tornasse sua assistente. Assim inspirada, economizou cada centavo e, finalmente, conseguiu juntar o dinheiro necessário para comprar uma passagem de trem para a Holanda, passando pela Alemanha, pela Polônia e pela Rússia, até a China, uma distância de 7.500 quilômetros. Ela tinha apenas £ 2 para cobrir suas despesas durante a viagem.

Assim, partiu em 1930, aos 27 anos. Apenas uma fé imensa ou uma ingenuidade incrível poderiam ser responsáveis por seu plano – atravessar a Sibéria em pleno inverno e entrar na Rússia soviética com a qualificação "missionária" carimbada em seu passaporte, apesar do fato de a Rússia e a China estarem em guerra e de as linhas de trem que ligavam os dois países estarem bloqueadas. E, no entanto, de um jeito ou de outro, ela milagrosamente conseguiu. Na cidade de Yancheng, depois de muitos meses de viagem, suportando fome, frio e doença, conseguiu encontrar a sra. Lawson, que a recebeu, uma mulher miúda e inexperiente, com serenidade. A missionária mais velha apenas lhe disse para abandonar suas roupas ocidentais e vestir um par de calças azuis e uma jaqueta. Gladys assim o fez, adotando o que seria sua vestimenta pelo resto da vida.

A chegada de Gladys marcou o momento em que a sra. Lawson pôde dar início ao seu projeto mais querido: estabelecer uma hospedaria, onde os viajantes almocreves pudessem descansar à noite. Jeannie Lawson pensava que esses mercadores seriam atraídos pelo serviço bom e limpo e, uma vez que estivessem hospedados, pudessem ser entretidos pelas histórias de Noé e da arca, Moisés e os filhos de Israel, e a vida de Jesus. Com o auxílio de Gladys e de alguns companheiros chineses, seu sonho foi realizado. A Estalagem da Oitava Felicidade abriu e, assim como ela havia previsto, foi um grande sucesso.

Os anos se passaram. Quando Jeannie Lawson faleceu, Gladys ficou pensando se conseguiria continuar sem a amiga. Nessa época, ela falava chinês com fluência e tinha facilidade para contar suas histórias cristãs para quem quisesse ouvir. Enquanto estava pensando sobre o que iria fazer, recebeu um pedido surpreendente do dirigente local. Um novo decreto de modernização havia sido aprovado, proibindo o antigo costume de enfaixar os pés das meninas. O mandarim ficou imaginando se os camponeses iriam acatar esta inovação com presteza. Ele pediu a Gladys que aceitasse um cargo de "inspetora dos pés dos mandarins de Yancheng". Seu trabalho seria viajar de uma vila para outra por toda a região, ordenando às famílias que acatassem o novo decreto. O serviço acabou sendo fácil, já que muitas famílias estavam mais do que prontas para abandonar um costume tão cruel. No entanto, as viagens fizeram com que Gladys se transformasse em uma pessoa bastante conhecida e estimada, dando-lhe a oportunidade de dar seu testemunho sobre o Evangelho aonde quer que fosse.

Determinada em obter a cidadania chinesa, Gladys queimou seu passaporte britânico. Ao mesmo tempo, ganhou um novo nome. As pessoas a chamavam de Ai-weh-deh – "A Mulher Pequena". Era o nome adequado para alguém que gostava de se referir a si mesma como um "pardal *cockney*". No entanto, apesar de sua pequena estatura e aparência despretensiosa, não havia como se enganar quanto à sua coragem e força de vontade. Em uma ocasião, ela interveio em uma briga em uma prisão e acalmou os ânimos somente com a força de sua aparência calma. Depois de ouvir as queixas dos prisioneiros, ela instruiu o carcereiro para melhorar as condições da prisão e dar aos prisioneiros infelizes a oportunidade de fazer exercícios e de trabalhar. Ele concordou na hora.

Gladys estava contente com sua vida. Ela fundara uma escola e adotara vários órfãos. Inspirado por seu exemplo, até mesmo o mandarim havia abraçado a fé cristã. Gladys teria desejado permanecer para sempre em Yancheng na Estalagem da Oitava Felicidade. Mas os conflitos mundiais estavam se tornando mais acirrados: primeiro as lutas entre as forças comunistas e nacionalistas, seguidas pela invasão japonesa, que trouxe relatos ainda mais terríveis de massacres e de atrocidades. Na primavera de 1938, aviões japoneses lançaram bombas em Yancheng. Gladys reuniu seu rebanho juntamente com uma centena de crianças órfãs e levou-os em segurança para cavernas fora da cidade. Mais tarde, ao regressar, descobriu que todos os que haviam permanecido haviam sido mortos pelas tropas invasoras.

Por muitos meses Gladys liderou seu exército de crianças através da zona de guerra, dormindo ao relento e buscando comida onde pudessem encontrá-la. Antes que muito tempo se passasse, descobriu que os japoneses estavam distribuindo folhetos com o seu nome impresso, acusando-a de ser uma espiã e oferecendo uma recompensa por sua captura. Em uma determinada ocasião, ela foi ferida por uma bala e quase foi capturada. Uma vez mais, contra todas as expectativas, Gladys conseguiu levar seu grupo para um local seguro. Ao chegar a Fufeng, ela imediatamente ficou doente, tendo contraído pneumonia e tifo. Mas, pouco a pouco, se recuperou e ficou na cidade esperando o fim da guerra.

As aventuras de Gladys trouxeram-lhe fama inesperada. Depois da guerra, ela aceitou um convite para voltar à Grã-Bretanha para fazer palestras e pregar. Estava lá quando os comunistas assumiram o poder na China, tornando impossível seu retorno à China continental. Mas não podia permanecer distante. Em 1957, Gladys deixou sua terra natal para sempre, viajando primeiro para Hong Kong e depois para Taiwan, reduto das forças nacionalistas derrotadas. Lá, a Providência lhe indicou a forma de sua nova missão, quando encontrou um casal de bebês órfãos, abandonados na soleira de sua porta. Ela continuou com seu serviço de missionária até o dia de sua morte, em 1º de janeiro de 1970.

Ver: Catherine Swift, *Gladys Aylward* (Minneapolis: Bethany House Publishers, 1989).

Irmã Thea Bowman

Missionária afro-americana (1937-1990)

"Talvez eu não esteja realizando grandes mudanças no mundo, mas se de algum modo ajudei ou encorajei alguém durante a jornada, então eu realizei o que fui chamada a fazer."

Thea Bowman foi um dos grandes tesouros da Igreja Católica Norte-americana. Como irmã franciscana, ela conseguiu, em seu diversificado testemunho sobre o Evangelho, integrar os recursos de sua fé católica com sua identidade de mulher afro-americana. Empolgada com o espírito de amor, a lembrança da luta e a fé nas promessas de Deus, impressionou suas inúmeras platéias não apenas com sua mensagem, mas com sua nobreza de espírito. Nenhuma pessoa com quem se encontrasse, fossem alunos de uma escola, estudantes universitários, jornalistas cínicos ou uma convenção de bispos, poderia deixar de perceber a dimensão de sua alegria e a gratidão pelo dom da vida. Ela era uma inspiração particular para a comunidade negra católica, ajudando-os a afirmar seu orgulho de estar entre o povo de Deus, ao mesmo tempo em que os encorajava a enriquecer a Igreja em seu sentido mais amplo com os dons de sua cultura e espiritualidade particulares.

Thea nasceu em Bertha Bowman, zona rural do Mississippi, em 1937. Enquanto freqüentava uma escola paroquial, foi batizada como católica aos

10 anos de idade. A experiência mais importante e duradoura de sua infância aconteceu quando seus pais a colocaram em uma nova escola, dirigida pelas Irmãs Franciscanas da Perpétua Adoração. Lá, ela descobriu o amor aos estudos, mas também a vocação para se tornar freira. Para sua família e amigos, essa foi uma decisão surpreendente. Ela entrou no convento quando tinha 16 anos e adotou o nome de Irmã Thea ("de Deus").

Sendo a única pessoa negra em uma comunidade religiosa branca, tinha a tendência de ficar excluída. Mas, quaisquer que fossem as expectativas de sua comunidade, ela não desejava "se misturar". Thea trouxe consigo uma forte consciência de sua identidade como mulher católica negra e, com o passar do tempo, chegou a acreditar que essa identidade era a causadora de uma vocação muito especial. Ela se comprometeu a defender um jeito negro de ser católico. Antes, esperava-se que os católicos negros se conformassem à espiritualidade da igreja branca euro-americana. Os hinos gospel, o *spiritual*, a dança, o testemunho no espírito – característicos das igrejas negras protestantes – eram estranhos à Igreja Católica. Porém, para os católicos negros, Irmã Thea acreditava, isso era responsável por uma sensação de marginalidade cultural. Não apenas deveria haver espaço na Igreja Católica para as tradições espirituais dos afro-americanos, mas também a experiência deles tinha muito para oferecer para a Igreja maior. Parte dessa experiência era a história da escravidão e da opressão e parte era a espiritualidade da sobrevivência e da resistência, refletida na tradição dos *spirituals*, a importância da família, da comunidade, da celebração e da memória.

"O que significa ser negro e ser católico?", ela perguntava. "Significa que venho à minha igreja com toda minha força. Trago a mim mesma, minha identidade negra, tudo que sou, tudo que tenho, tudo que espero vir a ser. Trago minha história completa, minhas tradições, minha experiência, minha cultura, minha música, dança, gestos e movimentos, ensino e pregação, cura e responsabilidade afro-americanos como um dom para a Igreja."

Depois de obter doutorado em inglês, Thea voltou ao sul para trabalhar com a Igreja no Mississippi e na Louisiana. Em 1980, ajudou a fundar o Instituto de Estudos Católicos Negros na Universidade Xavier, em Nova Orleans. Essa se tornou a base para seu ministério como oradora e como evangelista. Thea era uma oradora excelente, fascinante. Uma combinação de contadora de histórias, de pregadora e de artista, ela trazia para suas palestras a atmosfera de um encontro de *revival*. Pontuando sua fala com versões dos *spirituals*, Thea em geral fazia com que sua platéia, negra ou branca, cantasse com ela antes de ter terminado.

Foi convidada para proferir palestras para centenas de grupos, incluindo os bispos católicos, em seu encontro anual em 1989. Em um discurso, observou que às mulheres não era permitido pregar na Igreja Católica, mas que isso não as impediria de pregar em todos os outros lugares! "Deus nos chamou para falar a palavra que é o Cristo, que é a verdade, que é a salvação. E, se nós falarmos essa palavra com amor e com fé, com paciência e com oração e com perseverança, ela vai criar raízes. Ela tem o poder de nos salvar. Chamem uns aos outros! Testemunhem! Ensinem! Ajam de acordo com a Palavra! Testemunhem!"

Nessa época, Irmã Thea foi compelida a dar seu testemunho de um modo diferente. Em 1984, foi diagnosticada com câncer de mama. Embora ficasse cada vez mais doente, prosseguiu com suas longas viagens e palestras, mesmo quando estava confinada a uma cadeira de rodas. Com suas vistosas roupas africanas e sua cabeça recém-raspada, ela era, como sempre, uma figura impressionante. E quando cantava o *spiritual* – "Às vezes me sinto como uma criança sem mãe / muito longe de casa" – a platéia detectava uma confissão de fé ainda mais pessoal e emocionante.

A fé, que havia sustentado os escravos, a esperança expressa no *spiritual*, o amor personificado por São Francisco, agora a sustentavam em seu caminho pessoal da cruz. E, junto aos seus outros poderosos dons para a Igreja, ela agora acrescentava o testemunho de sua coragem e de sua confiança em Deus:

> Quando fiquei sabendo que tinha câncer, não sabia para que deveria rezar. Não sabia se deveria rezar pela cura, ou pela vida, ou pela morte. Então, descobri o consolo rezando por aquilo que meu povo chama de "a vontade perfeita de Deus". Conforme ela se desenvolvia, minha oração se tornou "Deus, permita que eu viva até eu morrer". E, com isso, quero dizer que quero viver, amar e servir totalmente até que a morte chegue. Se essa oração for atendida... a quantidade de tempo realmente não importa. Se forem apenas alguns meses, ou alguns anos, isso é irrelevante.

Quando lhe perguntaram como entendia seu sofrimento, respondeu: "Eu não entendo o sofrimento. Eu tento entender a vida... Tento a cada dia ver a vontade de Deus... Eu me consolo com o antigo *spiritual* negro: 'Logo os sofrimentos do mundo vão acabar. Estou indo para casa para viver com Deus'."

Irmã Thea faleceu em 30 de março de 1990, aos 53 anos.

Ver: Celestine Cepress, ed., *Thea Bowman: Estrela Cadente* (Winona, Minn.: Saint Mary's Press, 1993).

ABENÇOADOS OS QUE TÊM FOME E SEDE DE JUSTIÇA

Uma ousada defensora dos oprimidos – uma mística e reformista – uma mártir da consciência – uma dupla de irmãs abolicionistas – uma escrava fugida – uma líder sindical – uma teóloga feminista à frente de seu tempo – uma defensora dos direitos civis – uma baronesa e amiga dos pobres

A bênção de Cristo abrange todos aqueles que se recusam com teimosia a aceitar o mundo assim como ele é, todos aqueles que ardem de desejo para ver a vontade de Deus ser cumprida "assim na terra como no céu". Esse espírito profético se reflete nas palavras de Maria no *Magnificat*: "[O Senhor] precipitou os poderosos de seus tronos e exaltou os humildes; os famintos, ele os cobriu de bens; e os ricos, os despediu de mãos vazias". Com esse espírito, as mulheres sagradas se opuseram à tirania e à corrupção, à escravidão, ao sexismo, à injustiça e à discriminação – nem mesmo temendo desafiar as autoridades religiosas que diziam ter sido a bênção de Deus dada à situação já estabelecida.

Algumas dessas mulheres sagradas pagaram um preço alto por sua coragem. Mas, nesse caso, a promessa de Cristo para elas é, na verdade, uma boa-nova para a humanidade: "Eles serão saciados".

RAHAB

Prostituta fiel

"Eu sei que o Senhor vos entregou a terra... Nós o ouvimos, e nossa coragem dissolveu-se: cada qual perdeu o fôlego diante de vós, pois o Senhor, vosso Deus, é Deus lá em cima nos céus e aqui embaixo na terra."

– Josué 2, 9-11

O nome de Rahab, uma prostituta de Canaã, é uma adição improvável a uma relação de santas bíblicas e heroínas. E, no entanto, São Tiago a destaca com Abraão como um modelo de fé na ação. O autor da Epístola aos Hebreus inclui Rahab entre "tal nuvem de testemunhas". São Mateus inclui o nome dela na genealogia de Jesus.

A história de Rahab aparece no livro de Josué ligado ao sítio de Jericó. Consta que, quando Josué mandou espiões para dar uma olhada na cidade de Canaã, os dois homens procuraram abrigo na casa de "uma prostituta chamada Rahab". Pelo que se sabe, a casa dela, que era contígua às muralhas de Jericó, oferecia uma visão muito útil da cidade e de suas defesas. Quando os informantes do rei ficaram sabendo da chegada dos homens de Israel, o rei ordenou a Rahab que os entregasse. Em vez disso, ela escondeu os espiões e mentiu a respeito da presença deles. Mas, antes de fazer isso, fez um acordo com os fugitivos. Ela havia ouvido falar da fuga dos israelitas do Egito e das vitórias anteriores em Canaã. Confessou seu temor ao Senhor e expressou sua crença de que "o Senhor vosso Deus é Deus lá em cima nos céus e aqui embaixo na terra". Em troca de esconder os espiões, fez com que prometessem que iriam proteger a vida das pessoas da sua família, bem como a sua. E assim os dois homens sobreviveram para fazer o relato. Josué, por sua vez, lembrou-se do juramento e garantiu que Rahab e sua família fossem levadas para fora da cidade antes de sua destruição. Ela viveu o resto de sua vida entre o povo de Israel.

Evidentemente, os autores das Escrituras puderam fazer várias interpretações da história de Rahab. Segundo Tiago, Rahab ilustra seu ponto de vista a respeito da salvação por meio do trabalho. "Não foi às obras que deveu sua justiça, por ter acolhido os mensageiros e os ter feito partir por outro caminho? Com efeito, assim como o corpo, sem respiração, é morto, assim também a fé, sem obras, é morta". (Tiago 2, 25-26) Mas também há, igualmente, outras lições que podem ser tiradas da história de Rahab. Ela não era uma penitente ou "prostituta reformada" quando se adiantou para trair seu mundo social e se identificar com seus inimigos. No entanto, como uma pessoa cuja profissão a colocava entre os párias da sociedade, havia respondido com especial interesse à história do Êxodo e do pacto que o Senhor havia feito com os escravos hebreus fugitivos. Ela decidiu desertar, mudar de lado, adorar o Deus que conduzia os escravos para a liberdade.

A história de Rahab é a de uma pessoa excluída e marginalizada que, por sua atitude corajosa e fé na promessa de Deus, o Senhor da história, foi elevada para um lugar de honra entre os servos especiais de Deus.

Ver: Josué 2,6; Judette A. Gallares, *Imagens de Fé: Espiritualidade da Mulher no Velho Testamento* (Maryknoll, N.Y.: Orbis Books, 1992).

Maria e Isabel

Mães proféticas (séc. I)

"Bendita sois vós entre as mulheres."

A festa da Visitação, em 31 de maio, comemora o maravilhoso encontro entre duas santas grávidas: Maria, mãe de Jesus, e sua parenta Isabel, mãe de João Batista.

Assim como é narrado no Evangelho de São Lucas, foi Maria quem tomou a iniciativa para essa "visitação", uma viagem de alguma distância de Nazaré. Do anjo que havia anunciado a Maria sua concepção milagrosa, ela soube que Isabel – "ela que era chamada estéril" – havia também concebido um filho "em sua velhice". A história sugere que a concepção milagrosa de Isabel era um tipo de garantia das promessas feitas para Maria: "Pois nada é impossível a Deus". Isso pode explicar por que o primeiro impulso de Maria foi se apressar para ir à região montanhosa visitar Isabel e ver, com seus próprios olhos, a mulher a quem estava estranhamente ligada no plano misterioso de Deus.

Quando Isabel ouviu a saudação de Maria, ela sentiu o bebê em seu ventre pular de alegria. "Bendita sois vós entre as mulheres", ela exclamou, "e bendito é o fruto do vosso ventre".

Ao receber a bênção, Maria sente um súbito entendimento de sua própria parte no desdobramento e na realização de todas as promessas de Deus, especialmente aquelas que se relacionam aos pobres e aos oprimidos. Ela respondeu com um extraordinário hino de louvor, o *Magnificat*:

Minha alma exalta o Senhor,
e meu espírito se encheu de júbilo por causa de Deus, meu Salvador,
porque Ele pôs os olhos sobre a sua humilde serva...
Ele interveio com a força de seu braço;
dispersou os homens de pensamento orgulhoso,
precipitou os poderosos de seus tronos e exaltou os humildes;
os famintos, Ele os cobriu de bens;
e os ricos, despediu-os de mãos vazias.

É uma visão admirável e subversiva, na qual o favor de Deus para com duas humildes mulheres é visto como um presságio de um processo completo de transformação social: vitória para os pobres! derrota para seus inimigos!

A alegria do encontro não é obscurecida por nenhuma previsão do preço a ser pago por isso. Não há uma indicação de que o tipo de visão evocado na oração de Maria irá, um dia, levar à morte prematura dos dois bebês que saltam de alegria. Esse dia ainda está muito longe. Por enquanto, a festa da visitação relembra apenas a alegria, celebrando a irmandade de duas mulheres ligadas pela fé no Deus do Impossível.

Ver: Lucas 1, 39-56.

Lady Godiva de Coventry

Defensora dos pobres (séc. XI)

"A condessa Godiva, que sentia grande amor pela mãe de Deus, desejando livrar a cidade de Coventry da opressão de um imposto pesado, com freqüência implorava ao seu marido com pedidos veementes que, por amor a Jesus Cristo e a Sua mãe, livrasse a cidade daquele serviço e de todos os outros encargos tão pesados."

– Roger de Wendover

Desde a antiguidade até os tempos atuais, a Igreja tem venerado a história de mulheres sagradas que "escolheram a morte perante a desonra". A história de Lady Godiva, que atravessou o mercado de Coventry nua, montada em um cavalo, por amor aos pobres, reflete um tipo diferente de honra. Arriscando-se a passar vergonha por amor à justiça, ela se despiu dos códigos sociais que, com tanta freqüência na história, têm servido apenas para manter as mulheres em seu "lugar".

O primeiro relato é encontrado em uma crônica de Roger de Wendover, que morreu em 1236, cerca de cem anos depois do suposto evento. Ele conta a história da condessa Godiva, esposa de Leofric, conde de Mércia, que vivia em Coventry no século XI. Essa mulher piedosa, "que sentia grande amor pela mãe de Deus", importunava seu marido para que ele desobrigasse seus súditos de suas pesadas taxas de impostos. Exasperado com seus pedidos, ele lhe fez um desafio que, certamente, ela recusaria: "Monte em seu cavalo e ande nua, na frente de todo o povo, pelo mercado da cidade, de uma ponta à outra, e ao voltar você terá seu pedido atendido". Para sua surpresa, Godiva aceitou o desafio literalmente. Tirando suas roupas, ela "soltou suas tranças", montou em seu cavalo e cavalgou pelo mercado de Coventry. Ao voltar para seu atônito marido, "ela obteve dele o que havia pedido".

Embora historiadores tenham duvidado de muitos elementos dessa lenda, confirmaram a existência de Lady Godiva (pelo menos de uma vantagem ela desfruta em relação a muitos santos venerados). Ela e o marido fundaram um mosteiro beneditino em Coventry e construíram a igreja onde, posteriormente, ela foi enterrada. E, no entanto, sua história ecoou ao longo dos séculos, reunindo-se às narrativas de Ivanhoé, de Robin Hood, de Guilherme Tell e de outros lendários defensores da justiça. Ao contrário deles, Godiva não empunhou nenhuma arma. Ela entrou no campo de batalha armada apenas, como diria São Paulo, com a "espada do espírito", vestida com "o escudo da retidão".

Santa Brígida da Suécia

Mística e profetisa (1303-1373)

"Meu Senhor Jesus Cristo, com Vossos bondosos ouvidos escutais e dais atenção a todos aqueles que se dirigem a Vós com humildade. Abençoados, então, são Vossos ouvidos; e possam eles ser eternamente cheios de honra. Amém."

Santa Brígida da Suécia foi uma das grandes mulheres do século XIV: esposa de um nobre e mãe de oito filhos; freira e fundadora de mosteiros e de ordens religiosas; peregrina que cruzou continentes e mares; mística que preencheu diversos volumes com relatos de suas visões e de suas conversas com Cristo; profetisa que conclamou reis para que fizessem justiça e papas para que ficassem à altura de deveres sagrados.

Brígida nasceu em uma nobre família e foi criada com privilégios e conforto. Mas, desde criança, sentia que Deus a estava chamando para algum propósito maior. Ainda jovem, experimentou sua primeira visão. Ela viu um altar e, sentada no alto, uma mulher com roupas brilhantes que lhe disse: "Vem, Brígida", e ofereceu-lhe uma coroa. Quando tentou pegá-la, a mulher colocou a coroa em sua cabeça e desapareceu. Alguns anos depois, ela teve uma visão de Cristo pregado na cruz. Quando Lhe perguntou quem O havia tratado daquele modo, Ele respondeu: "Aqueles que Me desprezam e desdenham Meu amor por eles". A partir desse momento, sentiu-se misticamente unida a Cristo e determinada a servi-Lo de todos os modos.

Aos 14 anos, se casou com um jovem príncipe chamado Ulf. Foi um casamento feliz que durou 28 anos. Respeitando as obrigações decorrentes de sua posição social nobre, ela serviu como dama de companhia para a rainha da Suécia. Mas se sentia enojada com a vaidade e a frivolidade da vida na corte. Acabou se tornando impopular com o rei quando julgou apropriado fazer-lhe um sermão a respeito de sua política de impostos e o pesado encargo que o luxo dele impunha sobre os pobres. Sempre que podia, ia visitar hospitais, tratando dos ferimentos e das chagas dos doentes com suas mãos. Ela era freqüentemente acompanhada nessas visitas por seus filhos pequenos, pois era seu desejo, disse, que eles aprendessem "em idade tenra a servir a Deus e Seus pobres e doentes".

Cansados da vida na corte, ela e Ulf embarcaram em uma longa peregrinação que os levou até Compostela, na Espanha. No caminho de volta, Ulf adoeceu e acabou morrendo. Brígida se consolou vivendo como penitente em um convento por quatro anos. De lá, saiu pronta para embarcar em um nível maior e mais amplo de sua missão. Nesse ponto, foi instruída por uma visão de Cristo a fundar um novo mosteiro para freiras e monges em Vadstena. De acordo com seu relato, Cristo foi minucioso ao relatar a regra para esse novo mosteiro, junto com detalhes referentes ao vestuário, à dieta e à arquitetura.

Em outra visão, Cristo transmitiu-lhe uma mensagem ainda mais pessoal. "Tu serás minha noiva; tu verás e ouvirás as verdades espirituais e penetrarás nos segredos celestiais, e Meu espírito permanecerá em Ti até tua morte." Depois de uma peregrinação à Terra Santa, quando experimentou várias visões dramáticas a respeito dos acontecimentos da vida de Cristo – nascimento, batismo, ministério, Paixão e morte –, ela viajou até Roma, onde viveu pelos restantes 20 anos de sua vida.

Para onde Brígida viajasse, ela se posicionava contra a escravidão, a injustiça e outras ameaças à paz. Aqueles eram tempos perigosos: estava atravessando a Europa no meio da Guerra dos Cem Anos e da Peste Negra.

Ela ergueu a voz com a compaixão e a autoridade de um profeta bíblico. Confrontando a corrupção e a dissolução que viu em Roma, exclamou: "Oh, Roma, Roma, converte-te e volta-te para o Senhor Teu Deus".

Parte de seu motivo para visitar Roma era obter o reconhecimento oficial para sua ordem religiosa. As freqüentes mudanças na administração papal tornaram isso muito difícil e era ainda mais difícil o fato de que os papas, tentando evitar rivalidades políticas, haviam fugido de Roma para a corte em Avignon. Assim como Santa Catarina de Siena fez depois dela, Brígida assediou espiritualmente o pontífice, insistindo com sua autoridade de mensageira de Deus, para que ele deixasse o conforto de Avignon e retornasse para sua sede em Roma. Em determinado momento, denunciou o papa como "assassino de almas, pior que Lúcifer, mais injusto que Pilatos e mais impiedoso que Judas". Em outra ocasião, avisou ao papa que Cristo o mataria se ele não retornasse. O papa não deu atenção às suas ameaças. Mas aprovou a regra de sua nova ordem, a Ordem do Sacratíssimo Salvador, ou Brigitinas, como se tornaram conhecidas.

Enquanto viveu em Roma, Brígida se ocupou com trabalhos de caridade entre os pobres e os doentes. Por meio dessa vida ativa, mantinha um constante diálogo com Deus, que se tornou a base de suas volumosas *Revelações*. Elas consistiam de discursos teológicos profundos, expressos sob a forma de respostas divinas a uma série de questões. As suas perguntas cobriam um impressionante número de coisas diferentes, desde os mistérios da natureza até pontos sutis referentes à doutrina. Elas muito revelam a respeito da mente que as concebeu:

> Por que os animais sofrem, embora não possam se divertir? Por que, embora venham para esta vida sem pecado, devem sofrer com a dor? Por que criastes coisas inúteis? Por que não podemos ver as almas? Por que algumas crianças morrem antes de nascer, embora sejam dotadas de alma, enquanto outras vivem para receber o batismo? Por que permitis a ruína do justo e a boa sorte do descrente? Por que alguns sofrem além da medida, enquanto há quem, assim parece, esteja livre de problemas? Por que alguns são dotados de inteligência e de um talento incomparável para o aprendizado, enquanto outros são como burros sem intelecto?

Brígida faleceu em 23 de julho de 1373. Uma procissão triunfal acompanhou seu corpo pela Europa, de volta para a abadia em Vadstena, onde foi enterrado.

Ver: Marguerite Tjader Harris, ed.: *Brígida da Suécia: Vida e Revelações Selecionadas*, Classics of Western Spirituality (Nova York: Paulist, 1990).

SANTA JOANA D'ARC

Donzela de Orleans (1412?-1431)

"Ao lhe perguntarem se ela não acreditava ser súdita da Igreja que está na terra, ou seja, nosso Santo Padre, o papa, cardeais, arcebispos, bispos e prelados da igreja, ela respondeu: 'Sim, mas nosso Senhor deve ser servido em primeiro lugar'."

Joana d'Arc é uma das heroínas mais atraentes e intrigantes da história. Sua vida tem sido tema de inúmeros estudos, bem como inspiração para filmes, peças de teatro, romances e poemas. Ela foi aclamada, de várias formas, como símbolo de patriotismo, de bravura militar, de feminismo e como mártir da consciência. Pelo menos, desde 1920, quando foi formalmente canonizada, também tem sido aclamada como santa cristã. Mas é exatamente como santa que permanece em debate. Entre os santos canonizados, ela desfruta o que é provavelmente a distinção única de ter sido condenada pela Igreja e executada como herética. Dessa forma, pode ser legitimamente aclamada não apenas como padroeira da França, mas de todos aqueles homens e mulheres sagrados que têm sido desprezados em sua época na esperança de uma defesa final.

Sua história familiar continua sendo interessante. Como jovem camponesa no sul da França, ela alegou ter ouvido a voz do Arcanjo Miguel, à qual, posteriormente, se juntaram as vozes de Santa Catarina de Alexandria e de Santa Margarida, encarregando-a da missão de salvar a França ao restaurar o delfim no trono que lhe era de direito, expulsando o inimigo inglês do solo francês. O fato dela ter convencido o delfim e seus conselheiros para colocá-la no comando de seu exército vacilante revela em parte um reflexo dos tempos desesperados. Ela causou uma reviravolta no desenrolar da guerra ao romper com sucesso o cerco inglês em Orleans. Vestida com roupas de soldado e brandindo o estandarte, inspirou as tropas francesas para que fossem valorosas e obteve uma série de vitórias militares que pavimentaram o caminho para a coroação do delfim como Carlos VII, rei da França.

Mas, desse ponto alto, a roda da fortuna virou rapidamente. Em uma batalha posterior, foi capturada por tropas da Borgonha que a venderam aos seus aliados ingleses. Ela ficou presa por um ano, sujeita a intermináveis interrogatórios por uma corte eclesiástica simpática à causa inglesa.

Embora seu destino nunca tenha sido colocado em dúvida, a corte tentou desesperadamente desacreditá-la, encontrando evidências de heresia ou de bruxaria. Joana se desviou de suas perguntas com inteligência sem malícia e impressionou muitas pessoas com sua visível fé e pureza de coração. Todo o tempo ela se manteve inflexível quanto à autoridade de suas "vozes", e não abandonaria sua roupa de homem. Essas foram as bases, segundo as quais, foi finalmente condenada.

Em 30 de maio de 1431, Joana foi queimada publicamente na fogueira. Suas cinzas foram jogadas no rio Sena. Ela tinha 19 anos de idade.

Em 1455, uma investigação eclesiástica oficial examinou os procedimentos da corte de Joana e julgou-a inocente das acusações. Ela foi canonizada 450 anos depois, um testemunho ao interesse duradouro por sua causa. Mesmo assim, contudo, havia uma certa imprecisão quanto ao tipo de santidade que ela representava. Não desejando chamá-la de mártir, a Igreja enfatizou, ao contrário, sua piedade e virgindade.

Não há como negar a pureza e a fé ardentes de Joana. Isso representa, em parte, o fascínio perene por sua história: ela resume o confronto entre pureza e corrupção de poder. Mas, ao contrário dos santos tradicionais, ela usou sua piedade não tanto a serviço da Igreja, mas sim pela causa da libertação nacional. Ela representa um tipo de santidade política, não uma piedade "da Igreja" ou o enlevo místico do convento, mas um misticismo que se expressou em compromisso com o mundo e envolvimento nos acontecimentos históricos. Nisso, foi mais parecida com os mártires macabeus de Israel do que com suas padroeiras virginais, Santa Catarina e Santa Margarida. É inútil especular que suposto interesse essas santas poderiam ter tido na sorte da dinastia na França. Mas, para nós, esse não é o ponto principal; as "vozes" de Joana falavam somente para ela e o que importa é a coragem de sua resposta. Desse modo, ela nos inspira a atender as vozes de nossos próprios anjos e a responder com fé igual.

Uma camponesa iletrada, uma pastora, uma "ninguém", ela deu atenção a um chamado religioso para salvar seu país, quando todas as "pessoas importantes" de sua época se mostraram incapazes de enfrentar o desafio, ou não desejavam fazê-lo. Ela se ergueu perante os príncipes da Igreja e do Estado e as mais instruídas autoridades de seu mundo e se recusou a comprometer sua consciência ou negar sua vocação especial, pagando o preço elevado por seu posicionamento. E ao fazê-lo, ganhou um prêmio maior que a gratidão do delfim ou as chaves de Orleans.

Ver: Marina Warner, *Joana d'Arc: A Imagem do Heroísmo Feminino* (Nova York: Alfred A. Knopf, 1981).

SANTA TERESA DE ÁVILA

Mística, Doutora da Igreja (1515-1582)

"Não permite que nada te perturbe, que nada te desanime. Todas as coisas são passageiras, Deus nunca muda. A resignação paciente obtém todas as coisas... Deus sozinho é suficiente."

Julgada por quaisquer padrões, Teresa de Ávila é uma das figuras dominantes da história do cristianismo. Em um tempo e um lugar (a Espanha do século XVI) que pouca atenção davam à voz de uma mulher, Teresa conseguiu brilhar mais que quase todos os seus contemporâneos. Ela era mística, reformista religiosa, fundadora de 17 conventos, autora de quatro livros e um dos mais destacados mestres da oração cristã. Considerando estas conquistas, não é surpreendente descobrir que ela tinha uma personalidade vívida e carismática. Às vezes, podia ser encantadora, voluntariosa, irreverente e impossível, dependendo das circunstâncias e da provocação. Mas, todos que a conheceram pouca dúvida resta de que sua coragem e sabedoria estavam alicerçadas em um relacionamento especial com Deus.

Teresa nasceu na cidade amuralhada de Ávila, em 1515. Seu pai, um rico mercador, se casara com uma aristocrata. No entanto, a posição social da família era precária. O avô de Teresa era um *converso*, um dos muitos judeus espanhóis que se converteram ao cristianismo quando ameaçados com o exílio. Anos depois, esta estirpe reforçou as suspeitas de quem se inclinava a descobrir erros nos seus projetos, ou em sua liderança. A mãe de Teresa morreu quando ela tinha 14 anos, e seu pai providenciou para que fosse educada em um convento próximo. Quando estava com 20 anos, Teresa decidiu-se em ser freira, uma vocação motivada, ela reconheceu mais tarde, muito mais por medo do purgatório do que por amor a Deus. Seu pai se opôs ao plano, mas, com a força de vontade que lhe era característica, Teresa desobedeceu aos desejos dele e fugiu para o convento carmelita em Ávila. Passado um ano, ela estava tão doente, que seu pai a levou de volta para casa. Seu estado piorou, ela entrou em coma e foi considerada morta. Por três anos esteve paralisada da cintura para baixo. Finalmente, sentiu-se bem o suficiente para voltar para o mosteiro, mas sua vida espiritual tornara-se tépida e superficial.

Seu progresso não foi ajudado devido à situação de negligência em que se encontrava o convento. A rigidez da regra original das Carmelitas havia sido tão abrandada ao longo dos anos, que o convento em Ávila estava mais parecido com um pensionato para moças solteiras e ricas de que com uma casa de orações. A clausura não era mantida com seriedade e as freiras passavam a maior parte de seu tempo no locutório, recebendo visitas e cavalheiros que vinham vê-las. Nessa atmosfera, o charme natural de Teresa e sua personalidade extrovertida trouxeram-lhe muita atenção.

Aos 39 anos de idade, contudo, Teresa teve uma experiência de conversão. Ela teve início quando ela, casualmente olhou, um dia, para uma imagem de Cristo sofrendo na cruz. Instantaneamente se sentiu tomada de repugnância pela mediocridade de sua vida espiritual e se determinou a se dedicar com mais seriedade a uma vida de orações. Quase no mesmo momento em que tomou esta decisão, começou a experimentar a sensação do amor de Deus, transformando-a a partir de seu íntimo. Assim, decidiu estabelecer uma nova casa carmelita reformada, retornando ao espírito da regra primitiva original do Carmelo. Depois de pedir com insistência, obteve a permissão para liderar essa iniciativa. Seu novo convento foi fundado em Ávila, em 1562.

Sua nova comunidade era conhecida como Carmelitas Descalças. Na verdade, as freiras usavam sandálias de cânhamo, mas o nome se referia à estrita pobreza que era uma característica da reforma de Teresa. Suas freiras não deveriam sair à procura de dotes, mas viver inteiramente das doações e de seu trabalho. Uma clausura rígida deveria ser mantida, junto com uma dieta vegetariana e um rigoroso horário de orações.

De Ávila, Teresa foi estabelecer outros 16 conventos na Espanha. Nesse ínterim, precisou suportar a oposição no seio de sua família carmelita, suspeitas de membros da hierarquia e uma investigação formal feita pela temida Inquisição Espanhola. Poucos anos haviam se passado desde a vitória sobre os mouros e a expulsão dos judeus em 1492. A Espanha, nessa época, era exultante e agressivamente católica. Em conjunto com esse fato surgiu uma suspeita fanática de qualquer coisa que tivesse indícios de protestantismo. Como mulher e reformista, que baseava sua autoridade em visões íntimas, as atividades de Teresa acarretaram um considerável risco. Seu confessor e colega, João da Cruz, com cuja ajuda ela inspirou uma ala masculina das Carmelitas Descalças, teve uma amostra direta destes perigos quando foi por um tempo mantido prisioneiro no calabouço do mosteiro carmelita "Calçado", em Toledo.

Teresa venceu todos os obstáculos em seu caminho com alegria. Quando lhe perguntaram como tencionava fundar um mosteiro com apenas um punhado de ducados em sua bolsa, respondeu: "Teresa e seu dinheiro na verdade nada são; mas Deus, Teresa e seus ducados bastam". A Inquisição não era sua única preocupação. Ela também enfrentou doenças, fome e pobreza ao longo do caminho. A miséria e os perigos da viagem eram uma mortificação particular em uma época em que carroças puxadas por burros eram o único meio de transporte. Certa vez, sua carroça virou, jogando-a em um rio lamacento. Quando ela se queixou a Deus por essa provação, ouviu uma voz dentro de si dizer: "É assim que trato meus amigos". "Sim, meu Senhor", respondeu ela, "e é por isso que tendes tão poucos deles".

Os feitos públicos de Teresa estão entre os mais notáveis, se considerarmos a intensidade de sua vida de orações. Entre todos os santos, poucos são os que se rivalizam com ela quanto à variedade e à profundidade de suas experiências místicas. À medida que envelhecia, ela experimentava êxtases freqüentes, nos quais lhe parecia que seu coração havia sido trespassado pelo amor de Deus. Ela descreveu essa e outras experiências em grandes detalhes em sua autobiografia, junto com diversos outros livros de orações e de espiritualidade mística. E, no entanto, para alguém que havia conseguido um grau único de comunhão com Deus, se mantinha perfeitamente capaz de falar com palavras simples: "A oração, do meu ponto de vista, não é nada mais que uma conversa amigável e, com freqüência, uma conversa solitária, com Aquele que, nós sabemos, nos ama". Tendo alcançado os mais altos patamares de sabedoria espiritual, Teresa manteve a habilidade de aconselhar cristãos "comuns". Em uma máxima, que deixou para suas Irmãs, ela escreveu: "Lembrem-se, vocês têm apenas uma alma, e apenas uma morte para morrer; vocês têm apenas uma vida para ser vivida; e existe apenas uma glória, que é eterna. Se vocês assim procederem, serão muitas as coisas com as quais não se importarão".

Teresa falaceu em 1582 e foi canonizada 40 anos depois. Em 1970, foi a primeira mulher a ser declarada Doutora da Igreja.

Ver: A Vida de Santa Teresa de Ávila, ed. E. Allison Peers (Garden City, N.Y.: Image, 1960); Tessa Bielecki, ed., *Teresa de Ávila: Escritos Místicos* (Nova York: Crossroad, 1994); John Beevers, *Santa Teresa de Ávila* (Garden City, N.Y.: Doubleday, 1961).

ANNE HUTCHINSON

Profetisa puritana (1591-1643)

"Nunca passou pelo meu coração desprezar qualquer homem, mas apenas que o homem deveria ser colocado em seu próprio lugar, e não mantido no lugar de Deus."

Os puritanos, que se estabeleceram em Massachusetts na década de 1630, estavam motivados pelo desejo de fugir da perseguição religiosa. Mas eles não vieram para criar um porto seguro de liberdade religiosa. Ao contrário, acreditavam que sua comunidade sagrada seria como uma "cidade na colina", um farol de cristandade purificada na qual os valores bíblicos de piedade e sobriedade regeriam a conduta de seus participantes. Castigos severos aguardavam aqueles que não alcançavam esse padrão, um destino que se estendia também àqueles que criticavam o código puritano. Raramente houve uma concentração de pessoas tão devotas, tão sóbrias e com tanto desejo de atirar a primeira pedra. Entre as mais famosas vítimas da justiça puritana estava Anne Hutchinson, uma mulher mística e curandeira, cuja heresia particular foi professar que era uma bênção e não uma maldição ser mulher.

Anne Hutchinson chegou a Boston em 1634, na companhia de seu marido, William, um próspero comerciante, e de seus muitos filhos. Eles eram puritanos devotos, embora Anne fosse, sem dúvida, a mais zelosa. Ela era uma mulher extraordinariamente independente para sua época, uma parteira habilidosa e com um dom particular para fazer tratamentos com ervas. Era também uma dedicada estudiosa da Bíblia, que interpretava com liberdade, levando em consideração o que chamava inspiração divina. Embora, em geral, Anne adotasse os princípios da ortodoxia puritana, tinha noções extremamente avançadas a respeito da igualdade e dos direitos das mulheres. Esse posicionamento já havia feito com que Anne entrasse em conflito não apenas com a igreja nacional da Inglaterra, mas também com seus correligionários. Contudo, ela havia decidido emigrar na crença de que a Nova Inglaterra lhe daria mais garantia de liberdade religiosa, bem como maiores oportunidades para as mulheres.

Em Boston, os Hutchinson rapidamente alcançaram uma posição social de destaque. Os serviços de Anne como parteira eram muito requisitados, e logo muitas famílias se viram na posição de seus devedores. Logo, ela também começou a convidar mulheres para que se reunissem em sua casa para rezar e conversar sobre assuntos religiosos. Com o tempo, estes encontros tornaram-se bastante populares, atraindo cerca de 80 participantes a cada semana. Anne Hutchinson apresentava um texto da Bíblia e fazia seus próprios comentários. Com freqüência, suas interpretações espirituais divergiam muito das leituras eruditas, mas legalistas apresentadas no púlpito aos domingos. De modo especial, Anne desafiava constantemente a interpretação-padrão da história de Adão e Eva. Esse era um texto vital para os puritanos, uma chave para a doutrina do pecado original. Mas ele era citado com regularidade para colocar uma culpa especial nas mulheres como responsáveis pela origem do pecado e para justificar a estrutura especialmente patriarcal da sociedade puritana.

Os ministros começaram a se opor aos encontros organizados por Anne, alegando ostensivamente que esses encontros religiosos "não- autorizados" poderiam confundir os fiéis. Mas, pouco a pouco, a oposição passou a se expressar em termos mais abertamente misóginos. Anne era uma moderna "Jezabel", que estava contaminando as mulheres com idéias perversas e "abomináveis" a respeito de sua dignidade e de seus direitos. Ela não deu atenção aos seus críticos. Quando eles citavam textos bíblicos a respeito da necessidade de as mulheres ficarem em silêncio na igreja, ela respondia com um verso de Tito que permitia que "as mulheres mais velhas pudessem instruir as mais jovens".

Em 1637, foi levada a julgamento por seus pontos de vista subversivos. Estava com 46 anos e já avançada na sua décima quinta gestação. No entanto, foi obrigada a ficar em pé durante vários dias diante de uma junta de interrogadores, todos homens, enquanto tentavam desesperadamente que ela admitisse suas blasfêmias secretas. Eles a acusaram de violar o quinto mandamento – "honrarás teu pai e tua mãe" – ao encorajar a dissensão contra os pais da comunidade. A acusação era que, indo aos encontros organizados por Anne, as mulheres estavam sendo tentadas a negligenciar suas próprias famílias.

Anne evitou as perguntas com destreza e se defendeu, até que lhe ficou claro que não conseguiria escapar do julgamento pré-estabelecido pela corte. Acuada, dirigiu-se à corte com seu próprio julgamento:

> Os senhores não têm poder sobre meu corpo nem podem me causar nenhum mal. Não temo ninguém, a não ser o grande Jeová, que me avisou de antemão a respeito dessas coisas, e eu realmente acredito que Ele irá me libertar de suas mãos... Portanto, tenham cuidado a respeito do modo como os senhores procedem contra minha pessoa; pois sei que o que os senhores pretendem fazer comigo, e Deus irá arruiná-los e à sua posteridade, e a todo este estado.

Esse desabafo ocasionou um escárnio cheio de raiva. Ela foi chamada de herética e instrumento do demônio. Nas palavras de um ministro: "A senhora saiu do seu lugar, a senhora tem sido mais um esposo que uma mulher, mais um pastor que um ouvinte e mais um juiz que um acusado".

Anne foi mantida na prisão durante os longos meses de inverno. Sua família e uma grande quantidade de simpatizantes continuavam a visitá-la, e ela continuava a partilhar com eles seu ensinamento espiritual. Na primavera, foi banida da comunidade com seus filhos mais novos. Depois de sete dias de travessia difícil, através de uma região deserta, chegaram a Rhode Island. Lá se reencontraram com William Hutchinson, que os havia precedido para arranjar moradia. Mas, logo depois de chegar, Anne sofreu um doloroso aborto. Em Boston, os detalhes foram contados com alegria por seus perseguidores, que viam no sofrimento dela uma confirmação vívida do julgamento de Deus.

William Hutchinson faleceu em 1642. Ele havia sido um marido devotado durante toda a provação de sua esposa. Quando as autoridades haviam tentado fazer com que ele repudiasse os ensinamentos de Anne, ele havia dito: "era mais intimamente ligado à esposa que à Igreja; ele a considerava uma amada santa e serva de Deus". Sozinha, com seis de seus filhos, Anne decidiu partir de Rhode Island e tentar chegar o mais longe que pudesse das autoridades de Massachusetts. Ela se deteve na comunidade holandesa em Long Island. Lá, em algum momento do verão de 1643, ela e seus filhos foram massacrados pelos índios.

Ver: Selma R. Williams, *Rebelde Divina: A Vida de Anne Marbury Hutchinson* (Nova York: Holt, Rinehart and Winston, 1981).

Sóror Juana Inés de la Cruz

Poeta e erudita (1651-1694)

"A partir do momento em que fui iluminada pela primeira vez pela luz da razão, minha inclinação pelas letras tem sido tão veemente, que nem mesmo as admoestações dos outros... nem minhas próprias meditações... têm sido suficientes para fazer com que eu renegasse esse impulso natural que Deus colocou em mim."

Sor (Sóror) Juana Inés de la Cruz foi uma freira do século XVII, a primeira grande poeta da América Latina e uma das primeiras defensoras da igualdade para as mulheres na Igreja. Ela tem sido chamada gênio, santa, herética e considerada como uma das primeiras feministas. O grau com que ela pode ter conciliado essas diferentes identidades é a origem da sua atração e, finalmente, de seu mistério.

Juana nasceu em 12 de novembro de 1651, no México, na época chamado Nova Espanha, em uma cidadezinha não muito longe da Cidade do México. Criada pela família materna – é provável que seus pais não fossem casados – ela mostrou, desde sua infância, uma inusitada paixão pelo conhecimento. Aprendeu a ler e a escrever quando tinha quatro anos, e era fluente em latim após apenas 20 lições. Assim falava a respeito de sua infância: "Em mim, o desejo de aprender era mais forte que o desejo de comer". Quando tinha 16 anos, sua reputação de inteligente, aumentada por sua famosa beleza, havia atraído para Juana a atenção da corte vice-real. Lá, ela viveu por muitos anos como dama de companhia e tornou-se uma pessoa muito popular da alta sociedade. Mas, subitamente, aos 19 anos, despediu-se da corte e entrou no Convento de São Jerônimo, na Cidade do México.

Não há evidência de que tenha sido motivada por grande piedade. Na verdade, posteriormente, foi sincera ao descrever sua repugnância por "determinadas condições" da vida no convento. No entanto, disse: "Devido à total antipatia que sentia pelo casamento, considerei a vida no convento a menos incompatível e a mais honrosa que poderia escolher se fosse para garantir minha salvação". Sem dúvida, foi em parte o nome de São Jerônimo, tradutor da Bíblia e padroeiro de todos os eruditos, que ditou sua escolha pelo convento.

Felizmente, o convento estava à altura da promessa feita pelo seu nome. No claustro, foi capaz de reunir uma das maiores bibliotecas pessoais de sua época – milhares de livros – e de satisfazer seu apetite voraz por todo tipo de aprendizado. Ela podia discorrer com inteligência sobre história, retórica, filosofia, arte, arquitetura, geometria, astronomia e muitas outras áreas. Ao mesmo tempo, escreveu volumes de poesia – poemas apaixonados de amor, alegorias religiosas, odes históricas, que constituíram uma das grandes produções literárias da época barroca. Também escreveu peças de teatro, libretos musicais e monografias acadêmicas. Todos eram bastante conhecidos na corte vice-real e sua fama chegou à Espanha.

A linha divisória ocorreu em 1690, quando se aventurou pela primeira vez a escrever a respeito de questões teológicas. Ela foi inspirada para isso ao ler um sermão escrito 40 anos antes por um famoso pregador que, para ela, soou como algo idiota. Em resposta, escreveu uma longa e brilhante crítica, sem dúvida, o primeiro trabalho teológico escrito por uma mulher no Novo Mundo. Esse fato levou ao surgimento de uma carta aberta do bispo de Puebla, que louvou sua ortodoxia e seu entendimento, mas convidou-a com urgência a se limitar às atividades mais condizentes com uma pessoa do sexo feminino.

Isso acabou fazendo com que um cerco se apertasse em volta de Sor Juana. Depois de muitos meses, ela respondeu ao bispo com um longo tratado. Nessa carta, escrita com ironia e autocontrole devastadores, defendia sua compulsão pelo aprendizado como um dom que lhe fora dado por Deus, algo que ela era impotente para negar. Mesmo se fosse desprovida de livros, disse, o mundo inteiro era sua universidade: "Não há criatura, por mais humilde que seja, na qual não possa ser reconhecido o fato de que *Deus me fez*; não há nada que não surpreenda a razão se não se refletir com propriedade a respeito". Ao mesmo tempo, defendeu os direitos iguais para a instrução das mulheres com um apelo erudito a Aristóteles e a Cícero, às Escrituras, a seu padroeiro, São Jerônimo, à sagrada auxiliar dele, Santa Paula, e a todas as outras mulheres santas instruídas. "Seus homens tolos", escreveu, "acusando as mulheres de falta de razão quando vocês mesmos são a razão dessa falta".

Essa foi uma manifestação ousada e sem precedentes. Aos olhos de muitas autoridades da Igreja, ela era também demasiadamente presunçosa. O que aconteceu em seguida não pode ser negado, embora seu sentido seja passível de interpretações. Depois da "Resposta" de Sor Juana, o seu confessor não queria mais ter nenhum relacionamento com ela. Em seguida a tudo isso, ela realizou uma renovação pública de seus votos e se consagrou à Imaculada Conceição de Maria – um documento que assinou com o próprio sangue. Então, se desfez de sua famosa e amada biblioteca, distribuindo o lucro entre os pobres. Nunca mais escreveu. Em 1694, enquanto cuidava de suas irmãs freiras durante uma violenta epidemia de peste, sucumbiu à temida doença e faleceu rapidamente em 17 de abril.

Alguns críticos têm visto nos últimos anos de vida de Juana as marcas de uma conversão profunda; o seu silêncio é parecido com o de Tomás de Aquino, quando percebeu que todas as suas grandes palavras eram como palha. A prova está na caridade mística que ela mostrou em seus últimos dias. Outros, incluindo Octavio Paz, vêem as suas atitudes como um exercício humilhante de auto-abnegação, uma expressão de sua impotência como mulher. Assim como suas opções lhe ditaram que deveria entrar no convento para ser uma erudita, suas opções como mulher religiosa ditaram que renunciasse ao aprendizado – renunciasse a si mesma –, de modo a permanecer viva. A questão não era sua ortodoxia. A questão era seu sexo. A alternativa era a Inquisição.

Mesmo assim, o mistério permanece. Embora não fosse piedosa, de uma forma convencional, Juana abraçou a vida religiosa como um meio de prosseguir em sua vocação para estudar – uma vocação que ela acreditava vir de Deus. Finalmente, foi provado que era difícil, se não impossível, negociar as reivindicações dessas vocações. E, assim, a questão permanece: o silêncio escolhido por Sor Juana representa um ato de submissão fiel ou uma traição a si mesma, a sua verdadeira vocação e, conseqüentemente, a Deus? Qual foi, enfim, a grande rebelião: enfrentar as autoridades da Igreja ou submeter-se? A sua resposta única é o silêncio. Ninguém pode solucionar o enigma de Sor Juana, a não ser que tenha tentado seguir os seus passos.

Ver: Uma Mulher de Gênio: A Autobiografia Intelectual de Sor Juana Inés de la Cruz (Salisbury, Conn.: Lime Rock, 1982); Octavio Paz, *Sor Juana* (Cambridge, Mass.: Harvard University Press, 1988); Michelle A. Gonzáles, *Sor Juana: Beleza e Justiça nas Américas* (Maryknoll, N.Y.: Orbis Books, 2003).

MARGARET FELL

Quacre (1614-1702)

"E esse tem sido o único pretexto e causa de nossos sofrimentos, porque obedecemos ao comando de Cristo e observamos a doutrina e a prática apostólicas; e não por qualquer outra causa ou fim nossos sofrimentos acontecem, mas por causa da consciência..."

Margaret Fell foi uma das primeiras defensoras do movimento Quacre – formalmente conhecido como Sociedade dos Amigos – que se originou na conversão de George Fox, em 1646. Depois de experimentar a semente de Deus em sua própria alma, Fox percebeu que não tinha necessidade de guias especiais ou mediadores. Sua missão era a de estar atento à Luz Interior e de despertar nos outros uma consciência semelhante. A mensagem de Fox, que ele divulgava por meio de pregações públicas, ou na igreja dirigindo "questionamentos" desafiadores ao ministro que presidia ao ofício religioso, rapidamente atraiu muitos seguidores. Entre eles, as mulheres desempenharam um papel de grande destaque.

Fox acreditava que a Luz Interior estava presente de modo igual nos homens e nas mulheres. Ele permitia que as mulheres pregassem e se dedicassem à instrução religiosa dos homens. Os Quacres rejeitavam todos os tipos de distinção social. Eles usavam roupas simples para disfarçar qualquer marca de *status* ou de posição social e se dirigiam a todos – quer fossem companheiros Quacres, magistrados ou reis – com os familiares *tu* e *ti*. O comportamento fora do comum ofendia tanto as instituições religiosas quanto as políticas e, por essa razão, Fox e seus seguidores sofreram perseguições cruéis. E também nisso as mulheres reivindicavam um destino semelhante.

Margaret Fell, uma das figuras mais importantes na ascensão do movimento Quacre, nasceu em 1614, em uma família abastada de Lancashire. Quando ainda era adolescente, casou-se com Thomas Fell, um juiz bem mais velho que ela. Eles viveram na propriedade dele, Swarthmore, uma grande casa com 13 lareiras. Como Fell necessitava se ausentar de casa com freqüência, por causa do trabalho, Margaret administrava a propriedade e criava nove filhos.

É provável que Margaret gostasse de receber clérigos viajantes em sua casa. Foi assim que ficou conhecendo George Fox, que visitou Swarthmore em 1652, em uma das ausências do juiz Fell. Margaret ficou muito impressionada com os ensinamentos de Fox, e quando seu marido voltou para casa ela havia se tornado seguidora fervorosa de George Fox. Embora o próprio Fell não se convertesse, não impediu a prática da doutrina Quacre da esposa.

Nos anos seguintes, Swarthmore tornou-se um centro de adoração e de pregação Quacre. Margaret trabalhava como secretária e assistente para Fox, organizando seus negócios, divulgando os seus escritos e o defendendo quando ele era preso, o que ocorria com freqüência. Quando o juiz Fell morreu em 1658, Margaret herdou a propriedade Swarthmore. Mas, sem a proteção de seu marido, estava muito mais vulnerável.

Em 1662, uma lei antiquacre foi aprovada, ameaçando com prisão qualquer um que não fizesse um juramento ao rei. Tendo por base o mandamento de Jesus nas Escrituras, os Quacres se recusaram a fazer qualquer tipo de juramento – insistindo simplesmente que o "não deles era não" e o "sim era sim". Por desobediência à lei, Fox e muitos Quacres foram presos em condições terríveis. Em 1664, Margaret uniu-se a eles. Em relação ao juramento, a resposta de Margaret foi: "Devo dizer o seguinte, quanto à minha fidelidade, eu amo, reconheço e honro o rei e desejo que ele tenha paz e prosperidade; e que possamos viver uma vida pacífica, calma e piedosa sob seu governo, segundo as Escrituras; e esta é minha fidelidade em relação ao rei. Quanto ao juramento em si, Cristo Jesus, Rei dos reis, instruiu-me a não jurar por nada, nem pelo céu, nem pela terra, nem por nenhum outro juramento". Ao ouvir a sentença – prisão perpétua – ela respondeu: "Embora esteja sem a proteção do rei, não estou sem a proteção de Deus Todo-poderoso". Ela permaneceu na prisão por mais de quatro anos.

Durante o tempo em que estava presa, Margaret escreveu um convincente panfleto sobre a pregação feita pelas mulheres, mostrando como ela era "justificada, provada e permitida pelas Escrituras, assim como todas que falam pelo Espírito e Poder do Senhor Jesus". Esse tratado teológico, um dos primeiros desse tipo, começa lembrando que as mulheres, assim como os homens, foram criados à imagem e semelhança de Deus. Embora a Queda tenha introduzido uma divisão no mundo, isso foi reparado pela Ressurreição de Cristo. Na verdade, Cristo e os profetas se referem à Igreja como uma mulher, "e aqueles que se manifestam contra a voz dessa Mulher se manifestam contra a Igreja de Cristo". Jesus não tentou silenciar a mulher samaritana ou Marta, ou Maria Madalena, que falavam com Ele a respeito de assuntos teológicos. Nem Ele permitiu que os discípulos criticassem a mulher que O ungiu com óleo precioso. Margaret continuou lembrando as mulheres fiéis que acompanharam Jesus a caminho do Calvário. "Então, vemos que Jesus reconhecia o Amor e a Graça que apareciam nas Mulheres, e não os desprezou: e, por tudo que está relatado nas Escrituras, Ele recebeu tanto Amor, Bondade, Compaixão e Cuidado carinhoso por parte das Mulheres quanto recebeu de quaisquer outros, tanto durante sua vida quanto também depois de ter sofrido a crueldade que Lhe foi imposta".

Falando sobre os textos sagrados que conclamam as mulheres ao silêncio na Igreja, Margaret explicou que eles se aplicavam apenas a uma situação local específica: não sugeriam um princípio eterno ou universal. Eram textos que se referiam às mulheres que estavam *sob a Lei*, mas não àquelas mulheres que agora viviam de acordo com o Espírito. Além do mais, esses textos perdiam importância ao lado dos que falavam na Igreja em sua totalidade, recebendo o dom do Espírito Santo, e daquelas mulheres que labutaram ao lado de Paulo construindo a igreja primitiva. E, então, ela conclui em seu discurso aos "Ministros da Escuridão": "Permitam que isso sirva para impedir o Espírito oponente que limitaria o Poder e o Espírito do Senhor Jesus, cujo Espírito é derramado sobre toda a Carne, tanto os Filhos quanto as Filhas, agora em Sua Ressurreição".

Em 1669, Margaret Fell e George Fox se casaram. Por causa dos vários períodos de prisão dos dois e das viagens cada vez mais longas de George à América e outros lugares, passaram relativamente pouco tempo juntos. Fox faleceu em Londres, em 1691. Margaret continuou a viver em Swarthmore até falecer em 1702. Suas últimas palavras foram: "Estou em paz".

Ver: D. Elton Trueblood, *As Pessoas Chamadas Quacres* (Nova York: Harper & Row, 1968).

Sarah Grimké (1792-1873) e Angelina Grimké (1805-1879)

Abolicionistas e feministas

"Não peço favores ao meu sexo. Não abandono nosso clamor pela igualdade. Tudo o que peço aos nossos irmãos é que eles tirem seus pés de nossos pescoços e nos permitam ficar eretas no lugar que Deus quis que ocupássemos."

Apesar dos 13 anos de diferença entre elas, as irmãs Sarah e Angelina Grimké eram excepcionalmente unidas. Quando Angelina nasceu, Sarah pediu para ser madrinha da irmã, uma responsabilidade que levou tão a sério, que Angelina iria chamá-la de Mãe para toda a vida. Elas permaneceram inseparáveis durante a maioria de suas vidas – unidas, entre outras coisas, por seu compromisso comum com a justiça e a dignidade humana.

Criadas em uma família importante em Charleston, Carolina do Sul, as irmãs Grimké cresceram em uma fazenda com muitos escravos. Desde a infância, contudo, Sarah se irritava com as críticas limitantes de seu mundo. Ela tinha horror à instituição da escravidão e questionava a hipocrisia de uma "sociedade cristã" que tolerava tamanha injustiça. Assim que teve oportunidade, transmitiu as mesmas convicções para sua irmã menor.

Depois da morte do pai, Sarah foi embora de Charleston e mudou-se para a relativa liberdade de Filadélfia. Por algum tempo, sentira-se atraída pelo movimento Quacre, um interesse despertado de início por suas leituras do *Journal*, publicação antiescravista de John Woolman. Na Filadélfia, mergulhou na vida Quacre e chegou até a atrair a atenção de um jovem viúvo que pediu sua mão em casamento. Ela considerou com carinho a proposta, mas a recusou. Casamento, acreditava, era uma "armadilha de Satã", que iria inevitavelmente interferir com a missão maior –, qualquer que fosse ela – para a qual Deus a estava chamando.

Embora tivesse uma personalidade diferente da irmã – menos teimosa e introspectiva – Angelina também se sentiu atraída pelo quacrismo. Assim como aconteceu com Sarah, a conversão de Angelina foi muito influenciada por suas convicções abolicionistas. E, no entanto, depois de se unir à irmã na Filadélfia, ficou cada vez mais preocupada, pensando que os Quacres não tinham fervor suficiente em suas convicções antiescravistas. Muitos amigos pareciam adotar uma atitude de "viva e deixe viver" em relação à manutenção da escravidão – algo que Angelina considerava intolerável. E, apesar disso, ela se sentia perdida quanto ao que poderia fazer.

Em 1835, depois de ler uma edição do jornal abolicionista radical de William Lloyd Garrison, *The Liberator*, Angelina sentiu-se inspirada a escrever uma carta para ele, dando-lhe apoio. "Respeitado amigo", escreveu, "a base na qual o senhor se sustenta é sagrada; nunca, nunca a abandone. Se o senhor a abandonar, a esperança do escravo está acabada... Se a perseguição é o meio que Deus ordenou para a realização de tão grande fim, EMANCIPAÇÃO, então... sinto como se pudesse dizer, DEIXE QUE ELA ACONTEÇA; pois é minha convicção profunda e solene de que essa é uma causa pela qual vale a pena morrer".

Depois que Garrison publicou a carta de Angelina, ela foi amplamente saudada como uma nova e corajosa voz na causa abolicionista. O fato de ela ser uma sulista, vinda de uma família escravocrata, dava ênfase à sua eloqüência. Mas isso também lhe garantiu uma posição de excluída; nunca mais poderia voltar para casa. Mais dolorosa ainda foi a hostilidade de companheiros Quacres, que a avisaram sobre o perigo de se associar aos perigosos radicais. Cada vez mais afastadas do movimento Quacre, as irmãs Grimké logo encontraram mais amizades na Sociedade Feminina Antiescravidão da Filadélfia. Uma vez mais, foi a irmã mais nova que ocasionou a ida das duas na direção da liderança pública.

Angelina teve a idéia de escrever "Um apelo às mulheres cristãs dos estados do Sul", esperando apresentar para suas irmãs do Sul "a tremenda responsabilidade que recaía sobre elas na hora da crise; pois, se as mulheres do Sul não se erguessem com a força do Senhor para interceder junto aos seus maridos, irmãos e filhos, o país poderia testemunhar as mais terríveis cenas de assassinato e derramamento de sangue".

Poucas cópias do apelo de Angelina chegaram ao Sul, pois muitas foram confiscadas e queimadas antes que pudessem ser distribuídas. Mas seu apelo causou um efeito especial em uma audiência diferente – mulheres do Norte que ficaram assombradas com o ousado apelo de Angelina para que assumissem seu papel como agentes na história. Sarah, em seguida, fez um apelo aos clérigos do Sul, esclarecendo de maneira muito hábil os ilusórios argumentos teológicos e bíblicos para justificar a escravidão. Antes que muito tempo se passasse, as irmãs Grimké estavam entre os oradores mais requisitados nos círculos abolicionistas.

Mas junto com sua proeminência cada vez maior na causa abolicionista, as irmãs tornaram-se progressivamente sensíveis à opressão das mulheres. Havia uma conexão profunda, argumentavam, entre a servidão e a subjugação dos negros norte-americanos e as medidas evidentes, e ao mesmo tempo sutis, criadas para manter as mulheres em silêncio e *em seu lugar.* Como disse Angelina: "Os direitos dos escravos e das mulheres se mesclam como as cores do arco-íris".

No primeiro manifesto feminista da história dos Estados Unidos, nas "Cartas a respeito da igualdade dos sexos e a condição das mulheres" Sarah escreveu: "Às vezes fico atônita e amargurada com a servidão das mulheres... Uma mulher que é solicitada para assinar uma petição pela abolição da escravatura... freqüentemente responde 'Meu marido não aprova'. Ela mistura os seus direitos e responsabilidades com os do marido, e desse modo o escolhe como salvador e rei, e rejeita Cristo como seu Regente e Redentor".

Alguns abolicionistas temiam que essa mistura de princípios feministas dividisse a causa antiescravidão. Todavia, em 1838, as irmãs entraram para a história quando foram convidadas para apresentar seus pontos de vista a respeito da escravidão perante o corpo legislativo de Massachusetts. Foi a primeira vez que um órgão do governo nos Estados Unidos convidou uma mulher para testemunhar. Erguendo-se diante de uma audiência silenciosa, Angelina fez um de seus discursos mais eloqüentes:

> Estou perante os senhores como uma sulista, exilada da minha terra natal pelo som do chicote e pelo grito cheio de dor do escravo. Estou perante os senhores como escravocrata arrependida. Estou perante os senhores como uma criatura dotada de moral, e como tal eu sinto que devo ao escravo sofredor e ao patrão iludido, ao meu país e ao mundo fazer tudo o que possa fazer para derrubar um sistema de crimes complicado, fundado em cima dos corações partidos e dos corpos alquebrados de meus concidadãos acorrentados e cimentado com o sangue, o suor e as lágrimas de minhas irmãs agrilhoadas.

Esse, talvez, tenha sido o ponto máximo de influência das irmãs. Nesse mesmo ano elas se retiraram definitivamente da vida pública. De uma maneira irônica, essa saída foi precipitada pelo casamento de Angelina com Thomas Weld, um preeminente abolicionista e aspirante a político. Angelina estava cada vez mais ocupada com os afazeres domésticos e com os filhos; e Sarah, que havia rejeitado o casamento como algo que a desviaria de sua missão, permaneceu ao lado de sua irmã. E, no entanto, viveram para ver o fim da escravidão e o começo do movimento feminista nos Estados Unidos – as duas causas às quais haviam dedicado suas vidas e que ajudaram a existir.

Ver: Mark Perry, *Eleva a Tua Voz: A Jornada da Família Grimké, de Escravocratas a Líderes dos Direitos Civis* (Nova York: Viking, 2001).

Lucretia Mott

Abolicionista e feminista (1793-1880)

"É chegada a hora de os cristãos serem julgados mais por sua semelhança com Cristo que pelas idéias que eles têm de Cristo."

Na histórica Convenção dos Direitos Femininos de 1848 em Seneca Falls, Nova York, Lucretia Mott leu em voz alta um novo e revolucionário manifesto. Adaptando as palavras da Declaração de Independência dos Estados Unidos, ela começava: "Consideramos estas verdades como evidentes por si mesmas: que todos os homens *e mulheres* foram criados iguais". Ao adicionar as duas palavras, essas mulheres haviam corrigido o documento fundador da democracia norte-americana. Mas, em um sentido mais profundo, haviam corrigido um desequilíbrio de proporções históricas e, desse modo, iniciaram um novo capítulo nos anais da civilização.

A convenção de Seneca Falls foi idéia de duas mulheres, Lucretia Mott e Elizabeth Cady Stanton, ambas quacres, que haviam se conhecido enquanto participavam da Convenção Mundial Antiescravidão em Londres, em 1840. Embora as mulheres fossem uma força maior no movimento abolicionista, a convenção dominada por homens havia se recusado a aceitá-las como representantes oficiais. Essa exclusão foi um acontecimento radical para as duas mulheres, um catalisador em sua decisão de combinar a oposição à escravidão com a luta pelos direitos das mulheres. Para Lucretia, as duas posições estavam em uníssono com sua fé quacre, que apoiava a idéia da existência da luz divina em cada ser humano. Com base nesse argumento, ela dedicou sua vida à causa da liberdade e da igualdade de todas as pessoas perante Deus.

Lucretia, filha de um capitão de uma baleeira, nasceu em Nantucket e foi educada em uma escola quacre em Nova York, antes de se estabelecer com sua família na Pensilvânia. Seu casamento com James Mott em 1811 foi o início de um relacionamento incomum. Seu marido, um mercador bem-sucedido, apoiava Lucretia em todas as causas dela e a acompanhava em todas as viagens. Ele consentiu, inclusive, em presidir a convenção em Seneca Falls, quando nenhuma das mulheres se sentiu capaz de assumir a tarefa. Lucretia teve seis filhos. A morte de seu primogênito, Tommy, ocasionou um período de grande introspecção religiosa. Em seguida, em um encontro dos quacre, ela falou com tanta profundidade e entendimento, que foi formalmente reconhecida como ministro.

Aquela era uma época de tensão crescente dentro das comunidades quacres. Enquanto os Amigos "ortodoxos" davam maior ênfase à ordem e à autoridade das Escrituras, Lucretia simpatizava com os ensinamentos de Elias Hicks, que dava imensa importância à autoridade do Espírito nos corações dos fiéis. Hicks também era fervoroso abolicionista. Os Mott seguiram sua liderança ao recusar qualquer tipo de comércio com os frutos da escravidão. Eles usavam linho ou lã no lugar do algodão vindo das fazendas do Sul; eles consumiam açúcar de bordo no lugar do açúcar da cana. Gradativamente, essa mensagem antiescravidão encontrou seu caminho nas pregações de Lucretia, ocasionando queixas dos membros mais velhos dos quacres, que solicitavam que ela evitasse essas questões sociais "controversas".

Foi em 1830, entretanto, depois de se encontrar com o abolicionista radical William Lloyd Garrison, que Lucretia se dedicou de forma radical a lutar contra a escravidão. Depois de causar comoção ao se levantar para falar em uma convenção abolicionista na Filadélfia, ela seguiu em frente fundando a Sociedade Feminina Antiescravidão da Filadélfia. Nas palavras de abertura da criação da sociedade, ela escreveu: "Consideramos nosso dever, como cristãos praticantes, manifestar nossa repulsa à flagrante injustiça e profundo pecado da escravidão com ações conjuntas e vigorosas".

O trabalho dessas sociedades abolicionistas provocou uma violenta reação mesmo na liberal Filadélfia. Em 1838, durante a Convenção Abolicionista das Mulheres Norte-americanas, uma violenta multidão de milhares de pessoas atacou o encontro, tirando os participantes à força e queimando o edifício.

A convenção abolicionista em Londres, em 1848, da qual Lucretia e outras mulheres foram excluídas, deu origem ao passo seguinte na sua jornada. Devagar, mas sem cessar, suas pregações refletiam uma nova energia feminista: "Espero pela chegada do tempo em que minhas irmãs vão se erguer e ocupar a esfera à qual elas são chamadas por sua natureza e destino nobres". Seu ensinamento profético causou irritação dentro de círculos quacres e além. No entanto, ela apelou ao espírito de Jesus – um espírito de libertaçao, de justiça e de igualdade – contra o poder estéril da doutrina, do credo e do que ela chamava "astúcia eclesiástica". Com essa expressão ela se referia não apenas à autoridade eclesiástica mas, de modo mais geral, ao poder dos homens de definir e reforçar a "vontade de Deus". E mesmo assim continuava a afirmar lealdade para com suas raízes quacres e a ter fé na "doutrina eterna pregada por Jesus... de que o reino está com o ser humano, que ali está Seu templo divino e sagrado".

A convenção de Seneca Falls, em 1848, marcou o nascimento do movimento feminista nos Estados Unidos. Suas resoluções – que ocasionaram alegria e sarcasmo generalizados entre os jornais que chegaram a noticiar o evento – clamaram pelo reconhecimento da igualdade entre todos os homens e mulheres, incluindo o direito ao sufrágio universal. À pergunta "O que a mulher deseja?", Lucretia respondia: "Ela não pede nada como um favor, mas como um direito; ela quer ser reconhecida como um ser moral e responsável. Ela está tentando não ser governada por leis para cuja elaboração não teve o poder de opinar".

Ela continuou a unir a causa abolicionista com a promoção dos direitos da mulher. Com o tempo, entretanto, o trabalho dos abolicionistas foi ultrapassado pela Guerra Civil Norte-americana e pela Proclamação de Emancipação de 1863. Ela se alegrou no "Jubileu": "Em nossos momentos de maior otimismo nunca esperamos ver a consumação que agora foi obtida". E, entretanto, não pôde deixar de protestar vigorosamente pelo fato de, ao dar o direito de voto aos escravos libertos, a Constituição ainda excluir metade da população, branca ou negra. (O direito ao voto para as mulheres não aconteceria senão em 1920.)

Em seus últimos anos de vida, Lucretia ficou feliz ao ceder a liderança para uma nova geração de mulheres. Ela viveu até os 87 anos, falecendo tranqüilamente no dia 11 de novembro de 1880. Dias antes de sua morte, ela recebeu o aviso de uma resolução que havia sido aprovada em uma convenção nacional dos direitos da mulher:

> Resolvido, que esta convenção apresenta seus cumprimentos a uma de suas primeiras e veneráveis líderes e amiga, Lucretia Mott, cuja vida em sua total perfeição como mãe, esposa, pregadora e reformista é a profecia do futuro da mulher. A grande liberdade que a Sociedade dos Amigos sempre deu às mulheres foi justificada com o exemplo dela. Não temos nós o direito de acreditar que a mais ampla liberdade pela qual estamos clamando será, da mesma maneira, concedida para todas as mulheres dos Estados Unidos?

Ver: Margaret Hope Bacon, *Amiga Valente: A Vida de Lucretia Mott* (Nova York: Walker and Company, 1980).

SOJOURNER TRUTH

Pregadora abolicionista (1797-1883)

"O que damos aos pobres, emprestamos a Deus."

Sojourner Truth nasceu escrava em Hurley, Nova York, em aproximadamente 1797 (o seu patrão não anotou a data exata de seu nascimento). Seus pais a batizaram Isabella, nome que abandonou aos 46 anos, quando abraçou sua vocação de profetisa e pregadora.

Sua primeira língua era o holandês, a língua de seu patrão, que marcou o inglês por ela falado com um forte sotaque, assim como suas costas carregaram para sempre as marcas das chicotadas que recebeu como filha da escravidão. Em sua juventude, Sojourner foi comprada e vendida diversas vezes. Alguns de seus patrões eram relativamente bons, e outros eram rudes e cruéis. Ela era o nono filho de seus pais, mas nunca conheceu seus irmãos e irmãs – todos vendidos para diferentes donos.

Apesar dos sofrimentos de Isabella, sua mãe a educou para crer em "um Deus que ouve e vê tudo quanto você pensa e faz". Sua mãe lhe disse: "Quando você apanhar ou for tratada de modo cruel, ou se encontrar em algum tipo de dificuldade, deve pedir a ajuda Dele. Ele vai sempre ouvir e ajudar você". Na verdade, durante toda a sua vida, Isabella manteve uma conversa contínua com Deus. Em uma fase posterior, ela costumava começar seus discursos com a frase: "Filhos, eu falo com Deus e Deus fala comigo". Ela desabafava todos os seus sofrimentos para Deus, e Ele lhe disse que ela seria livre.

Durante sua juventude, Isabella foi dada em casamento a um escravo mais velho, com quem teve cinco filhos. Mas, um dia bem cedo, em 1826, ela partiu da fazenda de seu patrão e fugiu da escravidão, levando apenas sua filha, ainda bebê, deixando os outros quatro filhos para trás.

Trabalhou como empregada na cidade de Nova York e nas redondezas por muitos anos. Porém, em 1843, Isabella se convenceu de que Deus a estava chamando para uma missão muito maior. Assim, partiu de Nova York, a pé, levando seus poucos pertences em uma fronha, incerta quanto a seu destino, determinada a se tornar uma pregadora. Com sua nova liberdade, sentiu que era hora de trocar seu nome de escrava. Depois de pedir a Deus que a inspirasse, escolheu o nome de Sojourner Truth, que refletia seu chamado para viajar "para lá e para cá, mostrando para as pessoas os meus pecados e me tornando um sinal para elas".

Como Sojourner Truth começou um ministério itinerante da palavra, pregando a partir das Escrituras que havia praticamente decorado e proferindo o julgamento de Deus contra os males da escravidão. Sua autobiografia, *A Narrativa de Sojourner Truth,* que ditou e publicou em 1847, tornou-se uma poderosa arma para a causa abolicionista. Contudo, por mais eloqüente e eficaz que ela fosse como oradora no movimento contra a escravidão, Sojourner dividia suas energias com o movimento crescente pelos direitos das mulheres. Muitos abolicionistas eram cautelosos em relação ao movimento feminista, pois se preocupavam em comprometer a luta contra a escravidão ao juntá-la a outra causa impopular. Mas Sojourner insistia que não havia como separar as duas questões. "Se homens negros tiverem seus direitos, e não as mulheres negras", dizia ela, "os homens negros vão ser os patrões das mulheres, e isso vai ser tão ruim quanto antes".

Em uma época em que o país se dividia cada vez mais a respeito do problema da escravidão, as aparições públicas de Sojourner eram com freqüência confrontadas por multidões violentas. Ela nunca permitiu que o medo e o conflito a silenciassem. Mais de uma vez dominou uma audiência hostil com sua viva inteligência. Quando um irritado membro da platéia declarou uma vez: "Velha, eu me importo tanto com o que você fala quanto com a picada de uma pulga", ela retrucou: "Se Deus quiser, vou manter você se coçando".

Nunca duvidou de que o fim da escravidão um dia aconteceria. Quando o grande abolicionista Frederick Douglass, uma vez, terminou um discurso com um tom desencorajado, Sojourner interveio com uma confidência inabalável: "Frederick, Deus está morto?" No fim, contudo, o conflito contra a escravidão levou a uma sangrenta guerra civil. Sojourner devotou suas energias para apoiar o esforço de guerra, em especial visitando tropas negras que estavam lutando no Exército da União. Em 1864, viajou para Washington, com o intuito de se encontrar com Abraham Lincoln e encorajá-lo na luta. Comovida com os sofrimentos de muitos ex-escravos que haviam se aglomerado nos esquálidos campos de refugiados em Washington, Sojourner decidiu permanecer na capital e atender às necessidades deles. Ela estava lá quando, finalmente, a guerra terminou, e em 12 de dezembro de 1865, quando o Congresso ratificou a Décima Terceira Emenda à Constituição, abolindo a escravidão nos Estados Unidos.

Ela continuou a lutar pela liberdade e pela igualdade até o dia de sua morte, 26 de novembro de 1883, aos 86 anos. Era amplamente aclamada como uma das mais influentes mulheres de seu tempo: uma mulher iletrada, negra, ativista política sem escritório, pregadora sem credenciais, exceto a sua penetrante e holística visão da justiça de Deus.

Em um de seus mais famosos discursos, ela se levantou, em um encontro sobre os direitos da mulher, para responder a um daqueles homens que haviam falado com condescendente solicitude a respeito da fraqueza das mulheres e de sua conseqüente subordinação aos homens:

> Eu arei e plantei e juntei nos celeiros, e nenhum homem podia passar na minha frente – e não sou *eu* uma mulher? Eu botei no mundo cinco *filho*, e vi quase todos eles *vendido* para ser *escravo*, e quando eu chorei com a dor de uma mãe, ninguém, a não ser Jesus me ouviu – e não sou eu uma mulher?... Então aquele *hominho* de preto, ele diz que a mulher não pode ter os *mesmo direito* dos *homens*, porque Cristo não era mulher. E de onde veio o seu Cristo? E de onde veio o seu Cristo? Veio de Deus e de uma mulher! O homem não teve nada a ver com Ele!

Poucos dias antes de morrer, Sojourner disse a uma pessoa amiga: "Eu não vou morrer, meu bem. Eu vou indo para casa, como uma estrela cadente". A estrela dela ainda brilha.

Ver: Joyce Hollyday et al., "'E não sou eu uma mulher?' Sojourner Truth", número especial de *Sojourners* (dezembro de 1986); Peter Krass, *Sojourner Truth* (Nova York: Chelsea House, 1988).

Mãe Jones

Agitadora sindicalista (1830-1930)

"Rezem pelos mortos, e lutem como loucos pelos vivos."

Mary Harris Jones teve quatro filhos e viu os dizimados pela febre amarela. Porém, foram suas atividades, na segunda metade de sua vida como incansável agitadora, advogada dos oprimidos e "briguenta" de modo geral, que lhe garantiram o título afetuoso de Mãe Jones. Onde ela vivia? "Vivo nos Estados Unidos", disse a um Comitê do Congresso, "mas não sei exatamente onde. Meu endereço é onde quer que haja uma luta contra a opressão. Eu resido onde haja uma luta contra o que está errado".

Entre os "respeitáveis piratas", que eram donos das minas, estradas de ferro e siderúrgicas, seu nome era pronunciado com desprezo. Mas, para as grandes massas que trabalhavam na escuridão dos poços das minas de carvão, ou acabavam com sua juventude tossindo e trabalhando 65 horas por semana nas siderúrgicas, era realmente uma mãe, e mais – um anjo que deles cuidava. Com seu vestido preto, cabelos brancos e óculos fora de moda, ela poderia ter se passado por avó de qualquer um – até abrir a boca. Descrevendo o trabalho de sua vida, disse: "Tentei educar o trabalhador para que ele compreenda os maus-tratos que tem tido de sofrer, e sofre – e para incentivar os oprimidos até que deixem de ficar de joelhos e exijam aquilo que eu acredito ser deles de direito". No entanto, pobre daquele que a chamasse de "dama": "O Deus Todo-poderoso criou as mulheres", dizia ela, "mas foram os ladrões dos Rockefeller que criaram as damas".

Nascida em 1830, em uma família de camponeses sem-terra no condado de Cork, Irlanda, Mary Harris tinha a rebelião no sangue. "Pertenço a uma classe", diria mais tarde, "que tem sido roubada, explorada e saqueada ao longo dos séculos. E, porque pertenço a essa classe, sinto um impulso de ir e ajudar a quebrar as correntes". Depois que seu avô foi preso e enforcado como rebelde, sua família emigrou para os Estados Unidos, em 1841. Mary foi educada para ser professora, e por fim se estabeleceu em Memphis, Tennessee, onde, em 1860, se casou com um serralheiro chamado George Jones. Foi lá, enquanto a Guerra Civil devastava tudo à sua volta, que teve filhos e sua única experiência de vida em família. Em 1867, uma epidemia de febre amarela atingiu a cidade com uma rapidez incrível. Em pouquíssimo tempo, Mary perdeu todos os filhos e o marido, ficando sozinha e viúva aos 37 anos.

Ela se mudou para Chicago, onde trabalhou como costureira. Estava presente para testemunhar o grande incêndio de 1871, que destruiu cem mil casas. Ela estava entre os desabrigados. Uma noite, quando caminhava pelas ruas destruídas, se deparou com um encontro dos Knights of Labor, uma organização idealista cujo lema era "Uma injustiça para uma pessoa é uma injustiça para todas". Intrigada com o que havia ouvido, Mary, a partir daquele momento, dedicou-se à causa dos direitos dos trabalhadores.

O período de prosperidade pós-guerra foi seguido por uma severa depressão. Por todo o país centenas de milhares de pessoas estavam sem trabalho, mendigavam ou morriam de fome. Manifestações e protestos sangrentos eclodiram em Nova York, Chicago e em outras cidades. Protestantes marchavam sob o slogan "Pão ou sangue". Como organizadora, viajava para a organização dos Knights of Labor, e estava na Filadélfia quando as tropas atiraram em uma multidão, matando 26 pessoas. Nas disputas trabalhistas ao redor do país, tropas federais e milícias estaduais realmente eram usadas como empregados das companhias de estrada de ferro e dos donos de fábricas.

Mary trabalhou em relativa obscuridade por muitos anos, antes de alcançar a fama na década de 1890 como agitadora para o sindicato dos mineiros. Da Virgínia até a Pensilvânia, a Virgínia Ocidental e o Colorado, "Mãe Jones" se transformou em uma figura lendária. Sua presença e sua oratória inflamada podiam levar homens e mulheres às lágrimas e encorajá-los a entrar em ação. A visão de sua cabeça branca podia envergonhar os representantes armados, fazendo com que baixassem as armas quando ela se aproximasse. Certa vez, no Colorado, ela caminhou até uma metralhadora, preparada para abrir fogo contra uma fileira de manifestantes; colocando a mão no cano, simplesmente virou-a na direção do chão e foi embora.

Cientes do poder de sua presença, os patrões e seus amigos do governo constantemente tentavam sufocar a sua voz. Ela foi repetida e ilegalmente detida por vigias de empresas, milícia e tropas federais. Às vezes, isso significava ser levada à força para fora da cidade no primeiro trem. Mas, mesmo já tendo mais de 80 anos, foi presa em cadeias e celas improvisadas – que ela chamava "bastilhas". Em uma ocasião, foi mantida incomunicável por seis semanas em uma cela escura no subterrâneo, alimentada com pão e água, e deixada para afastar os ratos com uma garrafa quebrada.

Nada disso a atemorizava. Todas as vezes, ela voltava, indômita e sem ser derrotada. Décadas depois que muitos organizadores haviam se retirado da luta, exaustos ou mortos, Mãe Jones continuava sua missão. Para interferir com o trabalho temporário que era usado para sufocar as greves, ela organizava mulheres em "brigadas balde-e-vassoura" que faziam tanto barulho, que até as mulas se recusavam a entrar nas minas. Para conscientizar sobre o trabalho infantil, que explorava as crianças, liderou uma procissão de 300 jovens trabalhadores da indústria têxtil em uma "Cruzada das Crianças", marchando da Filadélfia até Nova York. Parando em reuniões ao longo do caminho, apresentava meninos e meninas com as mãos mutiladas, "criancinhas de seis anos de idade com rosto de 60 anos, que trabalhavam em uma jornada de oito horas diárias recebendo dez centavos por dia". Em uma carta para o presidente Roosevelt, escreveu: "Nós lhe perguntamos, senhor presidente, se nossa grandeza comercial não tem nos custado muito por ter sido construída à custa dos corações trêmulos de crianças indefesas. Agora estamos marchando em sua direção na esperança de que seu coração bondoso se aconselhe conosco para abolir este crime".

Mãe Jones foi criada na Igreja Católica. De modo geral, ela tinha pouco ou nenhum uso para os ministros da religião organizada, que pregavam o evangelho do "comer no céu quando você morrer". Mas o seu discurso tinha como base a linguagem dos profetas e a linguagem revolucionária dos Evangelhos. "O movimento trabalhista não foi criado pelo homem", disse para um grupo de trabalhadores. "O movimento trabalhista, meus amigos, foi um mandamento de Deus Todo-poderoso. Ele mandou o profeta para redimir os israelitas que estavam em servidão; Ele organizou os homens em um grupo unido e levou-os para fora da terra da servidão e do roubo e do saque para a terra da liberdade." Daqueles que desfrutavam luxos extravagantes, comprados com o sangue dos pobres, dizia: "Eu gostaria de ser Deus Todo-poderoso! Eu iria uma noite qualquer jogar algo do céu e me livrar de toda essa turma de sanguessugas".

Mãe Jones nunca se aposentou. Ela viveu para completar cem anos de idade, e faleceu em 30 de novembro de 1930. Na véspera de sua morte, expressou o desejo de poder "viver outros cem anos para poder lutar até o fim para que não houvesse mais metralhadoras e não se ouvisse mais o soluçar das crianças".

Ver: Mãe Jones Fala: Discursos e Escritos Escolhidos, ed. Philip S. Foner (Nova York: Pathfinder Press, 1983); Linda Atkinson, *Mãe Jones: A Mulher Mais Perigosa da América* (Nova York: Crown, 1978).

Viola Liuzzo

Mártir dos direitos civis (1925-1965)

"É a luta de todo mundo. Há pessoas demais que apenas ficam por perto e falando."

Selma, Alabama, foi o local de uma das maiores campanhas da luta pelos direitos civis, um lugar onde a supremacia branca havia imposto um limite, determinada a suprimir o clamor, cada vez maior, pela liberdade. Em fevereiro de 1965, depois que um jovem ativista negro chamado Jimmie Lee Jackson foi morto por golpes de cassetete por tropas federais, líderes do movimento pelos direitos civis organizaram uma marcha de Selma até a capital do estado, em Montgomery. Em resposta, o governador George Wallace anunciou que não apenas se recusaria a se encontrar com os manifestantes como iria banir a marcha como uma ameaça à segurança pública. As frentes de batalha estavam delimitadas.

Em 7 de março, seis mil manifestantes iniciaram a caminhada de 80 quilômetros. Quando cruzavam a ponte Edmund Pettus, sobre o rio Alabama, se depararam com uma falange de tropas estaduais fortemente armadas. Quando os manifestantes se recusaram a obedecer à ordem de dar meia-volta, as tropas avançaram no meio da multidão, agitando violentamente seus cassetetes e chicotes. Outro grupo de tropas a cavalo pisoteou os manifestantes caídos. O dia seria lembrado como Domingo Sangrento.

Entre os milhões de norte-americanos que assistiram a essa cena na televisão estava uma dona-de-casa branca, de 39 anos, e mãe de cinco filhos, Viola Liuzzo, de Detroit. Viola havia conhecido a luta pessoal, conseguindo tirar a si própria da pobreza de sua infância e enfrentando uma série de becos sem saída. Abandonando a escola no fim do ginásio, havia se casado e se divorciado duas vezes antes dos 25 anos de idade. Mas, com seu casamento, em 1950, com Jim Liuzzo, um membro do sindicato dos carroceiros, e sua conversão ao catolicismo, sua vida havia tomado um rumo cada vez maior e mais constante. Ela havia completado cursos noturnos em uma escola técnica profissionalizante e, em 1964, se matriculara em cursos de meio período na Wayne State University.

Amigos lembravam-se dela como uma pessoa de energia e bondade ilimitadas, sempre tentando encontrar um jeito de ser útil. Eles também brincavam por causa de sua indignação a respeito da injustiça social. Como muitos norte-americanos, ela ficou chocada com as imagens de ódio e de violência que se desenrolavam no sul. Depois de ver a derrocada do Domingo Sangrento, uniu-se a outros estudantes da Wayne State em uma marcha de protesto – a sua primeira– nos degraus do edifício do governo federal em Detroit, onde ergueram cartazes e cantaram "We shall overcome".

Em 21 de março, outra marcha estava prevista para acontecer em Selma – dessa vez com apoio federal e a proteção das tropas da Guarda Nacional. Quando foi realizado um chamado para que voluntários se unissem à marcha, milhares de pessoas em todo o país responderam. Viola Liuzzo estava entre elas. Um dos ministros do Norte, que organizaram a marcha, lembrou-se dela como uma pessoa "comum". Contudo, ela o impressionou como alguém preparado para se arriscar por algo em que acreditasse. "Ela era uma pessoa em busca da verdade", disse, buscando "a manifestação de Deus em um caminho mais amplo, e não mais estreito."

Temendo os esforços da família para dissuadi-la, Viola não lhes comunicou seus planos com antecedência. Pelo contrário, simplesmente fez um acordo com uma amiga para cuidar das crianças, arrumou uma sacola de compras cheia de roupas em seu sedã azul Oldsmobile, e se dirigiu para o Alabama. Telefonando para o marido da estrada, implorou-lhe que entendesse que isso era algo que ela devia fazer.

Sua família nunca mais a viu.

No dia da marcha, cerca de três mil pessoas haviam se juntado em Selma. Viola fazia parte da grande massa, embora não tivesse feito todo o percurso a pé. Ela se ofereceu para ajudar os organizadores, em tudo que pudesse ser útil, quer fosse para trabalhar no posto de primeiros socorros ou para transportar pessoas de um lado para outro em seu carro. Esse "exército do povo", composto de manifestantes, era uma cena dramática. Aos líderes famosos do movimento pelos direitos civis juntaram-se pessoas comuns, negras e brancas de todas as classes e origens. Padres e rabinos, freiras com seus hábitos característicos, estudantes e trabalhadores de todo o país – todos haviam se juntado para dar seu testemunho pela justiça e pela igualdade e contra as forças do ódio. Dessa vez a marcha terminou pacificamente em Montgomery, com discursos de Rosa Parks e de Martin Luther King, que emocionou a audiência com sua visão do dia vindouro de liberdade: "Quanto vai custar? Não muito, porque a verdade que foi esmagada contra o solo irá se erguer novamente".

Em vez de voltar para casa, Viola se ofereceu para permanecer lá e trabalhar como motorista voluntária. Naquela noite, estava levando um jovem trabalhador negro que lutava pelos direitos civis, Leroy Moton, na estrada de volta para Selma. Em um determinado ponto, perceberam que estavam sendo seguidos. Mesmo quando ela acelerou para 145 quilômetros por hora, o carro que a seguia manteve a mesma distância. Por fim, ele partiu para cima dela. No momento seguinte, uma saraivada de balas perfurou o carro de Viola. Uma delas a atingiu no crânio, matando-a na hora, e seu carro rolou para fora da estrada. Milagrosamente, Moton sobreviveu, fingindo estar morto quando os assaltantes rodearam o carro para inspecionar o trabalho que haviam realizado.

No dia seguinte, o presidente Johnson falou à nação: "A sra. Liuzzo foi para o Alabama para ajudar na luta pela justiça", disse ele. "Ela foi assassinada pelos inimigos da justiça, que por décadas usaram a corda, o revólver, o alcatrão e as penas para aterrorizar seus vizinhos." Ele jurou que a justiça seria feita.

Na verdade, com rapidez surpreendente, três homens foram imediatamente presos – todos membros da Ku Klux Klan. Acontece que o quarto passageiro do carro, naquela noite, havia sido informante do FBI por muito tempo. No entanto, apesar de seu testemunho e de outras evidências avassaladoras, um júri composto apenas de pessoas brancas inocentou os réus da acusação de assassinato. Algum tempo depois, um júri federal julgou-os culpados por violar os direitos civis de Viola Liuzzo. Eles foram finalmente sentenciados a dez anos de prisão.

Nem todos honraram as ações de Viola. Rumores maledicentes circulavam a respeito de seu caráter: afinal, por que motivo uma mulher branca tinha de ser encontrada sozinha em um carro com um jovem negro? Até mesmo alguns de seus vizinhos de Detroit xingaram os seus filhos quando iam para a escola. Como um dos seus filhos disse mais tarde: "Toda minha vida fui chamado de 'amante de crioulos' por causa do que minha mãe fez. Se é isso que eu sou, então que Deus abençoe".

Mas, para uma outra América, que partilhava da visão de justiça e de dignidade de Martin Luther King em relação a todos os filhos de Deus, o sacrifício de Viola seria lembrado como uma pedra angular na longa marcha para a liberdade.

Ver: Beatrice Siegel, *Morte na Estrada: A História de Viola Liuzzo* (Nova York: Four Winds Press, 1993).

FANNIE LOU HAMER

Profetisa da liberdade (1917-1977)

"Estou cansada de estar cansada."

Fannie Lou Hamer era filha de meeiros no delta do Mississippi, uma mulher negra e pobre na região mais pobre dos Estados Unidos. E, no entanto, ela saiu da obscuridade para desafiar os poderosos governantes de seu tempo, uma imponente profetisa, cuja eloqüência e coragem ajudaram a guiar e a inspirar a luta pela liberdade.

Até 1962, sua vida era pouco diferente daquela de outras mulheres negras e pobres na zona rural do Mississippi. Uma entre 20 filhos em sua família, estudou até a quarta série e, como seus pais antes dela, acabou se encaminhando para a vida de meeiro. Esse sistema permitia que fazendeiros pobres trabalhassem um pedaço de terreno do dono da fazenda, dando em troca, como pagamento, uma parte de sua colheita. Na prática, era um sistema de escravidão de débito, que se aliava à segregação e à força bruta para manter a população negra pobre e impotente. Olhando em retrospectiva para seus 20 anos de meeira, Fannie Lou disse: "Às vezes eu tava trabalhando no campo e ficava tão cansada, e dizia, pro povo que colhia algodão junto com a gente, 'é duro trabalhar e não receber nada, tem de ter um jeito de a gente mudar isso'".

O caminho se abriu para Fannie Lou quando compareceu a um comício a favor dos direitos civis em 1962 e ouviu um pregador insistir com os negros para que eles se registrassem para votar. Aos 45 anos de idade, Fannie Lou atendeu ao chamado, embora isso significasse superar inúmeras ameaças e obstáculos, e resultasse na expulsão de sua família de seu lar na fazenda. Fannie Lou viu isso como um sinal de que ela deveria se comprometer a trabalhar em tempo integral no movimento pela liberdade, como secretária de campo para o Comitê de Coordenação Estudantil Não-violento, e logo chegando a uma posição de liderança.

Para uma pessoa negra em 1963, desafiar o sistema de segregação no Mississippi significava literalmente enfrentar a morte. Assim como outros ativistas do movimento, Fannie Lou enfrentou esse desafio diariamente. No verão de 1963, ela era membro do grupo que foi preso em Charleston, Carolina do Sul, depois que entrou ilegalmente na área de um terminal de ônibus reservada aos brancos. Quando estava na prisão, ela foi brutalmente espancada, saindo da cadeia com um rim prejudicado e a visão enfraquecida para o resto da vida.

Em 1964, Fannie Lou liderou uma "Delegação pela Liberdade" do Mississippi até a Convenção Nacional do Partido Democrata em Atlantic City. Lá, tentou sem sucesso desafiar as credenciais da delegação oficial branca. O presidente Lyndon Johnson não iria tolerar essa situação embaraçosa para os chefes do partido no Sul, e a "Delegação pela Liberdade" foi expulsa. Mas Fannie Lou tocou a consciência da nação com seu relato eloqüente sobre a opressão dos negros no Sul segregacionista e sua luta pacífica para afirmar sua dignidade e seus direitos.

Anos depois, as preocupações de Fannie Lou foram além dos direitos civis para incluir uma das primeiras manifestações contra a Guerra do Vietnã e esforços para organizar uma coalizão entre todos os pobres e trabalhadores dos Estados Unidos – a Campanha das Pessoas Pobres que Martin Luther King deixou incompleta. Em todos esses empreendimentos, Fannie Lou foi sustentada por sua profunda fé bíblica no Deus dos oprimidos. "Precisamos perceber", ela observou uma vez,

> como é grave o problema nos Estados Unidos atualmente, e acho que o capítulo 6 da Epístola aos Efésios, versículos 11 e 12, nos ajuda a entender... contra o que lutamos. Ele diz: "Revesti-vos da armadura de

Deus para estardes em condições de enfrentar as manobras do diabo. Pois não é o homem que afrontamos, mas as Autoridades, os Poderes, os Dominadores deste mundo de trevas, os espíritos do mal que estão nos céus". É isso que eu tenho em mente quando penso em meu próprio trabalho na luta pela liberdade.

Na luta pacífica pela liberdade na década de 1960, pessoas comuns – homens, mulheres e crianças – tornaram-se santos e profetas. Inspirados por uma visão de justiça e de liberdade, sustentados pela fé, eles encontraram forças para confrontar seus medos e enfrentar cachorros, mangueiras, cassetetes e bombas. Nas fileiras desse extraordinário movimento, Fannie Lou era uma rocha que fez tanto quanto qualquer outra pessoa de sua época para cumprir a promessa dos Evangelhos e os ideais dos Estados Unidos. Ela disse:

Ser cristão significa se preocupar com seu próximo, não construindo uma igreja de um milhão de dólares, enquanto o povo morre de fome na esquina. Cristo era uma pessoa revolucionária, lá onde as coisas aconteciam. É isso que significa ser Deus, e é aí que consigo minha força.

Fannie Lou faleceu de câncer de mama em 14 de março de 1977.

Ver: Danny Collum et al., "Fannie Lou Hamer, Profetisa da Liberdade", *Sojourners* (dezembro de 1982).

Catherine de Hueck Doherty

Fundadora da Madonna House (1896-1985)

"A fome de Deus só pode ser satisfeita por um amor que é face a face, de pessoa para pessoa. É apenas nos olhos do outro que podemos encontrar o Ícone de Cristo. Podemos fazer com que a outra pessoa se conscientize de que nós a amamos. Se o fizermos, ela saberá que Deus a ama. Ela nunca mais sentirá fome."

Catherine Kolyschkine, como foi batizada, nasceu na Rússia, na festa da Assunção em 1896. Seu pai, um próspero diplomata e industrial, era descendente de poloneses e católico, e Catherine foi criada na

Igreja Católica. Aos 15 anos, se casou com o Barão Boris de Hueck, o que fez dela uma baronesa. Ela sequer havia entrado na aristocracia quando a Rússia mergulhou na Primeira Guerra Mundial. O barão servia como oficial na frente de batalha e Catherine trabalhava como enfermeira. Eles viram quando o faminto e desmoralizado exército russo começou a recuar, pressagiando o colapso do império czarista na Revolução de Outubro de 1917.

Embora Catherine e Boris estivessem juntos, sua situação de membros da aristocracia era perigosa. Desprovidos de ração e alimentos, quase morreram de fome antes de arriscar uma fuga perigosa através da fronteira com a Finlândia. Em 1920, haviam chegado com o filho recém-nascido ao Canadá. Ainda em uma situação financeira desesperadora, Catherine viajou para Nova York procurando trabalho. Ela teve uma variedade de serviços mal remunerados até que, por fim, quando trabalhava como vendedora em uma loja de departamentos, foi abordada por uma mulher que lhe perguntou se era verdade que ela era uma baronesa russa, e se estaria interessada em fazer palestras a respeito de suas experiências. Catherine aceitou imediatamente, e logo estava envolvida em um circuito de palestras, ganhando 300 dólares por semana descrevendo sua angustiante fuga do comunismo. Nessa época, seu casamento desmoronou. Na verdade, parecia que ela havia deixado as lembranças da miséria e da fome para trás. Conseguiu um apartamento de luxo, um carro elegante e uma casa de campo em Graymoor – tudo que o comunismo lhe havia tirado. E, no entanto, sua consciência estava perturbada por uma dúvida que a importunava, um sentimento de que aquela era uma vida materialista e o fracasso dos valores cristãos que haviam alimentado a revolução comunista.

No auge do sucesso, sentiu o apelo do verso *gospel* "Vá, venda o que você tem e dê aos pobres. E depois venha me seguir". Então, em 1930, abriu mão de seus bens materiais e se mudou para um apartamento nos cortiços de Toronto, comprometida a viver "o Evangelho sem compromisso". Com o apoio do arcebispo, conseguiu fundar a Casa da Amizade, um centro para os trabalhos de caridade, onde os famintos eram alimentados e os desabrigados eram bem-vindos. O programa de ação de Catherine era simples e não-sistemático. Era apenas uma questão de viver entre os pobres com a porta e o coração abertos. Nao havia necessidade de procurar as pessoas necessitadas. Elas vinham até ela.

Foi encorajada, naquela época, por Dorothy Day, cujo movimento *Catholic Worker* estava funcionando com princípios similares em Nova York, no Bowery. Em 1937, Catherine se mudou para Nova York, para estabelecer a Casa da Amizade no Harlem. Ela havia sentido que o pecado do preconceito racial e a conseqüente segregação de brancos e de negros eram o maior empecilho para o Evangelho. A Casa da Amizade era um sinal de justiça inter-racial e de reconciliação.

Entre os que se comoveram com seu exemplo estava o jovem Thomas Merton, que ouviu Catherine falar em 1938 e se uniu a ela durante algum tempo no Harlem. Anos mais tarde, ele descreveu a sua mensagem:

> Os católicos estão preocupados com o comunismo: e têm o direito de estar... Mas poucos católicos param para pensar que o comunismo faria pouco progresso no mundo, ou nenhum, se eles realmente cumprissem suas obrigações e realmente fizessem as coisas que Cristo lhes ensinou vindo à Terra: ou seja, se eles realmente amassem uns aos outros, e vissem Cristo no seu próximo, e vivessem como santos, e fizessem algo para obter justiça para os pobres.

Catherine era uma mulher grande, porte autoritário, presença dominante e forte sotaque russo pareciam apropriados ao título de baronesa. Essa era a forma como a maioria das pessoas se dirigia a ela. Mas, para os amigos, era simplesmente "B". Era famosa por seu senso de humor franco e sua ira justificada. Quando uma mulher da sociedade lhe disse com desdém: "Você tem cheiro de negro", Catherine lhe respondeu: "E você fede a inferno!"

Contudo, seu estilo imperioso de liderança ocasionou tensões. Em 1946, Catherine se demitiu da Casa da Amizade. Nessa época, havia se casado com um famoso jornalista, Eddie Doherty. Juntos, se mudaram para Ontário, Canadá, e se estabeleceram em uma propriedade nas florestas de Combermere. Catherine fundou uma nova comunidade chamada Casa Madonna, que se tornou um local de orações e de retiro. Na Casa Madonna ela retornou completamente para a atmosfera de espiritualidade russa que havia conhecido em sua juventude. De lá, surgiu seu livro, que se tornou um best-seller, *Poustinia*. "Poustinia", a palavra em russo para deserto, é um lugar de silêncio e de recolhimento das compulsões do mundo, um lugar para ouvir a Deus. Poderia ser uma cabana na floresta, um cantinho especial em nosso apartamento, ou mesmo um lugar dentro de nossos corações, para o qual, de tempos em tempos, podemos nos retirar. Por meio da Casa Madonna, e as comunidades que ela inspirou em volta do mundo, Catherine promoveu os dois princípios segundo os quais vivia – um compromisso com o apostolado social no mundo e a necessidade de embasar este comprometimento em uma vida de orações e o espírito de Cristo.

Catherine faleceu em 14 de dezembro de 1985.

Ver: Catherine de Hueck Doherty, *Poustinia* (Notre Dame, Ind.: Ave Maria Press, 1975); *Fragmentos de Minha Vida* (Notre Dame, Ind.: Ave Maria Press, 1979).

ABENÇOADOS OS QUE SÃO MISERICORDIOSOS

Uma abadessa santa – uma freira viúva – uma mulher que reformou uma prisão – uma enfermeira – uma mulher que libertou escravos – uma mártir ortodoxa – uma amiga dos catadores de lixo – um testemunho de compaixão divina – uma gentia honrada – uma missionária da caridade

Segundo a tradição, os trabalhos de caridade incluem alimentar os pobres, vestir os desnudos e abrigar os desabrigados. Muitos santos, em particular as mulheres, definiram sua missão nos termos desse serviço, quer fosse trabalhando pelos pobres, cuidando dos doentes ou confortando os moribundos. Porém, a qualidade da verdadeira misericórdia é determinada menos pelo gesto físico do que pelo amor que a inspira. Os pobres sabem a diferença. A misericórdia nada pede em troca – nem a gratidão, nem a liberdade, nem o amor-próprio daqueles que a recebem. Ela é inspirada apenas pelo reconhecimento da humanidade compartilhada – a habilidade de ver na face de um estranho um amigo; seu próximo, outra pessoa, outro Cristo.

Para qualquer um que tenha precisado de auxílio ou de compaixão, não há sacramento mais milagroso do amor de Deus do que um ato de bondade feito com sinceridade, gratuitamente, sem esperar algo em troca. Aos que distribuem estes dons, a mais apropriada das recompensas é prometida: "Eles alcançarão misericórdia".

SANTA BRÍGIDA DA IRLANDA

Abadessa de Kildare (c. 450-525)

"Eu gostaria de ter um grande lago de cerveja para o Rei dos reis; eu gostaria que o povo do céu estivesse bebendo dele por toda a eternidade."

Brígida viveu em uma época em que a religião tradicional irlandesa estava cedendo lugar à instituição formal do cristianismo. As vidas e as lendas a respeito da sagrada Brígida refletem esse conturbado período de transição. Já foi mencionado que, em tempos antigos, Brígida era, na verdade, o nome da deusa celta do Sol. Esta informação deu lugar para a sugestão de que em Santa Brígida, freira e abadessa do século V, é encontrado o repositório das lembranças e tradições religiosas primevas. De qualquer modo, parece que com o culto a Santa Brígida (chamada de "A Maria dos Gaélicos") o povo irlandês manteve uma imagem da face maternal de Deus com a qual complementavam a mais patriarcal religião de São Patrício e de missionários posteriores.

Por tudo o que pode ser percebido em meio das névoas da lenda, acredita-se que Brígida nasceu escrava e depois foi convertida ao cristianismo por São Patrício, em algum momento de sua infância. A liberdade lhe foi concedida quando se tornou evidente que era impossível arrefecer o seu entusiasmo em dar esmolas; parece que ela teria, de outro modo, empobrecido seu patrão por meio desta liberalidade não-autorizada.

Os temas da generosidade e da compaixão são a característica de inúmeros milagres. O único desejo de Brígida era "satisfazer os pobres, remover qualquer dificuldade, poupar toda alma sofredora". (Que almas sofredoras tenham permanecido na Irlanda é difícil de acreditar, devido à extensão dos milagres a ela atribuídos.) Muitas de suas maravilhas têm uma característica particularmente maternal, refletindo sua propensão para alimentar e para socorrer. Desse modo, ela forneceu cerveja de seu único barril para 18 igrejas, quantia suficiente para durar da Quinta-feira de Lava-pés até o fim do período pascal. Certa vez, quando uma mulher que sofria do mal de Hansen lhe pediu leite, não tendo nada em mãos, Brígida lhe deu água gelada, mas a água se transformou em leite, e quando a mulher o bebeu ficou curada.

Brígida tornou-se freira e abadessa de Kildare, que era um mosteiro duplo, reunindo homens e mulheres. Devido à fama de professora espiritual de Brígida, a Abadia de Kildare tornou-se centro de peregrinação. Tão grande era a sua autoridade, parece que ela até mesmo induziu um bispo a unir-se à sua comunidade e a compartilhar com ela a liderança. De acordo com a lenda – a que a Igreja, por razões óbvias, tem resistido com firmeza –, o bispo chegou a ordenar Brígida como bispo companheiro.

Alguns cronistas citam esse fato de modo casual (ele é, afinal de contas, pouco menos incrível que muitos dos relatos a respeito da carreira de Brígida). Outros relatam a história tentando, de algum modo, mitigar o escândalo. Foi sugerido, por exemplo, que o bispo estava tão "intoxicado com a graça de Deus", que não sabia o que estava fazendo. Quaisquer que sejam os fatos históricos, a persistência desta história revela muita coisa a respeito da posição de Brígida na consciência da Irlanda e talvez sobre o esforço para retificar a exclusão de uma mulher tão extraordinária das fileiras das autoridades apostólicas.

Ver: Hugh de Blacam, *Os Santos da Irlanda* (Milwaukee: Bruce, 1942); Mary Condren, *A Serpente e a Deusa: Mulheres, Religião e Poder na Irlanda Celta* (San Francisco: Harper & Row, 1989).

Santa Mechtild de Hackeborn

Freira e mística (1241-1298)

"Ela ensinou com tanta generosidade, que outra igual jamais foi vista no mosteiro e, nós tememos, nunca será vista de novo."

– Santa Gertrudes

Santa Mechtild foi uma mística de um trio de místicas indescritíveis que viveram no mesmo convento beneditino na Saxônia, no fim do século XIII. Além de Mechtild de Hackeborn, que foi pela primeira vez ao convento de Helfta aos sete anos de idade, havia também a ex-beguina Mechtild de Magdeburgo e a mais jovem Gertrudes Magna. Nenhuma dessas mulheres tinha uma posição de destaque em sua comunidade; porém, exerceram uma autoridade espiritual muito além do convento como resultado de suas visões e de sua grande reputação de santidade.

Mechtild de Hackeborn e Gertrudes eram amigas. Gertrudes havia sido entregue ao convento com cinco anos, e Mechtild, 15 anos mais velha, havia sido em grande parte responsável pela sua criação. Como freiras e místicas, desenvolveram uma espiritualidade semelhante, enfatizando uma devoção afetuosa à humanidade de Cristo e um forte enfoque na Eucaristia.

No caso de Mechtild, sua primeira visão mística aconteceu um dia, quando recebia a comunhão. Cristo apareceu para ela, segurou suas mãos e deixou Sua marca no seu coração "como um lacre de cera". Além disso, Cristo apresentou Seu coração para ela, sob a forma de uma taça, e disse: "Por meu coração, me louvarás para sempre; vai e oferece a todos os santos o cálice da vida do meu coração, para que eles possam se inebriar de felicidade".

Mechtild tinha uma grande devoção pela humanidade de Cristo, pois essa humanidade era a "porta" pela qual os seres humanos e, na verdade, todas as criaturas se uniam à divindade. Em uma visão extraordinária ela percebeu que "os mais ínfimos detalhes da criação estão refletidos na Santíssima Trindade através da humanidade de Cristo, porque é dessa mesma terra, que os produziu, que Cristo retirou sua humanidade".

Como resultado de suas visões, Mechtild exercia imensa autoridade dentro de sua comunidade, e para além dela. Era considerada profetisa, professora e conselheira, "uma mãe carinhosa para as pessoas infelizes por meio de suas orações contínuas, sua instrução cheia de zelo e seu consolo". Os ensinamentos e as visões de Santa Mechtild foram cuidadosamente anotados por sua filha espiritual e amiga de toda a vida, Santa Gertrudes, em um trabalho intitulado *O Livro da Graça Especial*. Santa Mechtild faleceu em 19 de novembro de 1298.

Ver: Caroline Walker Bynum, *Jesus como Mãe: Estudos sobre a Espiritualidade da Idade Média Alta* (Berkeley: University of California Press, 1982).

SANTA LUÍSA DE MARILLAC

Co-fundadora da Congregação das Filhas de Caridade (1591-1660)

"Amem os pobres, honrem-nos, como vocês fariam com Cristo."

Luísa de Marillac foi criada e educada por seu pai viúvo, um distinto cavalheiro do interior. O seu falecimento, quando ela tinha 15 anos de idade, deixou-a em uma posição social muito difícil, situação que apenas foi aliviada com seu consentimento para se casar com um cavalheiro chamado Antony Le Gras, secretário da corte da rainha da França. Com ele, Luísa teve um filho, Michel. Sem dúvida, era um casamento feliz. Contudo, periodicamente ela era tomada pelo arrependimento, sentindo que havia suprimido a vocação para a vida religiosa. Quando seu marido foi atacado por uma enfermidade debilitante, Luísa cuidou dele com grande devoção. Mesmo antes de sua morte, entretanto, ela havia jurado secretamente que não se casaria de novo e que iria dedicar-se ao serviço de Deus.

Após o falecimento de Le Gras, Luísa retirou-se da vida pública, aguardando algum sinal de sua vocação. Ele chegou em 1623, quando foi apresentada ao padre Vicente de Paula, que consentiu em se tornar seu diretor espiritual, e com quem iria formar uma das grandes parcerias na história da vida religiosa.

O Senhor Vicente, como era geralmente conhecido, havia organizado um incrível leque de projetos de caridade. Eles incluíam um círculo de damas aristocráticas, que se juntaram para trabalhar nos cortiços parisienses entre os doentes e os pobres. Luísa logo se comprometeu com esse trabalho. Mas, com o tempo, tornou-se evidente que as necessidades dos pobres pediam um serviço mais eficiente que aquele fornecido pelas voluntárias bem-intencionadas, mas que não trabalhavam em período integral. Vicente e Luísa esboçaram a idéia de uma comunidade de mulheres completamente comprometidas com o serviço amoroso aos pobres. Assim nasceu a Congregação das Filhas de Caridade.

Desde o começo, Vicente não imaginou a comunidade como uma congregação religiosa: "Seu convento", escreveu, "será a casa do doente; sua cela, um quarto alugado; sua capela, a igreja da paróquia; seu claustro, as ruas da cidade ou as alas do hospital; sua clausura, obediência; suas grades, o temor a Deus; seu véu, modéstia sagrada". Contudo, as Filhas de Caridade foram depois reconhecidas por Roma como uma congregação religiosa, com membros que, anualmente, renovavam seus votos de pobreza, castidade e obediência. O reconhecimento de uma congregação de mulheres vivendo fora dos muros de um convento, comprometidas com o trabalho apostólico no mundo, foi uma realização nova e admirável. Embora os hábitos cinzentos e as toucas brancas com o passar dos anos se tornassem um emblema característico das Irmãs de Caridade, naquela época sua roupa não podia ser distinguida dos trajes da mulher camponesa. Em sua formação espiritual, as Irmãs eram constantemente lembradas de que os pobres eram seus patrões. Neles, encontrariam a face de Cristo. E, desse modo, nunca deveriam hesitar em abandonar outras obrigações religiosas caso fossem convocadas para ajudar os necessitados. Elas deveriam perceber que, ao deixar as orações de lado, ou mesmo a Missa, para ir ao encontro dos pobres, estariam indo, por assim dizer, "de Deus para Deus".

O número e os trabalhos das Filhas rapidamente se expandiram. Logo suas comunidades haviam se espalhado pelo território francês e outras partes da Europa. Com membros saídos especialmente da classe dos camponeses, elas podiam ser encontradas administrando hospitais, orfanatos e escolas para os pobres, bem como atendendo prisioneiros e escravos nas galés e visitando os pobres em seus casebres miseráveis. Luísa cuidou das vítimas da peste durante uma epidemia em Paris.

Luísa de Marillac foi, sem dúvida, uma líder valente e inspirada, cuja volumosa correspondência com seu bem-amado amigo e mentor revela ao mesmo tempo o seu refinamento e sua profunda sabedoria espiritual. Uma fonte de ansiedade era seu filho, Michel, que não era muito inteligente, e a quem, ingenuamente, ela atribuía a vocação de ser padre. Vicente gentilmente persuadiu-a de que o menino não sentia esta vocação. Michel se casou e foi ser um funcionário público. Anos mais tarde, Luísa ficou feliz por recebê-lo, junto com sua esposa e filho, em seu leito de morte. Ela não podia contar, entretanto, com a presença consoladora de seu amigo, Senhor Vicente, cuja idade e enfermidade impediam-no de ficar ao seu lado. Ele mandou um recado dizendo-lhe que em breve estariam juntos no céu.

Perto do fim de sua vida, Luísa se preocupou com o futuro de sua congregação. Ela temia, em especial, que as Irmãs pudessem perder o contato com o espírito radical de serviço no mundo e se tornassem "institucionalizadas", como tantas outras comunidades religiosas. Vicente compartilhava desse medo. Embora o objetivo da maioria dos religiosos fosse aperfeiçoar a si mesmos, ele pensava que "essas Filhas são usadas... para a salvação e o conforto do próximo". Freqüentemente, Luísa aconselhava suas Irmãs para que elas fossem "diligentes no servir aos pobres... amem os pobres, honrem-nos, minhas filhas, como vocês fariam com o próprio Cristo".

Ela faleceu em 15 de março de 1660. Vicente de Paula a seguiu seis meses mais tarde. Luísa foi canonizada em 1934 e, nessa época, as Irmãs de Caridade já eram mais de 50 mil em todo o mundo.

Ver: J. Calvet, *Luísa de Marillac: Um Retrato* (Nova York: P.J. Kenedy & Sons, 1959); Joseph I. Dirvin, C.M. *Luísa de Marillac* (Nova York: Farrar, Straus & Giroux, 1970).

SANTA JOANA DELANOUE

Fundadora da Congregação das Irmãs de Santa Ana da Providência de Saumur (1666-1736)

"Todas as vezes que o fizestes
a um destes mais pequenos, que são meus irmãos..."

– Mateus 25, 40

Durante o tempo em que era dona de uma loja em Saumur, França, Joana Delanoue era uma notória avarenta. Ela acumulava cada centavo que ganhava, expulsava raivosamente os pedintes de sua porta e causava escândalo ao manter a loja aberta aos domingos e dias santos. Contudo, nessa vida tão egocêntrica a influência da graça efetuou uma conversão extraordinária.

Tudo começou quando Joana deu abrigo a uma mulher idosa e estranha, uma viúva que se chamava Frances Souchet, que passava a vida viajando pelo interior do país, visitando santuários sagrados. Sua aparência maltrapilha e seu hábito de ficar resmungando consigo mesma fizeram muitas pessoas acreditar que ela era um pouco desequilibrada. Frances Souchet disse a Joana que ela havia sido mandada por Deus. No entanto, ela pagou pelo quarto, e essa era razão suficiente para Joana tolerar a sua companhia.

Conforme o tempo passava, a presença dessa mulher idosa exerceu uma estranha influência em sua senhoria. Joana não sentia mais o mesmo prazer em contar o dinheiro que ganhava. Deixou de abrir a loja aos domingos e começou a acompanhar sua locatária à missa semanal. Enquanto isso, a senhora Souchet continuava com suas estranhas declarações: "*Ele* diz que..." "*Ele* diz isso..." Lentamente, Joana percebeu que aquela mulher era uma mensageira de Deus, enviada para lhe dar um aviso e lhe fazer um desafio: "Eu tive fome e não me destes de comer; tive sede e não me destes de beber; eu era estrangeiro e não me acolhestes..." Imediatamente, decidiu mudar sua vida.

Começou recolhendo uma família de desabrigados com seis filhos. Outros, pouco a pouco, foram encontrando o caminho para sua porta. Sua casa se tornou conhecida como Casa da Providência. A senhora Souchet permaneceu lá, como uma hóspede bem-vinda, continuando a dar-lhe aconselhamento espiritual. Quando Joana se preocupava como poderia sustentar as pessoas sofredoras que recolhera, a velha lhe assegurava: "O rei da França não vai dar para você a bolsa dele; mas o Rei dos reis sempre manterá a Dele aberta para você".

Por fim, recebeu algo mais precioso do que ouro: ajudantes com boa vontade. Ela viu nisso um sinal de que deveria fundar uma congregação religiosa, voltada ao serviço dos pobres e dos doentes. E, assim, na festa de Santa Ana, em 26 de julho de 1704, ela e suas companheiras fizeram os votos religiosos e assumiram o nome de Irmãs de Santa Ana. Joana acabou sendo conhecida como Irmã Joana da Cruz. Em um período de dez anos, sua comunidade havia crescido e adquirira diversos prédios adjacentes com espaço suficiente para cerca de cem órfãos, bem como para os doentes e os idosos. Joana tinha a reputação de santidade. Apenas seus confessores conheciam a extensão de sua austeridade pessoal, sem mencionar a dor física e os tormentos espirituais que a visitavam regularmente nos últimos anos de sua vida. Na época em que faleceu, em 17 de agosto de 1736, era a pessoa mais amada em Saumur. Foi canonizada em 1982.

SANTA ELIZABETH ANN SETON

Fundadora da Congregação das Filhas de Caridade de São José (1774-1821)

"Deus está conosco – e, se os sofrimentos são abundantes em nós, o consolo Dele também é abundante, e vai além de qualquer coisa que se possa dizer."

Para muitas gerações de imigrantes católicos pobres, o sistema escolar paroquial, cujos integrantes eram em sua maioria freiras dedicadas, era o porto de entrada para a educação e a adaptação na vida dos Estados Unidos. Essa característica tão importante do catolicismo norte-americano foi criação de muitas pessoas. Mas, em grande parte, teve início na fundação estabelecida por uma mulher, Elizabeth Ann Seton, uma católica convertida e o primeiro santo canonizado nascido nos Estados Unidos.

Elizabeth Ann Bayley nasceu dois anos antes da Revolução Norte-americana, em uma família próspera de bispos muito devotos na cidade de Nova York. Aos 20 anos, ela se casou com um bem-sucedido mercador da Marinha, que se chamava William Magee Seton. Juntos, tiveram cinco filhos. Porém, o seu destino sofreu um trágico revés, primeiro quando os negócios do marido faliram e, depois, quando ele contraiu tuberculose. Em uma tentativa desesperada de suavizar o estado de saúde dele, em um clima mais ensolarado, Elizabeth, William e a filha mais velha embarcaram para a Itália. Foi uma viagem difícil. Ao chegarem, o navio em que estavam foi posto em quarentena por um mês. A saúde de William rapidamente se deteriorou até ele, finalmente, falecer.

Aceitando a hospitalidade de amigos italianos, Elizabeth decidiu permanecer na Itália por alguns meses. Ela ficou tão comovida com a fé de seus anfitriões, e foi por ela tão consolada, que se sentiu atraída pela Igreja Católica. Na época em que voltou para Nova York, estava determinada a se tornar católica. Essa foi uma decisão radical. Tão intenso era o sentimento anticatólico na sua família e no seu círculo social, que foi efetivamente abandonada. Ao ser formalmente recebida na Igreja em 1805, foi deixada sem dinheiro para tomar conta dos cinco filhos.

Uma saída foi encontrada quando um padre de Baltimore a convidou para mudar-se para lá e fundar uma escola em sua paróquia. Em Maryland, o único estado norte-americano fundado por católicos, Elizabeth encontrou um lar. Em pouco tempo atraiu outras mulheres para ajudá-la em sua escola. Assim, tiveram a idéia de começar uma congregação religiosa dedicada aos cuidados e à educação das crianças. Em 1809, com o apoio do bispo John Carroll (o primeiro bispo católico nos Estados Unidos), as mulheres fizeram seus votos religiosos e formaram a congregação das Filhas de Caridade de São José. Elizabeth Seton – agora Madre Seton – tornou-se a primeira superiora.

Por ser a primeira congregação religiosa fundada nos Estados Unidos, Madre Seton e suas Irmãs tiveram de encontrar seu caminho em um território desconhecido. Embora tomassem como exemplo as Filhas de Caridade de São Vicente de Paula e de Santa Luísa de Marillac, tinham poucos precedentes de exemplos para guiá-las. Com certeza, Madre Seton, convertida apenas quatro anos antes e ainda tendo de cuidar de sua família, não havia trazido uma experiência prévia de vida religiosa. Durante alguns anos, até encontrar seu equilíbrio, sofreu sob a rígida direção espiritual de padres que tentavam controlar e modelar a direção de sua ordem.

A sua maior provação aconteceu em 1812, após a morte de sua filha de 16 anos, Anna. Durante seis meses ela ficou devastada por uma dor que chegava perto do desespero. Como escreveu mais tarde, "depois que Anna foi levada, eu tantas vezes pensei que ia perder meu juízo, e minha cabeça estava tão desorientada que, se não fosse pelas tarefas diárias sempre me aguardando, não sabia quanto fazia ou o que deixava por fazer". Mas, finalmente, superou a crise, ajudada em parte por um bom padre que a convenceu de que a dela era uma "comissão celestial"; como mãe de suas Filhas de Caridade, ela iria fazer tanto bem, por "Deus e pelas almas nesta tão curta vida".

Nos anos seguintes, o bom-senso prático de Elizabeth, a fé permanente e os profundos instintos maternais guiaram com segurança o crescimento e a espiritualidade de sua comunidade. Antes que muito tempo se passasse, escolas e orfanatos dirigidos por ela foram abertos em diversas cidades. Na época de sua morte, em 4 de janeiro de 1821, havia 20 casas semelhantes por todo o país – parte da grande infra-estrutura de caridade e de serviço que iriam, em pouco tempo, receber a grande onda de imigrantes católicos.

Madre Seton faleceu aos 47 anos de idade. Antes de partir, escreveu: "Estou doente, mas não morrendo; cheia de problemas, mas não perturbada; perplexa, mas não desesperada; aflita, mas não abandonada; triste, mas não destruída; sabendo que as dores desta vida não são mais que um momento, pois a glória e a vida que virão serão eternas".

Cerca de mil de suas Irmãs estavam presentes em Roma, em 1975, para testemunhar sua canonização.

Ver: *Elizabeth Ann Seton: Escritos Escolhidos*, ed. Kelly e Annabelle Melville (Nova York: Paulist, 1987).

ELIZABETH FRY

Reformista quacre (1780-1845)

"Minha mente está em um estado de fermentação. Acredito que vou ser religiosa ou algo parecido."

Elizabeth Fry foi criada em uma próspera família quacre, os Gurney, de Norwich, Inglaterra. Sua família representava o lado mais "brando" do espectro quacre; portanto, as crianças podiam dançar e cantar e usar roupas de cores vivas nos Encontros. Porém, quanto mais Elizabeth crescia, mais se sentia atraída pelos hábitos devotos mais austeros dos "quacres modestos". Quando estava com 17 anos, um encontro com um abolicionista quacre dos Estados Unidos estimulou o seu desejo de seguir um caminho de serviço dedicado a Deus. Anos depois, escreveu: "Desejo que o estado de entusiasmo em que me encontro possa durar, pois hoje *senti* que há um *Deus. Tenho sido devota*, e minha mente foi afastada das tolices nas quais ela está mais envolvida".

Em dois anos, estava casada com Joseph Fry, e sua vida foi em conseqüência absorvida pelas responsabilidades de uma família que sempre crescia. Ela teve onze filhos em um período de 21 anos. Essa vida não foi destituída de recompensas. No entanto, depois de 12 anos de casamento, sentiu que estava se afastando de sua verdadeira vocação. Em seu diário escreveu: "Temo que minha vida esteja sendo desperdiçada sem um grande propósito".

Logo em seguida, aceitou o convite de outro quacre para visitar a infame prisão de Newgate. Lá, presenciou condições que a encheram de vergonha e de indignação. Mulheres e seus filhos pequenos estavam amontoados em celas fétidas, "julgadas ou ainda sem julgamento, por crimes menores e ofensas sérias", juntas, "vestindo farrapos e na sujeira... dormindo sem roupas de cama e diretamente no chão". Em uma cela, viu duas mulheres tirarem as roupas de um bebê morto para colocá-las em outra criança.

Esse foi o começo de uma causa, pública e privada, que Elizabeth seguiu pelo resto de sua vida. Ela começou retornando à prisão com roupas limpas e feno para que as mulheres fizessem suas camas. Embora os carcereiros tentassem impedir seus esforços, alegando que as mulheres eram selvagens incorrigíveis, Elizabeth estava determinada a tratá-las de um modo que fosse condizente com sua condição de seres humanos. Quando Elizabeth lhes perguntou se gostariam que ela instruísse seus filhos, as presas aceitaram com avidez, com muitas das mulheres analfabetas pedindo para se beneficiar de suas lições.

Com o apoio de um comitê de outras mulheres quacres, Elizabeth Fry lançou uma campanha para uma reforma geral da prisão. Essa iniciativa teve muitos resultados, incluindo provisões para instalações mais amplas, uma comida melhor, ar fresco e fornecimento de material de costura que desse uma ocupação para as mulheres e um modo de ganharem dinheiro. Ao longo dos anos, Elizabeth foi incansável em seu esforço, que acabou se expandindo por toda a Inglaterra e pela Escócia. Havia quem a criticasse, tendo por base o fato de que sua devoção à causa acarretava a negligência de sua própria família. Ela se recriminava às vezes. Como escreveu em seu diário, em 1817:

> Minha mente muito ocupada por uma infinidade de interesses e de deveres – marido, filhos, o lar, prestação de contas, Encontros, a igreja, parentes próximos, amigos e Newgate – a maioria dessas coisas exige muito de mim. Espero não estar me sobrecarregando, mas é mais ou menos como estar no meio do furacão e na tempestade.

Seus esforços também acarretaram oposição pública daqueles que sentiam que humanizar as prisões era acabar com seu valor corretivo, e assim "remover o temor do castigo nas classes criminais". Mas Elizabeth era motivada pela convicção de que os prisioneiros, apesar de seus crimes, eram seres humanos que traziam dentro de si a centelha da imagem divina. Era um sacrilégio tratá-los com nada mais que crueldade corretiva. Elizabeth continuou a viver no meio do furacão e persistiu em sua causa, ininterruptamente, até o fim de sua vida, em 12 de outubro de 1845.

Ver: D. Elton Trueblood, *As Pessoas Chamadas de Quacres* (Nova York: Harper & Row, 1966); George Anderson, "Elizabeth Fry: Reformista Fora de Sua Época", *América* (14 de outubro de 1995).

Beata Ana Maria Javouhey

Fundadora da Congregação das Irmãs de São José de Cluny (1779-1851)

"A Cruz é encontrada onde quer que haja servos de Deus, e eu me rejubilo por ser reconhecida como um deles."

Ana Maria Javouhey – Nanette, como era chamada – era a filha mais velha de um próspero fazendeiro na Borgonha. A primeira manifestação de sua vocação religiosa aconteceu quando ainda era criança, embora a ocasião não pudesse ser mais propícia. O regime revolucionário na França havia declarado ilegais todas as congregações religiosas, parte de um esforço deliberado para extinguir a fé católica. Contudo, Nanette iria oferecer aulas secretas de catecismo para as crianças da vizinhança e dar abrigo aos padres clandestinos que passassem pela vila onde morava. Um desses padres persuadiu seu relutante pai a deixá-la fazer votos religiosos particulares, antecipando o dia em que os conventos poderiam voltar para a França.

Quando esse dia chegou, Nanette entrou em um convento restaurado das Irmãs da Caridade. Mas, na véspera de fazer seus votos finais, desistiu, influenciada por um sonho misterioso, ou visão – a própria Ana não podia dizer qual dos dois. Ela havia acordado uma noite para ver que sua cela estava iluminada por uma estranha luz. Estava rodeada por crianças de diferentes raças (tão limitada era sua exposição ao mundo, nessa época, que não sabia que as pessoas tinham pele de cores diferentes). Uma voz lhe disse: "Estas são as crianças que Deus dá para você. Eu sou Teresa, e vou cuidar de sua congregação".

Assim, junto com outras jovens atraídas por sua missão e energia, ela realmente encontrou uma nova congregação. As Irmãs de São José de Cluny, como eram conhecidas, haviam tirado seu nome de um mosteiro abandonado em Cluny, comprado pelo pai de Ana para servir como sede. A princípio, as Irmãs cuidavam de escolas para os pobres, ao mesmo tempo lutando com a pobreza real em que viviam. Mas o sonho de Nanette se realizou quando foi convidada para estabelecer uma missão na Ilha de Bourbon, uma colônia francesa na costa do Madagascar. Antes que muito tempo se passasse, foi para outras missões em outras colônias pobres, incluindo Guadalupe, Senegal e Martinica. A dedicação das Irmãs e sua boa vontade para trabalhar nas circunstâncias mais difíceis ganharam respeito generalizado. O rei Luís Felipe, pensando, sem dúvida, fazer-lhe um grande cumprimento, observou: "Madame Javouhey é um grande homem!"

Em 1828, Madre Javouhey foi convidada a estabelecer uma missão no distrito de Mana, na Guiana Francesa. Essa região desolada, com seu clima notoriamente cruel, era conhecida sobretudo pela colônia penal na Ilha do Diabo. O governo francês, ansioso para encorajar a colonização e o desenvolvimento, pensou que a presença de freiras exerceria uma influência civilizadora. Essas esperanças foram bem fundadas. Tão bem-sucedidos foram os esforços de Madre Javouhey, que foi convidada a levar adiante um projeto mais ambicioso.

A França estava no processo de emancipação de escravos em suas colônias. Na Guiana, entretanto, o governo julgou que seria prudente estabelecer algum tipo de programa de transição com o objetivo de preparar os escravos para sua emancipação.

Madre Javouhey organizou uma comunidade de 600 ex-escravos. O agrupamento prosperou – tanto, que provocou os ciúmes amargos de fazendeiros brancos da vizinhança, que mandaram relatos maledicentes para a França. Essas críticas encontravam um aliado no bispo local, que também se ressentia da independência de Madre Javouhey e que parecia estar excepcionalmente pronto para acreditar no pior a respeito dela. Sua raiva atingiu o ponto de ele formalmente excomungá-la. As Irmãs souberam disso apenas quando o padre, durante a missa, passou reto pela boca aberta da superiora, recusando-se a lhe dar a comunhão. Desse modo, por dois tristes anos ela foi privada do sacramento.

Essa não foi a primeira provação com hierarcas mesquinhos, nem seria a última. Durante quase 15 anos, seu bispo em Autun, França, liderou uma campanha sistemática, tentando de todos os modos, legais ou não, conseguir o controle pessoal da sua congregação. Ele acreditava que, por direito, deveria ser o superior-geral da congregação. Então, exigia ter o poder de reescrever a constituição das Irmãs, colocando-se no controle de suas finanças, tomando todas as decisões a respeito do trabalho missionário e proibindo Madre Javouhey de deixar a diocese sem sua permissão. Quando ela resistiu em aceitar estas proibições, que não tinham base legal, ele ameaçou dissolver a congregação. Ouviram do capelão que ele havia designado para a congregação instruir as noviças de que a obediência a Madre Javouhey poderia colocar em perigo suas almas imortais.

Por fim, a libertação desses tormentos veio por intermédio de um novo e simpático arcebispo de Paris, cuja autoridade diminuiu os poderes do bispo de Autun. Ele convidou a congregação para se mudar para Paris e ofereceu seu total apoio para sua missão e independência.

No fim de sua vida, Madre Javouhey era considerada não apenas uma sagrada serva de Deus, mas também uma heroína nacional. Perto de partir, recebeu a notícia de que o bispo de Héricourt, sua antiga nêmesis, havia falecido. "Então ele se foi na minha frente, o bom bispo", refletiu. "Bem, isso está certo; é assim que deveria ser. Um bispo sempre tem de entrar primeiro." Mas insistiu para que as Irmãs rezassem pela alma dele. "Devemos pensar em Sua Senhoria como um de nossos benfeitores", disse. "Deus fez uso dele para nos tentar, em uma época em que, como regra, não estávamos ouvindo à nossa volta nada além de elogios. Aquilo foi necessário, pois, já que a congregação estava sendo tão bem-sucedida, poderíamos ter tido uma idéia boa demais a nosso respeito se não tivéssemos tido aquelas dores e contradições."

Madre Javouhey faleceu em 15 de julho de 1851 e foi beatificada em 1950.

Ver: Glen D. Kittler, *A Mulher a Quem Deus Amou* (Garden City, N.Y.: Hanover House, 1959); Kathleen Jones, *Mulheres Santas: Vidas de Fé e de Coragem* (Maryknoll, N.Y.: Orbis Books, 1999).

Beata Jeanne Jugan

Fundadora da Congregação das Irmãzinhas dos Pobres (1792-1879)

"Vá e encontre Jesus quando sua paciência e força se esgotarem e você se sentir sozinha e desamparada. Ele está à sua espera na capela. Diga-Lhe, 'Jesus, vós sabeis exatamente o que está acontecendo. Vós sois tudo que tenho, e tudo sabeis. Vinde em meu auxílio'. E então vá e não se preocupe como você vai fazer para conseguir. Basta que tenha falado com Deus a respeito. Ele tem boa memória."

Jeanne Jugan nasceu em uma família pobre na Bretanha, em 1792. Passou a maior parte de sua vida realizando serviços muito simples. Apesar da pobreza material em que vivia, Jeanne acreditava que Deus lhe havia destinado um propósito maior. Em 1837, junto com uma mulher mais velha e uma adolescente, alugou um apartamento no sótão, na cidadezinha de Saint-Servan. As três formaram uma comunidade informal de orações, conseguindo seu sustento fiando e lavando roupas; em seu tempo livre, dedicavam-se à catequese de crianças e cuidavam dos pobres.

Era uma época de grande tumulto social. Colheitas perdidas significavam fome generalizada. Mesmo as províncias estavam repletas de pedintes sem-teto. Foi nessa atmosfera que Jeanne concebeu sua missão. Em 1839, aos 47 anos, ela largou seus outros empregos e começou a pedir esmolas em prol das mulheres desabrigadas de sua cidade. Trabalhando fora de seu apartamento, organizou um hospício para cuidar dessas mulheres abandonadas. O jovem cura da cidade, Padre Le Pailleur, concordou em ser seu diretor espiritual.

Jeanne mostrou-se particularmente talentosa, organizando e arrecadando fundos, e seus esforços logo foram recompensados com generoso apoio. Depois de alguns anos, havia comprado um novo prédio para abrigar seu trabalho de caridade. Ela foi, inclusive, reconhecida pela Academia Francesa, que lhe concedeu um prêmio considerável. Um grupo de mulheres se reuniu a ela e, em 1843, formaram uma associação religiosa. Junto com os votos de pobreza, castidade e obediência, Jeanne acrescentou um quarto voto, o de hospitalidade. Elas se chamaram Irmãzinhas dos Pobres e elegeram Jeanne como sua superiora.

Nessa altura, entretanto, a história deu uma reviravolta curiosa. Padre Le Pailleur, provavelmente com ciúme do sucesso de Jeanne, e desprezando a sua origem modesta, impôs sua autoridade sobre o grupo e indicou uma das colegas de Jeanne como superiora-geral. Jeanne percebeu que ele havia roubado o trabalho dela, mas mesmo assim concordou sem maiores protestos.

Em 1852, quando a comunidade recebeu a aprovação papal, havia 500 Irmãs na congregação, trabalhando em 36 casas para os pobres idosos. Padre Le Pailleur, nessa época, tinha controle total como superior-geral. Ele havia permitido que Jeanne, por alguns anos, continuasse com seu trabalho bem-sucedido, arrecadando fundos e sendo representante pública da comunidade. Mas, depois, decretou que ela deveria "permanecer em uma vida recolhida dentro dos muros da sede", supervisionando o trabalho manual das postulantes. Ela passou os últimos 27 anos de sua vida desse modo obscuro.

Padre Lee Pailleur, enquanto isso, elevou-se a patamares mais altos de auto-engrandecimento. Ele reescreveu a história da congregação para mostrar que havia sido o verdadeiro fundador, Jeanne tendo servido simplesmente como uma de suas primeiras ajudantes. Jeanne, a essa altura mais conhecida dentro de sua congregação como Irmã Maria da Cruz, era estimada entre as gerações de postulantes por sua sabedoria e seu encorajamento amoroso. Mas nenhuma delas suspeitava que aquela humilde Irmã mais velha era a verdadeira fundadora da sua congregação.

Jeanne chegou a viver para ver o Papa Leão XIII aprovar as constituições para as Irmãzinhas em 1879. Nessa época, elas já perfaziam 2.600 membros. Jeanne faleceu no mesmo ano, em 30 de agosto.

Jeanne Jugan dava pouca importância ao reconhecimento. Só lhe importavam o sucesso de sua missão e o serviço aos pobres. Contudo, a verdadeira história de seu papel como fundadora foi finalmente recuperada. Ela foi beatificada pelo Papa João Paulo II em 1982.

Ver: Boniface Hanley, O.F.M., *Com Suas Próprias Idéias* (Notre Dame, Ind.: Ave Maria Press, 1991).

Florence Nightingale

Enfermeira (1820-1910)

"Nunca rezo por nada material... mas, quando cada manhã chega, eu me ajoelho diante do Sol Nascente e apenas digo: eis a serva do Senhor – dai-me hoje o trabalho que tenho para fazer – não, não meu trabalho, mas o Vosso."

Florence Nightingale nasceu na aristocracia da sociedade inglesa – o tipo de mundo em que os homens não trabalhavam, a não ser que se envolvessem na política, e a ambição de toda jovem sensata era arrumar um excelente casamento. A sua família transitava por suas diversas propriedades, e sempre que isso se tornava monótono iam fazer uma viagem pelo continente. Florence, que era especialmente inteligente, espirituosa e atraente, tinha todas as perspectivas de fazer um casamento brilhante – exceto pelo fato de que esse tipo de vida lhe parecia pior que a morte.

Desde jovem, ela tinha a forte sensação de que Deus a estava chamando para um propósito especial. Quando tinha apenas 16 anos, ela relatou a seguinte experiência: "No dia 7 de fevereiro de 1837, Deus falou comigo e me chamou para Seu serviço". Que forma esse serviço deveria tomar não estava totalmente claro. Desde os seis anos, ela sentia uma inexplicável atração por cuidar dos outros. Com o tempo, esse sentimento assumiu uma forma cada vez mais premente. Mas era impensável para uma mulher da sua classe trabalhar em um hospital. Hospitais eram lugares desprezíveis, sujos; as mulheres que trabalhavam neles eram com freqüência recrutadas entre as classes populares. Quando Florence expressou seu interesse pela enfermagem, seu pai a proibiu terminantemente. "Era como se eu tivesse dito que queria ser uma copeira", disse ela.

Nesse tempo, surgiam ávidos jovens pedindo a mão de Florence em casamento. Um, em particular, ela considerou bastante agradável. Analisando suas opções, pensou que esse casamento iria satisfazer sua natureza intelectual e passional. Mas sua "natureza moral e ativa" permaneceria sem ser realizada. "Eu não poderia satisfazer essa natureza passando a vida com ele, recebendo visitas e arranjando as coisas do lar", ela refletiu. "Ficar presa a uma continuidade e uma exageração de minha vida presente" – a vida que seus pais haviam escolhido para ela – "sem a esperança de uma outra seria intolerável... Nunca poder agarrar a oportunidade de construir para mim mesma uma vida verdadeira e rica seria como um suicídio". Casamento, decidiu, não era para ela.

Ao mesmo tempo, ela não podia tirar da cabeça "o grande desejo de me devotar aos doentes e aos sofredores". Entre as festas e "arranjar as coisas do lar", gastava seu tempo livre estudando relatórios do governo a respeito de administração hospitalar e todos os livros que podia encontrar sobre medicina e doenças. Depois de viver alguns anos desse modo, havia adquirido um conhecimento impressionante e um conjunto de convicções apaixonadas sobre as reformas necessárias para a prática de cuidados da saúde. Desafiando os desejos da família, passou três meses em um treinamento para enfermeiras em um hospital alemão. Em seguida, conseguiu, através de suas conexões, receber uma indicação para ser diretora de um pequeno hospital de caridade em Londres, em 1853. Lá, ela teve oportunidade de colocar suas idéias em prática. Elas incluíam a importância dos cuidados em relação à higiene, à nutrição saudável e ventilação adequada – princípios que, na época, eram ignorados até mesmo nos melhores hospitais.

Assim que encontrou esse espaço para testar suas teorias surgiu a ocasião que iria mudar sua vida para sempre: o início da Guerra da Criméia, que uniu a Grã-Bretanha e a França como aliadas dos turcos contra a Rússia imperial. Foi uma guerra particularmente cruel. As primeiras notícias da imprensa ofereciam descrições chocantes do sofrimento dos britânicos feridos, que representavam três quartos das ocorrências. Mais uma vez, por meio de conexões pessoais no Ministério da Guerra, Florence Nightingale recebeu apoio para recrutar um contingente de 38 enfermeiras, tendo-a na liderança, e se juntarem às tropas na Turquia.

Em 1854, ela chegou ao hospital militar em Scutari e o encontrou em condições totalmente deploráveis. As alas do hospital estavam úmidas e imundas, com milhares de camas enchendo os corredores lotados. O hospital havia sido construído sobre um esgoto que vazava, e o mau cheiro impregnava as paredes mofadas. E, como não havia banheiros ou lavanderia, os soldados feridos ficavam deitados em roupas de cama sujas e ensangüentadas. Resumindo, era uma calamidade.

Florence colocou suas enfermeiras para trabalhar, restabelecendo a ordem e a limpeza. Com recursos próprios, abasteceu o hospital com sabão e toalhas, roupas de cama limpas e medicamentos. Seus esforços não foram bem recebidos logo de início. Comandantes militares reclamavam que ela estava "mimando os animais". Mesmo as autoridades médicas – em pouco número – se ressentiam com sua presunção e as críticas que fazia abertamente sobre a incompetência deles. Mas esses homens logo descobriram que era difícil resistir à vontade férrea de Florence Nightingale.

Antes que muito tempo se passasse, ela era responsável não apenas por seu corpo de enfermeiras, mas por todo o serviço médico britânico na guerra. Era difícil argumentar contra os seus resultados. Sob sua administração, a taxa de mortalidade se reduziu a mais da metade.

Ao mesmo tempo, sua bondade e sua dedicação aos soldados feridos tornaram-se material que deu origem a muitas lendas. Todos os dias, trabalhando um expediente 20 horas por dia, ela passava grande parte desse tempo caminhando pelas alas do hospital, cuidando dos feridos e atendendo às suas necessidades. Em suas cartas, os doentes a descreviam como a "Dama da Lâmpada", um anjo que os servia. Como um deles escreveu: "Que conforto era vê-la passar. Nós estávamos lá deitados, às centenas; mas podíamos beijar sua sombra quando ela passava sobre nós e deitar as cabeças nos travesseiros contentes outra vez". Em breve, relatos a respeito de seu trabalho na imprensa britânica transformaram-na em heroína nacional.

Ela não retornou à Inglaterra até que a guerra tivesse acabado e, nessa época, foi laureada com todos os tipos de honra, incluindo uma condecoração oferecida pela Rainha Vitória. Mas, na opinião de Florence, seu trabalho estava apenas começando. Pelos próximos 50 anos, ela podia continuar batalhando sem cessar por reformas na área médica – começando com o exército, mas se expandindo por toda a sociedade civil. Baseada em suas experiências na guerra, Florence escreveu inumeráveis relatos a respeito de cada detalhe da administração hospitalar, apoiando seus argumentos com provas estatísticas. Ela redigiu um manual que se tornou um clássico e criou a primeira escola moderna de enfermagem no mundo. Por esses esforços foi, em grande parte, responsável por estabelecer a respeitabilidade da profissão de enfermeira.

Essas realizações são ainda mais impressionantes considerando sua misteriosa reclusão. Assim que retornou da Criméia, Florence padeceu com sofrimentos que, pelos próximos 50 anos, a confinaram ao leito ou a um sofá. Ela raramente saía de casa. E, no entanto, desse lugar recluso, e auxiliada por um "gabinete" de secretárias e de agentes bem-posicionados, exercia uma enorme e abrangente influência. Se ela tivesse sido homem, poderia ter chegado aos mais altos cargos no país. Mas, como era mulher, teve de ceder a uma forma mais indireta de poder. Embora seu nome evocasse com freqüência a imagem sentimental da "Dama da Lâmpada", não há dúvida de que suas realizações foram produto de uma vontade férrea que não tolerava oposição. Sempre que lhe diziam "Mas nós não podemos", a resposta dela era invariavelmente "Mas nós devemos". Florence viveu até os 90 anos, falecendo em 13 de agosto de 1910.

Ver: Cecil Woodham-Smith, *Florence Nightingale* (Nova York: McGraw Hill, 1951); Lytton Strachey, *Vitorianos Eminentes* (Nova York: Penguin Books, 1948 [1918]).

Harriet Tubman

Abolicionista (1820?-1913)

"Vai, Moisés,
pela terra do Egito
diz pro véio Faraó
deixa meu povo ir embora!"

– *Spiritual* negro

Harriet Tubman nasceu escrava em uma fazenda de Maryland, perto de 1820. A data exata é desconhecida, já que o nascimento de escravos não era anotado. Na infância e adolescência sofreu as típicas crueldades da vida na escravidão, os espancamentos, os insultos e a indignaçao diária. Como outros escravos, tornou-se hábil na arte da resistência passiva – trabalhando devagar, quebrando ferramentas, adotando uma máscara de alegria tola –, enquanto lutava para manter uma convicção íntima de que ela, na realidade, valia mais que um objeto. Mas Harriet não estava contente apenas por sobreviver com sua dignidade íntima intacta. Ela estava convencida de que Deus desejava que ela fosse livre.

É um dos milagres da história cristã que, tendo recebido um falso evangelho de seus patrões escravocratas "cristãos", os escravos africanos ouvissem na história bíblica uma mensagem de vida e de libertação. O catecismo dos patrões enfatizava a virtude da obediência e aconselhava os escravos a se contentar com sua sorte. Mas eles ouviam uma mensagem diferente. O Deus da Bíblia era o Deus que havia guiado Moisés e os escravos judeus para longe da servidão na terra do Egito, que inspirou os profetas, e que havia encarnado em Jesus Cristo. Esse não era o deus dos patrões, mas o Deus dos oprimidos.

Foi com esse Deus que Harriet Tubman desfrutou um relacionamento especial. Desde sua infância, ela era tomada por profundos transes, nos quais ouvia a voz do Senhor. Em uma dessas experiências visionárias, em 1849, viu "uma linha, e do outro lado da linha estavam campos verdes, e lindas flores, e belas senhoras brancas que estendiam seus braços para mim por cima da linha, mas eu não podia alcançá-las. Eu sempre caía antes de chegar na linha". Ao acordar, interpretou essa visão como um sinal para começar sua fuga.

Apesar de sua baixa estatura, Harriet era uma mulher forte. Ela havia recusado o trabalho doméstico ambicionado pela maioria dos escravos, preferindo o desgastante trabalho nos campos. Havia treinado, ao longo dos anos, para se mover silenciosamente, para se sentir em casa no meio da natureza e para descobrir seu caminho no escuro. Todas essas habilidades a apoiaram no momento em que fugiu. Viajando durante a noite, seguindo a estrela Polar, atravessou por pântanos e florestas, dormindo durante o dia no abrigo das cavernas ou ficando escondida no alto de árvores frondosas.

Quando, finalmente, chegou ao estado livre da Pensilvânia, olhou para suas mãos, "para ver se eu era a mesma pessoa. Havia tanta glória em tudo; o sol nasceu dourado por entre as árvores e sobre os campos, e me senti como se estivesse no céu". Mas, na mesma hora, ela foi tomada pela sensação de ter uma missão maior. "Eu havia cruzado a linha. Eu era LIVRE; mas não havia ninguém para me recepcionar na terra da liberdade. Eu era uma estranha em uma terra estranha; e minha casa, afinal, estava lá em Maryland... Mas eu era livre e ELES deveriam ser livres. Eu arranjaria um lar no norte e os traria para cá, com a ajuda de Deus".

E assim, tendo percorrido um caminho repleto de perigos rumo à liberdade, Tubman decidiu voltar para o sul para auxiliar a fuga de outros que ainda viviam na servidão. Nos 12 anos seguintes, retornou por19 vezes à "Terra dos Faraós", resgatando pelo menos 300 escravos, incluindo seus pais. Essas viagens eram repletas de perigo a cada passo. Uma coisa era viajar sozinha, mas outra coisa completamente diferente era levar 20 ou 30 pessoas, incluindo crianças, ao longo de centenas de quilômetros de terreno aberto. Com o tempo, recebeu o auxílio de uma rede bem organizada de casas seguras e de pessoas que a apoiavam, conhecida como *Underground Railroad* ("Linha Subterrânea"). Depois da aprovação da lei a respeito dos escravos foragidos, em 1850, não bastava apenas trazer os escravos para o norte. As suas viagens se estenderam até o Canadá.

Embora caçadores de recompensa armados percorressem o interior do país, Harriet nunca perdeu um único escravo sob sua proteção. Um prêmio fantástico foi oferecido por sua cabeça e cartazes com a palavra "Procurado" circulavam por todos os lugares. Entre os brancos, ela era uma das figuras mais odiadas do sul. No entanto, entre os escravos, era conhecida como "Moisés".

Durante a Guerra Civil, Harriet trabalhou para o exército da União, primeiro como enfermeira, depois como batedor e espiã. Realizou inúmeras viagens por trás das linhas Confederadas. Mais de uma vez, sua esperteza e sua aparência despretensiosa a salvaram de ser presa. Todos pensavam que o "Moisés" dos cartazes fosse uma pessoa – provavelmente até mesmo um homem – de feições notáveis, mas jamais uma mulher velha, esquelética e desdentada.

Depois da guerra, Harriet Tubman se retirou para uma casinha em Auburn, Nova York. Ela estava exausta e não tinha um centavo, porém ainda se dedicava a providenciar abrigo para os pobres e cuidar deles. Ela se sustentava vendendo verduras de sua horta. Em 1869, um admirador branco publicou *Cenas da Vida de Harriet Tubman*, como forma de conseguir um pouco de dinheiro para ela. Mas ela estava acostumada com a pobreza, e assim rapidamente deu seu dinheiro aos que tinham mais necessidade. Quando o livro foi publicado, Frederick Douglass, o grande abolicionista, ele também ex escravo, escreveu para ela:

> Muito do que fiz e sofri a serviço de nossa causa foi em público, e recebi muito encorajamento a cada passo do caminho. A senhora, no entanto, trabalhou de modo particular... Eu tive o aplauso das multidões... quando quase tudo que a senhora fez foi testemunhado por um punhado de homens e mulheres escravizados, trêmulos, apavorados e com os pés feridos, que a senhora conduziu para fora da casa da servidão, e cujo sincero "Deus a abençoe" foi sua única recompensa.

Harriet Tubman chegou aos 90 anos de idade e faleceu tranqüilamente em 10 de março de 1913.

Ver: Sarah H. Bradford, *Harriet Tubman: A Moisés de Seu Povo* (Gloucester, Mass.: Peter Smith, 1981).

Santa Francisca Xavier Cabrini

Fundadora da Ordem das Irmãs Missionárias do Sagrado Coração
(1850-1917)

"Dinheiro não temos, mas da nossa fé brotarão milagres."

Francisca Xavier Cabrini, a décima de 11 filhos, nasceu em 15 de junho de 1850, em um vilarejo ao sul de Milão. Ela foi educada para ser professora, mas sonhava em se tornar missionária na China. Duas congregações religiosas recusaram seu pedido de ingresso, talvez porque ela parecia ser frágil demais para a vida no convento.

Porém, com o apoio do padre de sua paróquia, ficou responsável por um orfanato católico para meninas. Lá, com a força de seu caráter, persuadiu diversas mulheres que trabalhavam no orfanato a que se juntassem a ela e fundassem uma nova ordem missionária. Seu plano não recebeu muito apoio do clero no início, pois eles acreditavam que o trabalho missionário era impróprio para mulheres. Porém, por fim, a sua persistência venceu, e sua ordem, as Irmãs Missionárias do Sagrado Coração, foi oficialmente autorizada.

No entanto, a missão principal da congregação ainda era uma dúvida. Francisca sonhava em levar o Evangelho para a China. Mas seu superior, o bispo de Piacenza, insistiu para que ela considerasse os Estados Unidos, onde milhares de imigrantes italianos pobres estavam superlotando as cidades sem que ninguém cuidasse do seu bem-estar. Em uma audiência com o Papa Leão XIII, Madre Cabrini colocou seu dilema nas mãos do pontífice. "Minha filha", ele a instruiu, "seu campo a espera, não no Leste, mas no Oeste". Assim, em 1889, foi para os Estados Unidos que Madre Cabrini e suas seis companheiras iniciais viajaram.

As Irmãs haviam sido avisadas de que o bispo Corrigan, de Nova York, tinha um orfanato esperando por elas. Quando chegaram, contudo, ficaram surpresas ao ver que ninguém as esperava. Uma carta do bispo Corrigan, dizendo-lhes que, por fim, não viajassem para os Estados Unidos, não chegara a elas. Não havia orfanato, ele disse; ele queria padres, não freiras. Quando finalmente obtiveram uma audiência com o bispo, ele solicitou que voltassem para o navio e regressassem à Itália. Mas Madre Cabrini foi inflexível: "Excelência, com toda a humildade devo dizer, que fico nos Estados Unidos".

E ficou. Madre Cabrini e suas Irmãs começaram a trabalhar imediatamente, encontrando inúmeros modos de cuidar de seus compatriotas italianos imigrantes, que chegavam a 50 mil apenas em Nova York. As Irmãs davam aulas para as crianças, cuidavam de suas necessidades físicas e espirituais e ofereciam o conforto de sua devoção amorosa. E o ministério prosperou. Escolas e orfanatos surgiram por todo o país, enquanto mais Irmãs de Madre Cabrini vinham da Itália para trabalhar.

Madre Cabrini viajou por todo o país, e depois para as Américas Central e do Sul, estabelecendo comunidades na Nicarágua, Argentina e Brasil. Depois que uma epidemia irrompeu em Nova York, ela foi convidada para tomar conta de um hospital. A princípio recusou, diante de uma tarefa que lhe parecia grande demais. Mas mudou de idéia depois de um sonho, no qual viu a Santíssima Mãe cuidando dos doentes. Quando perguntou por que Maria estava fazendo esse serviço, disseram-lhe que era porque ela, Madre Cabrini, havia se recusado a trabalhar em nome de Maria. O que aconteceu em seguida foi a fundação do famoso Columbus Hospital de Nova York.

Madre Cabrini nunca falou com fluência o inglês, e tinha uma pequena estatura. Mas sua determinação, sua energia inesgotável e sua disposição para enfrentar qualquer desafio fizeram dela uma força irresistível. Em uma audiência com o papa, em 1889, ele lhe disse para "apressar-se por toda a face da Terra se fosse possível, com o intuito de levar o santo nome de Jesus para todos os lugares". Na época em que sua ordem foi aprovada, em Roma, o contingente havia aumentado para cerca de mil Irmãs em oito países. Madre Cabrini criou mais de 50 fundações.

Ela faleceu em 22 de dezembro de 1917. Sua canonização, feita pelo Papa Pio XII (que a nomeou "padroeira dos imigrantes"), aconteceu em 1946. Tendo obtido a cidadania norte-americana em 1907, desfrutou a honra de ter sido o primeiro "santo cidadão" dos Estados Unidos.

Ver: Pietro Di Donato, *Santa Imigrante: A Vida de Madre Cabrini* (Nova York: McGraw Hill, 1960); Kathleen Jones, *Mulheres Santas* (Maryknoll, N.Y.: Orbis Books, 1999).

ROSE HAWTHORNE

Fundadora da Congregação das Servas do Auxílio para o Câncer Incurável (1851-1926)

"Tentei adquirir ternura para com os miseráveis, e finalmente deles cheguei a gostar muito se eles fossem muito bons. Mas não me sentia satisfeita por apenas gostar deles; eu queria amar todos os pobres que encontrasse."

Rose Hawthorne nasceu em 20 de maio de 1851. Era a terceira filha – e a favorita – de Nathaniel Hawthorne, o grande escritor norte-americano, autor de *A Letra Escarlate*. Seu pai faleceu quando Rose tinha 13 anos; a morte de sua mãe ocorreu apenas poucos anos depois. Desolada com a perda, Rose aceitou o pedido de casamento de George Lathrop, um jovem escritor norte-americano que ela havia conhecido na Europa. Eles se casaram em 1871, logo depois de ela completar 20 anos. Dessa relação tiveram um filho, que morreu aos quatro anos de idade. Essa perda foi aumentada pela gradual deterioração do seu casamento, em grande parte como resultado do alcoolismo de Lathrop. Por um tempo, a atração em comum pelo catolicismo manteve a promessa de recuperar o casamento. Em 1891, os dois foram recebidos na Igreja Católica. Mas dois anos depois se separaram formalmente.

Nessa época, Rose já tinha mais de 40 anos. Ela havia passado sua vida devotando-se ao marido e em obrigações frívolas da assim chamada "sociedade". Ao se encontrar sozinha em Nova York, sem responsabilidades familiares, sentiu que estava sendo chamada para expressar sua fé de forma mais heróica.

Ela se conscientizara a respeito da terrível situação dos doentes pobres com câncer, uma doença para a qual não havia quase nenhum tratamento disponível. Uma fez realizado o diagnóstico, os doentes não tinham permissão para permanecer nos hospitais de Nova York. Quem não tinha família ou outros recursos era banido para morrer em um isolamento desesperado em Blackwell's Island. Rose se convenceu de que sua vocação era providenciar uma alternativa para esse trágico destino.

Imediatamente, fez um curso de enfermagem e encontrou uma moradia no miserável bairro de imigrantes do Lower East Side. A princípio, visitava os pacientes de câncer em suas casas, mas por fim começou a convidá-los para ir ao seu apartamento, onde lhes oferecia cuidado amoroso e companhia até a hora do seu falecimento. Para o sustento, Rose contava com a contribuição de amigos, pois se recusava terminantemente a receber qualquer pagamento ou presente em troca de seus serviços. Para uma mulher que tinha gosto refinado e hábitos delicados, ajustar-se a essa nova vida não era fácil ou natural. Ela passava dia após dia lavando as feridas cancerosas e trocando as ataduras e as roupas de cama de seus hóspedes empobrecidos. Mas, em vez de providenciar simplesmente o cuidado de uma enfermeira, Rose estava determinada a ir além da amizade e do respeito, estava determinada a dar um sentimento de dignidade àqueles que se tornaram proscritos. Inspirada pelo exemplo de São Vicente de Paula, emprestou dele o lema para descrever sua missão: "Eu sou a favor de Deus e dos pobres".

Depois da morte de George Lathrop, Rose acreditava que deveria formalizar sua vocação entrando em uma ordem religiosa. Em 1900, ela e uma companheira de trabalho, Alice Huber, foram recebidas na Ordem Dominicana. Seis anos mais tarde, sua congregação dominicana, as Servas do Auxílio para o Câncer Incurável, foi formalmente estabelecida, e ela se tornou conhecida como Madre Alphonsa.

Ela faleceu aos 75 anos, em 9 de julho de 1926, na sede de sua congregação em Hawthorne, Nova York. O trabalho de sua congregação continua até hoje em inúmeras casas por todo o país. De acordo com a regra estrita estabelecida por Rose, não se aceita nenhum dinheiro dos pacientes, de suas famílias ou mesmo do Estado.

Essa fé na providência posteriormente inspirou Dorothy Day, que estava lendo a biografia de Rose Hawthorne quando decidiu dar início ao movimento *Catholic Worker*. Rose Hawthorne, como observou Dorothy Day, não havia esperado por uma autorização oficial ou por apoio financeiro para começar sua missão de caridade, trabalhando em seu apartamento e acreditando que, se fosse o trabalho de Deus, dinheiro e apoio apareceriam.

Dessa forma, a influência de Rose Hawthorne se expandiu em muitas direções. O moderno movimento dos abrigos começou sem referências ao seu exemplo, mas ela pôde, com justiça, receber os créditos por ter iniciado essa nova atitude em relação "à morte e aos moribundos". Em seu ministério, afirmou a santidade da vida, mesmo sob sua forma mais desesperadora, mesmo em seus momentos finais.

Ver: Diana Culbertson, O.P., ed. *Rose Hawthorne Lathrop: Escritos Escolhidos* (Nova York: Paulist, 1993); Katherine Burton, *A Tristeza Construiu uma Ponte: Uma Filha de Hawthorne* (Nova York: Longman, Green, 1937).

Santa Maria Skobtsova

Freira ortodoxa e mártir (1891-1945)

"Eu sou vossa mensagem, Senhor. Jogai-me como uma tocha ardente no meio da noite, para que todos possam ver e entender o que significa ser um discípulo."

A história de Madre Maria Skobtsova se parece com uma história em três atos, cada um com seu próprio drama e revelando diferentes dimensões de sua excepcional personalidade. No primeiro ato, ela nasceu Lisa Pilenko, em uma próspera família aristocrática na Rússia. Nesse meio, era uma poetisa reconhecida e ativista política comprometida, que se casou duas vezes, a primeira com um bolchevique, de quem se divorciou, e depois com um antibolchevique, de quem se separou mais tarde. Durante o período revolucionário, foi prefeita de sua cidade natal, arriscando-se a ser perseguida tanto pela esquerda quanto pela direita. Em 1923, com três filhos pequenos, uniu-se à multidão de refugiados desabrigados pela revolução e pela guerra civil e seguiu para Paris. Logo depois de chegar lá, sua filha caçula, Nastia, morreu de meningite. O impacto dessa perda começou com uma profunda conversão. Ela saiu do período de luto com a determinação de buscar "uma vida mais autêntica e purificada". Sentia ter visto um "novo caminho à minha frente e um novo sentido para a vida, ... ser mãe para todos, para todos que precisem de carinho materno, de assistência ou de proteção".

Em Paris, envolveu-se profundamente no trabalho social com os refugiados russos empobrecidos. Ela os procurava em prisões, hospitais, asilos para pessoas com problemas mentais e nas ruelas dos cortiços. Cada vez mais, enfatizava a dimensão religiosa de seu trabalho, o discernimento de que "cada pessoa é o próprio ícone de Deus encarnado no mundo". Com esse reconhecimento veio a necessidade "de aceitar essa surpreendente revelação divina incondicionalmente, venerar a imagem de Deus" em seus irmãos e irmãs.

Lisa foi encorajada por seu bispo a tornar-se freira, mas ela só daria esse passo se tivesse a garantia de que poderia ter liberdade para desenvolver um novo tipo de monasticismo, engajado no mundo e marcado pela "ausência total da mais sutil barreira que pudesse separar o coração do mundo e de seus ferimentos".

Em 1932, fez seus votos e se tornou Madre Maria Skobtsova, dando assim início ao "segundo ato" do seu drama. Em vez de se confinar em uma clausura monástica, ela alugou uma casa em Paris, grande o suficiente para acomodar uma capela, uma cozinha e um abrigo para os refugiados empobrecidos. Sua "cela" era uma maca no porão, ao lado da caldeira. Como escreveu, "no Juízo Final não me perguntarão se fui bem-sucedida em meus exercícios de asceticismo nem quantas reverências e prostrações eu fiz. Ao contrário, me perguntarão se alimentei os pobres, vesti os desnudos, visitei os enfermos e os prisioneiros".

Sua casa tornou-se um centro não apenas para os trabalhos de caridade/misericórdia, mas para a renovação da ortodoxia. Enquanto sua cozinha estava lotada com os desabrigados, sua saleta era um local de discussões acaloradas entre os mais destacados intelectuais *émigrés* de Paris. Dessas discussões um novo movimento nasceu, a Ação Ortodoxa, comprometido com a realização das implicações sociais do Evangelho. Como explicou Madre Maria: "O significado da liturgia deve ser traduzido em vida. Foi por isso que Cristo veio ao mundo e a razão pela qual Ele nos deu nossa liturgia".

O terceiro e menor ato da vida de Madre Maria começou com a ocupação alemã de Paris em 1940. No contexto do racismo nazista, seu comprometimento para encontrar e reverenciar cada pessoa como o ícone de Deus assumiu um significado deliberadamente subversivo. Além de seu trabalho costumeiro de hospitalidade, foi ajudada por seu capelão, Padre Dimitri Klepinin, no resgate de judeus e de outros refugiados políticos. Esses esforços, ligados à resistência organizada, continuaram até que fossem presos pela Gestapo em 1943. Padre Dimitri e o filho de Maria, Yuri, morreram em Buchenwald. Maria foi mandada para o campo de concentração de Ravensbruck, onde conseguiu viver por quase dois anos sob condições de crueldade e de horror indescritíveis. Embora tivessem tirado seu hábito religioso, ela continuou a ser a mãe acolhedora, reforçando a fé e a coragem de seus companheiros de prisão e ajudando a manter acesa a chama da humanidade ao perdoar cada ofensa premeditada.

Ao tornar-se freira, Maria havia dito: "Acho que servir o mundo é simplesmente oferecer sua própria alma para salvar outras". Agora, em sua fome, doença e exposição aos elementos, ela encontrou o destino final de sua vocação. Tendo em mente o sofrimento redentor de Cristo, Maria encontrou um sentido para o seu sofrimento. Como escreveu em uma mensagem que foi levada escondida para fora do campo: "Meu estado atual é tal, que aceito o sofrimento completamente, sabendo que é assim que as coisas devem ser para mim, e se eu for morrer vejo nisso uma bênção das alturas".

Enquanto se aproximava da morte, Maria compôs uma expressão final e silenciosa de sua espiritualidade. Com agulha e linha, obtidas em troca de sua preciosa ração de pão, ela bordou um ícone de Maria segurando o infante Jesus, a criança já trazendo os ferimentos da cruz. Na véspera da Páscoa, 31 de março de 1945, dias antes da libertação do campo pelas tropas russas, Madre Maria foi morta pela câmara de gás de Ravensbruck.

Em 2003 foi canonizada pela Igreja Ortodoxa Russa.

Ver: S. Stratton Smith, *A Freira Rebelde* (Springfield, Ill.: Templegate, 1965); Sergei Hackel, *Pérola de Grande Valor: A Vida de Madre Maria Skobtsova* (Crestwood, N.Y.: St. Vladimir's Seminary Press, 1981); *Madre Maria Skobtsova: Escritos Essenciais* (Maryknoll, N.Y.: Orbis Books, 2003).

Caryll Houselander

Mística (1901-1954)

"Não podemos ver Cristo em Sua glória, mas podemos vê-Lo e tocá-Lo nos sofrimentos do homem."

Caryll Houselander não correspondia à imagem habitual de santa ou de mística. Ela fumava um cigarro atrás do outro, era conhecida por seu linguajar picante e seu gosto por gim. Era difícil dizer se era bonita ou feia, já que gostava de cobrir seu rosto com uma substância branca parecida com giz, que, como dizia uma amiga, lhe dava "o ar trágico que as pessoas associam aos palhaços e aos grandes comediantes". Era uma pessoa reclusa e excêntrica. E, no entanto, Caryll era atraída como um ímã para aqueles que outras pessoas julgavam ser impossíveis ou repulsivos – neuróticos, pecadores, solitários e outras pessoas sofredoras que carregam as chagas de Cristo.

Nascida em Bath, Inglaterra, em 29 de outubro de 1901, teve sua infância marcada pela infelicidade, causada em grande parte pelas brigas entre seus pais. Eles se separaram quando Caryll tinha nove anos, e ela foi mandada para uma escola em um convento francês. Foi lá que teve a primeira de muitas visões místicas que iriam moldar sua vocação específica: despertar os outros para a presença de Cristo no mundo.

Entre as freiras francesas do convento havia uma Irmã da Bavária, cujo isolamento e solidão eram, sem dúvida, intensificados pelo sentimento antialemão da época. Um dia, Caryll aproximou-se da irmã, que chorava silenciosamente, uma expressão de dor inconsolável em seu rosto. Ao olhar para ela, Caryll "viu" que a freira estava usando uma coroa de espinhos.

Apesar da experiência precoce, ela seguiu vivendo durante muitos anos de alienação da Igreja. Sua visão mística seguinte aconteceu quando caminhava pela rua e casualmente olhou para o céu. Ela viu o que parecia ser um "gigantesco ícone russo vivo" de Cristo Rei crucificado, Sua face com uma expressão de dor por causa dos sofrimentos do mundo. Em seguida, viu manchetes anunciando o assassinato do czar russo e de sua família. Ela reconheceu nessas figuras a face de sua visão, "mas sem sua glória". Naquele momento, sentiu uma premonição dos fatos terríveis que iriam acontecer no mundo.

Por essa época, apaixonou-se por um misterioso agente britânico nascido na Rússia, Sidney Reilly (chamado "Ás dos Espiões"), cujas aventuras foram celebradas em livros e em filmes. É provável que Caryll estivesse "com o coração partido" devido aos seus sentimentos por Reilly, embora não fossem correspondidos. Ele se casou com outra mulher e acabou morrendo prisioneiro na Rússia. Caryll sempre se lembrava dele com tristeza e gratidão: "Por ter amado aquele homem", escreveu, "amei muitas outras pessoas, animais e coisas".

O fim dessa paixão – juntamente com outras visões ainda mais poderosas – ajudou-a a voltar para a Igreja. Uma noite, na hora do *rush*, ela estava em um trem de metrô superlotado. E, quando olhava as pessoas no trem, "subitamente vi com minha mente, mas tão vividamente como se fosse uma pintura maravilhosa, Cristo em todos eles. Mas vi mais que aquilo; Cristo não apenas estava em cada um deles, vivendo neles, morrendo neles, se rejubilando com eles, sofrendo com eles – mas porque Ele estava neles, e porque eles estavam aqui, o mundo inteiro estava aqui também, aqui neste trem do metrô... Saí para a rua e caminhei por muito tempo no meio da multidão. E aconteceu o mesmo aqui, por todos os lados, em cada transeunte, em todos os lugares – Cristo". A sua visão durou intensamente por vários dias e alterou sua vida por completo. Ela ficou com uma profunda compreensão do contínuo mistério da Encarnação: "Ele está em todas as pessoas – não pode haver pessoas proscritas". De acordo com esse ponto de vista, "a vida comum se torna sacramental".

Artista talentosa, Caryll se sustentava fazendo esculturas de madeira e decorando igrejas. Mais tarde, começou a escrever poesia e literatura infantil. Durante esse percurso, suas energias mais intensas se canalizavam em seus contatos e relacionamentos com outras pessoas. Ela não pregava a respeito de Cristo: ao contrário, ouvia; oferecia amizade – em especial para quem não tinha amigos; tentava despertar os outros para um entendimento da centelha divina que existia neles. Sua empatia e compreensão às vezes pareciam sobrenaturais. Como muitos dos grandes conselheiros espirituais, ela parecia ter o dom de ler as almas. Depois de anos de ministério para os doentes mentais, diversos psiquiatras começaram a mandar pacientes para Caryll, para o que chamavam "terapia social". Como um deles descreveu: "Ela os amava e os trazia de volta à vida".

Caryll tinha uma compaixão especial por pecadores, aqueles "cuja alma parece estar morta, porque é Cristo, que é a vida da alma, que está morto neles; eles são os túmulos Dele, e Cristo no túmulo é potencialmente o Cristo ressuscitado".

E, no entanto, apesar de toda a intensidade de sua visão espiritual, ela era, nas palavras de sua amiga e editora, Maisie Ward, "uma das pessoas mais divertidas que jamais conheci". Caryll gostava de piadas sujas e deliciava os amigos com suas habilidades de mímica. Havia uma energia e uma vitalidade em sua alma que faziam com que as pessoas se sentissem felizes por estar vivas. "Estou obcecada pelo espírito desta época", ela escreveu, "com todas as suas faltas eu o amo e acredito nele. Acredito que este é o dever mais sério que tenho, ver, *reconhecer* Cristo nele e seguir em frente, nunca retornar".

Com a eclosão da Segunda Guerra Mundial, a missão de Caryll tomou uma forma mais urgente e pública. Em seu livro *Esta Guerra é a Paixão*, escrito no meio dos terrores noturnos das bombas que caíam sobre Londres, ela ofereceu uma mensagem de consolo àqueles que lutavam com sua fé. Cristo também havia sofrido com momentos de angústia e terror, e Ele estava presente agora nos sofrimentos do mundo. "Temos de aumentar Cristo em nós, para se adequar ao tamanho desta guerra, a cruz obscurecendo o mundo inteiro... Os braços de Cristo esticados na cruz são a maior distância que existe, a única que contorna o mundo inteiro."

Devagar, sua vocação como escritora estava se tornando mais forte. Ela escreveu 15 livros em 12 anos. "Sou um escoadouro", escreveu. "Deus quer despejar palavras por meu intermédio." E, se seus textos lhe trouxeram atenção, também ocupavam cada vez mais o seu tempo. Caryll nunca mandou ninguém embora, mesmo quando a dor do câncer lentamente minou suas energias. Depois de muito sofrimento, ela faleceu em 12 de outubro de 1954, aos 52 anos de idade.

Escrevendo para um amigo, ela havia observado: "É surpreendente pensar que no céu, onde tudo é compreendido, deveremos continuar a dizer uns para os outros 'como é impressionante que tenhamos duvidado da misericórdia que há em tudo'. 'Quem *jamais* teria adivinhado o que estava *realmente* acontecendo?'"

Ver: Maisie Ward, *Caryll Houselander: A Divina Excêntrica* (Nova York: Sheed and Ward, 1962); *Caryll Houselander: Escritos Essenciais,* selecionados com comentários de Wendy Wright (Maryknoll, N.Y.: Orbis Books, 2005).

SATOKO KITAHARA

"A Maria da Cidade das Formigas" (1929-1958)

"Sinto que meu caminho para o Céu será longo e doloroso. Não tenho a intenção de trabalhar apenas para minha salvação eterna, fechando meus olhos para o povo em minha volta. Não, quero oferecer a Deus muitos e belos sacrifícios, de modo que eu possa ajudar os outros a evitar as dores do inferno e alcançá-Lo no céu. Se meus sofrimentos puderem ajudar a conseguir isso, que alegria!"

Satoko Kitahara cresceu em um rico bairro de Tóquio. Seu pai era professor, uma profissão de considerável *status.* Embora sua família estivesse protegida dos efeitos da depressão mundial, como todos os japoneses, eles sofreram durante a Segunda Guerra Mundial. Depois que o pai de Satoko foi convocado para servir no exército, ela e seu irmão foram trabalhar em uma fábrica de aviões. As condições eram tão difíceis que, no fim da guerra, seu irmão havia morrido e Satoko ficou muito doente, com tuberculose. Ela sobreviveu ao bombardeio de Tóquio, que matou dezenas de milhares de pessoas, deixando outros 13 milhões desabrigadas. Com as conseqüências da derrota de seu país, a subseqüente ocupação e as desoladoras revelações de crimes de guerra e mentiras militares, Satoko sofreu uma profunda crise espiritual.

Sua irmã mais nova havia se matriculado em uma escola católica dirigida por freiras mercedárias. Um dia, Satoko procurou uma dessas freiras e lhe perguntou sua opinião a respeito do sentido da vida. "Por que não descobrir o que os cristãos pensam a respeito disso?", ela respondeu. Assim Satoko começou a estudar a Bíblia e a fé católica, que culminou, para o desespero de sua família, com sua decisão de ser batizada. A partir disso, Satoko escreveu: "Experimentei um desejo que beirava a necessidade de 'servir', que parecia ser um acompanhamento natural para o fato de ser seguidora de Cristo". Chegou a pensar em se tornar freira, mas a volta de sua tuberculose impediu essa opção.

Nessa época, leu um artigo a respeito da favela de invasores de terra que se sustentavam catando material reciclável e lixo. Eles se chamavam "Cidade das Formigas". Dois homens estavam por trás desse empreendimento: Ozawa-san, "o Patrão", um ex-preso e empresário que havia tido a idéia de empregar catadores de lixo desabrigados; e Tooru Matsui, escritor e ex-advogado, que era conhecido como "o Professor". Matsui havia organizado esse grupo de catadores de lixo em uma comunidade, dando a idéia do nome de Cidade das Formigas, porque "as formigas trabalham duro, em qualquer lugar, e ganham forças dentro da comunidade". Recentemente, a eles havia se juntado um simples franciscano polonês, Irmão Zeno, que havia dado ao empreendimento sua autoridade espiritual – em conjunto com seu dom para atrair publicidade.

Depois de ter lido a respeito da Cidade das Formigas, Satoko decidiu ir até lá e conhecer. Ela ficou chocada ao ver tanta miséria a menos de dois quilômetros de sua casa. "Eu havia vivido na ignorância mimada e educada de um mundo supersofisticado", refletiu. Muitos japoneses tendiam a desprezar os catadores de lixo como se fossem criminosos desajustados. Mas Satoko descobriu que eram famílias de pessoas que trabalhavam duro, com filhos, pessoas cujas casas haviam sido destruídas pelos ataques aéreos e deixadas para trás no período de crescimento do pós-guerra do Japão. Ela se sentiu imediatamente atraída pela idéia de ajudá-los.

Irmão Zeno convidou-a para organizar uma festa cristã para as crianças. A partir daí, Satoko ficou cada vez mais comprometida com o povo da Cidade das Formigas. Ela dava aulas para as crianças, contava-lhes histórias e organizava excursões. À noite, voltava para sua casa confortável, onde sua mãe a inspecionava procurando piolhos e cuidadosamente esterilizava as suas roupas. Matsui, o Professor, era um crítico cínico do cristianismo. Ele o via como uma religião ocidental, que não tinha sensibilidade para com os valores culturais japoneses. Uma noite, audaciosamente desafiou Satoko: "Milhares de anos do que sua religião chama de caridade não fizeram diferença para a pobreza do mundo. Sim, jovens ricas como você e freiras em hábitos bem-cortados se entediam e dão uma volta pelos cortiços, distribuindo umas poucas sobras. Essa é a extensão da caridade cristã!... Você, em sua bela casa, você não teria tido a menor idéia a respeito da pobreza das pessoas que têm de viver na miséria 365 dias por ano!".

Essas palavras a deixaram sem fala. Parecia que o próprio Cristo havia falado com ela por intermédio daquele descrente. Como um golpe final, Matsui havia feito com que ela desse uma olhada na Segunda Epístola aos Coríntios, capítulo 8, versículo 9. Lá, Satoko encontrou as palavras: "Com efeito, vós conheceis a generosidade de nosso Senhor Jesus Cristo que, por vós, de rico que era, se fez pobre, para vos enriquecer com a sua pobreza".

Foi um momento de revelação. Antes, tivera compaixão das pessoas da Cidade das Formigas. Agora, queria tornar-se uma delas. "Eu havia pensado ser uma grande cristã porque havia condescendido em doar um pouco de tempo livre. Havia apenas um jeito de ajudar aqueles filhos dos catadores de lixo: tornar-me um deles."

No dia seguinte, juntou-se a algumas crianças que pediam esmolas de porta em porta e reviravam latas de lixo. Ao anoitecer, ela havia coletado uma quantia de cânhamo que valia cem ienes. O Professor, impressionado, recompensou-a com seu próprio carrinho para catar lixo. Depois, começou a chegar todos os dias às 5 horas da manhã para se juntar aos catadores de lixo. Depois do trabalho, dava banho nas crianças e as ajudava com suas lições de casa. Seu trabalho despertou a atenção dos repórteres de jornais. Eles a chamavam Maria da Cidade das Formigas.

A recorrente tuberculose de Satoko forçou-a a abandonar seu trabalho na Cidade das Formigas por seis meses. Ao se recuperar, disse à sua família que Deus a estava chamando para viver na Cidade das Formigas, quaisquer que fossem as conseqüências. Para sua surpresa, contudo, o Professor e o Patrão se opuseram a essa decisão, temendo que as duras condições pudessem matá-la. Para disfarçar seus verdadeiros motivos, fingiram mandá-la embora sumariamente, dizendo que seus serviços não eram mais necessários. Embora estivesse profundamente magoada, Satoko se colocou nas mãos de Deus. Mas, como seu estado de saúde se deteriorasse rapidamente, seu médico sugeriu que ela deveria seguir o desejo de seu coração. Ela provavelmente morreria na Cidade das Formigas, mas morreria feliz. O Patrão e o Professor, sabendo disso, dessa vez concordaram. Na verdade, tão comovidos se sentiam com sua fé e devoção aos pobres, que pediram para ser batizados.

Em paralelo, a cidade estava fazendo planos para despejar os catadores de lixo. Satoko disse que se tentassem fazê-lo ela iria sentar-se na frente da prefeitura, fazendo greve de fome e rezando até que eles mudassem de idéia ou ela morresse. Um dos funcionários da prefeitura ficou tão emocionado com esse testemunho, que arranjou sozinho um local alternativo e com condições financeiras ao alcance dos catadores de lixo. O Patrão e o Professor creditaram essa vitória às orações de Satoko. Agora, diziam, era hora de rezar pelo restabelecimento de Satoko. Ela se recusou a ouvir falar a respeito. Vendo a sua inflexibilidade, eles concluíram que Satoko havia oferecido sua vida pelo povo da Cidade das Formigas. No dia seguinte, ela entrou em estado de coma e faleceu aos 29 anos de idade.

Ver: Paul Glynn, *O Sorriso de um Catador de Lixo* (Hunters Hill, Austrália: Marist Fathers Books, 1992); Boniface Hanley, O.F.M., *Com Suas Próprias Idéias* (Notre Dame, Ind.: Ave Maria Press, 1991).

Maura O'Halloran

Monja zen cristã (1955-1982)

"Repentinamente eu compreendi que devemos cuidar das coisas apenas porque elas existem."

Em um monastério budista no norte do Japão há uma estátua de uma jovem irlandesa-americana cuja memória é reverenciada por muitos peregrinos. Como uma mulher católica passou a ser venerada como santa budista é uma interessante história de diálogo inter-religioso. Mas ela também fala um pouco a respeito dos caminhos convergentes da santidade e de sua capacidade para se encontrar em um espírito de compreensão compassiva.

Maura O'Halloran nasceu em Boston, filha de pai irlandês e mãe norte-americana. Quando tinha quatro anos de idade, a família se mudou para a Irlanda, onde ela foi educada em escolas religiosas, e mais tarde se graduou no Trinity College, em Dublin. Seu pai faleceu quando tinha 14 anos de idade, e ela desempenhou um papel importante na educação de seus quatro irmãos menores.

Desde jovem, Maura mostrava ter um profundo entendimento do sofrimento humano. Depois da faculdade, passou um tempo trabalhando em cozinhas que faziam sopa para desabrigados e viajou muito pela América Latina. Sua preocupação com a justiça social era acompanhada por uma séria atração pela vida espiritual. Depois de experimentar durante muitos anos variados métodos de oração e de meditação, decidiu explorar a sabedoria do Oriente.

Em 1979, viajou para o Japão e pediu para ser aceita em um tradicional monastério budista em Tóquio. Muitos católicos, e até mesmo alguns padres jesuítas, haviam se submetido ao treinamento em meditação zen no Japão, não encontrando nenhum conflito inerente entre sua fé cristã e os princípios do zen. Mas, na época em que Maura chegou, havia poucas mulheres ocidentais que tivessem sido aceitas no mundo extremamente masculino de um mosteiro zen. Maura foi aceita, e assim embarcou no rigoroso treinamento para ser monja.

Seus diários oferecem um relato incomum de sua experiência, que incluía prolongados períodos de meditação, árduo trabalho manual e uma ascética disciplina de corpo e de alma. Sob a direção de seu Roshi (mestre), ela lutou para resolver os *koans* que lhe haviam sido propostos, as famosas perguntas enigmáticas zen destinadas a libertar a mente das ilusões dualísticas e levar o noviço pelo caminho da iluminação. No frio do inverno se unia a outros monges na expedição anual para o norte para pedir esmolas. Com sua cabeça raspada e o hábito de monge, usando apenas sandálias de palha na neve e no granizo, juntava-se aos outros monges e caminhavam pelas ruas, tocando um sino e segurando suas vasilhas para recolher dinheiro e doações de comida.

Depois de seis meses de treinamento intenso, Maura experimentou uma revelação estática. Quando estava sendo questionada por seu Roshi, foi subitamente dominada por lágrimas e riso. "É a iluminação!", exclamou o Roshi. Depois, quando despertou, foi sobrepujada por um sentimento de compaixão por tudo que existia.

Esse não foi o término de seu treinamento. Nos meses que se seguiram ela concentrou mais energia que antes em sua meditação e em sua autodisciplina. No ano seguinte, seu Roshi lhe fez uma proposta extraordinária. Se ela aceitasse se casar com um companheiro monge, ele colocaria o mosteiro nas suas mãos. Dividida entre o desejo de obedecer ao seu Roshi e uma convicção de que ali não era o lugar onde estava destinada a permanecer, Maura sofreu um estranho colapso físico. Seu Roshi, nessa situação, aceitou a sua vontade de deixar o mosteiro ao término de seu treinamento. Alguns meses depois, Maura refletiu sobre sua vocação:

> Tenho 26 anos e sinto como se tivesse vivido minha vida. Uma sensação estranha, quase como se estivesse perto da morte. Quaisquer de-

> sejos, ambições, esperanças que possa ter tido foram realizados ou espontaneamente se dissiparam. Estou totalmente contente. É claro que quero ir mais fundo, ver com mais clareza, mas, mesmo se pudesse ter apenas esse despertar insignificante e superficial, eu me sentiria muito satisfeita... Então, de certo modo, sinto que morri. Para mim não há nada mais por que lutar, nada mais que faça minha vida valer a pena ou possa justificá-la. Ao 26 anos, um morto-vivo e esta vida!... Se eu tiver outros 50 ou 60 anos (quem sabe?) de tempo, quero vivê-los para outras pessoas. O que mais há para fazer com eles?... Então devo ir cada vez mais fundo e trabalhar arduamente, não para mim, mas para todos a quem possa ajudar.

Como essa reflexão torna claro, Maura não considerava a iluminação algo para ser conseguido apenas para ela. Pelo contrário, desejava esvaziar a si própria para servir os outros no caminho da compaixao. Esse era o seu desejo. Mas não era seu carma. Ao contrário, depois de deixar o mosteiro, em sua viagem de volta para a Irlanda, faleceu em um acidente de ônibus na Tailândia, em 22 de outubro de 1982. Ela tinha 27 anos de idade.

Em uma carta de pêsames para sua mãe, seu Roshi escreveu:

> Ela alcançou em apenas 27 anos o que o Shakuson [Shakyamuni Buda] levou 80 anos para alcançar. Ela conseguiu terminar o treinamento de mil dias de Dôgen. Assim deixou esta vida imediatamente, para iniciar a salvação das massas na próxima vida! Alguém já conheceu um Buda que trabalhasse tão duro e com tanta coragem quanto Maura? Eu certamente não posso expressar meu espanto.

Por meio de um memorial publicado pela sua mãe em um jornal católico e a publicação posterior de seus diários, a história de Maura ganhou um movimento de seguidores devotos entre cristãos e budistas. Seu curto caminho para a santidade em um mosteiro zen foi comparado à curta carreira de Teresa de Lisieux, a freira francesa que começou quando criança a se tornar uma santa. As duas jovens, tendo completado seu dever espiritual neste mundo, rapidamente partiram dele. Sem dúvida, Maura teria se identificado com as palavras de Teresa, que disse que esperava passar sua vida no céu fazendo o bem na terra.

Ver: Coração Puro, Mente Iluminada: Os Diários Zen e as Cartas de Maura "Soshin" O'Halloran (Boston: Charles E. Tuttle, 1994); Ruth L.O'Halloran "Em Vinte e Sete Curtos Anos", *Commonweal* (28 de fevereiro de 1992).

Corrie Ten Boom

Salvadora e testemunha (1892-1983)

"Não é mais em nosso esquecimento de que em nossa bondade que se encontra a cura para o mundo. Mas nos Dele. Quando Ele nos diz para amar nossos inimigos, Ele dá, junto com a ordem, o amor em si."

Corrie Ten Boom vivia com sua irmã mais velha, Betsie, e seu pai viúvo, Caspar, nos cômodos acima de uma relojoaria na cidade de Haarlem, Holanda. Os Ten Boom eram cristãos devotos, que regravam suas vidas tranqüilas segundo os valores simples do Evangelho. Com a eclosão da Segunda Guerra Mundial e a ocupação nazista da Holanda, aquela fé simples passou por um terrível teste.

Para os holandeses a ocupação significava dificuldades e privações. Mas, para algumas pessoas, os judeus, ela tinha um significado mais sombrio. Lento, mas gradual, as restrições à liberdade dos judeus chegaram, como um nó que se apertava cada vez mais, começando com letreiros nas vitrines das lojas: "Judeus não serão atendidos". No entanto, em 1942, estava claro qual seria o desfecho dessa campanha. Apesar dos perigos, Corrie se sentiu compelida a fazer alguma coisa. Uma oração silenciosa se formava em seu coração: "Senhor Jesus, eu me ofereço para Vosso povo. De qualquer modo. Em qualquer lugar. A qualquer hora".

A oportunidade surgiu rapidamente. Certa noite, pouco antes do toque de recolher, uma mulher carregando uma mala bateu à sua porta. Ela se apresentou como judia. Alguém lhe havia dito que os Ten Boom poderiam ajudála. Corrie convidou-a para entrar. Duas noites depois, um casal de idade chegou da mesma maneira. E, desse modo não planejado, a casa dos Ten Boom se transformou em refúgio para judeus e para qualquer pessoa necessitada.

Esse não era um negócio para amadores. Antes que muito tempo se passasse, Corrie havia estabelecido conexões com pessoas que estavam na clandestinidade, que forneciam cartões de racionamento roubados e construíram um engenhoso esconderijo em um dos quartos do andar superior. E, então, eles continuaram com sua vida dupla. Era difícil saber em quem confiar. Quando contaram seu segredo ao seu pastor e lhe perguntaram se poderia ajudar a resgatar uma judia e seu filho, ele reagiu com horror. "Definitivamente, não", disse ele. "Podemos perder nossas vidas por causa dessa criança judia." Caspar Ten Boom segurou a criança com firmeza e retrucou: "Eu consideraria essa a maior honra que poderia acontecer para minha família".

De maneira inevitável, a sorte deles acabou. Um dia, a Gestapo chegou e revistou a casa de alto a baixo. Os judeus estavam seguros em seu esconderijo. Mas Corrie, Betsie e Caspar foram levados. Foi a última vez que as irmãs viram o pai, que morreu dez dias após ser preso.

Corrie ficou presa em uma solitária por quatro meses. Apesar de sua terrível angústia, encontrou consolo em uma Bíblia contrabandeada e o pensamento, que lhe surgiu aos poucos, de que tudo aquilo – guerra, sofrimento, desolação – poderia ser "parte do padrão revelado a princípio nos Evangelhos. Jesus não havia sido derrotado de modo tão completo e indiscutível quanto nosso grupinho e nossos planos modestos haviam sido?". E, com esse pensamento, veio outro: "Se os Evangelhos eram realmente o padrão da atividade de Deus, então a derrota era apenas o começo". Nessa perspectiva, quem poderia imaginar que a vitória seria alcançada, mesmo em uma cela solitária da prisão?

Ela, por fim, se reuniu a Betsie, mas apenas para ser colocada em um trem lotado cuja direção era para um campo de concentração. Foi nessa fase de sua jornada que Corrie avaliou a profundidade espiritual de sua irmã. Depois de suportar sua iniciação às crueldades do campo, ela exclamou: "Betsie, quanto tempo isso vai levar?" Sua irmã deu uma resposta surpreendente: "Talvez muito, muito tempo, talvez muitos anos, mas que meio melhor poderia haver para passarmos nossas vidas?". Corrie encarou-a incrédula. A respeito de que ela estava falando? "Essas jovens mulheres", Betsie explicou. "Aquela menina lá na casamata, Corrie. Se as pessoas podem ser ensinadas a odiar, também podem ser ensinadas a amar! Devemos encontrar o caminho, você e eu; não importa quanto isso custe."

Ao ouvir isso, Corrie ficou pensando: "Não pela primeira vez, que tipo de pessoa ela era, aquela minha irmã... que tipo de caminho havia trilhado enquanto eu me arrastava atrás dela na terra firme".

Esse não foi o término de sua jornada. Chegaram a Ravensbruck, o horrível campo de concentração na Alemanha. Elas sobreviveram ao primeiro terror quando um guarda descuidado deixou de confiscar a preciosa Bíblia. Embora ela tivesse lido a Bíblia todos os dias de sua vida, agora Corrie descobria que o texto "era simplesmente a descrição do modo como as coisas eram – céu e inferno, como os homens agem e como Deus age". Ela já havia lido a respeito da prisão e da tortura de Cristo. "Agora tais acontecimentos tinham rostos e vozes."

Desesperadamente, Corrie imaginou como poderiam viver naquele lugar. Betsie encontrou sua resposta nas palavras da Escritura: "Dai coragem aos que dela carecem; sustentai os fracos, sede pacientes para com todos. Atentai a que ninguém retribua o mal com o mal, mas procurai sempre o bem entre vós e para com todos". Ali estava a resposta! "Podemos começar agora mesmo a agradecer a Deus por tudo a respeito dessas novas barracas!" – por terem sido colocadas juntas; pelo dom da palavra de Deus; pela presença de tantas pessoas sofredoras, suplicando por um pouco de bondade.

O campo abrigava 35 mil mulheres de todas as nacionalidades. Durante o dia trabalhavam duro, sempre sob o chicote ameaçador dos guardas, que batiam com fúria sem motivos. Em suas barracas, à noite, Betsie e Corrie conduziam serviços de oração para qualquer pessoa que estivesse interessada. Entretanto, Betsie estava se enfraquecendo progressivamente. Chegou um dia em que ela não conseguia se apresentar para inspeção. Quando estava deitada em uma maca, aguardando para ser removida para as barracas do hospital, murmurou para Corrie: "Devemos contar para as pessoas o que aprendemos aqui. Devemos lhes dizer que não há poço tão fundo que não possa ser mais fundo ainda. Elas irão nos ouvir, Corrie, porque estivemos aqui".

Betsie faleceu no dia seguinte. Corrie ficou espantada com a bela expressão ao ver o seu corpo: "As rugas de preocupação, as rugas de sofrimento, as marcas fundas de fome e de doença haviam simplesmente sumido. Aquela era a Betsie do céu, exultando com alegria e saúde". Ao se afastar de lá, refletiu: "Agora o que me unia a Betsie era a esperança do céu".

Dois dias depois, Corrie recebeu um milagroso certificado de dispensa. Por nenhuma razão, aparentemente por um erro, estava sendo liberada. Sentindo-se muito deprimida, lutou para voltar à Holanda, onde esperou pelos meses finais da guerra. Ao entrar em sua velha casa em Haarlem, sentiu a presença do forte espírito de Betsie, lembrando-a da missão das duas: "Devemos contar para as pessoas o que soubemos..."

E, assim, ela encontrou nova voz. "Se esse era o novo trabalho de Deus para mim, então Ele me daria coragem e palavras. Ao longo das ruas e dos bairros de Haarlem eu ia aos trancos em minha bicicleta, levando a mensagem de que a alegria vai mais fundo que o desespero."

Corrie Ten Boom viveu por mais quase 40 anos, viajando para mais de 60 países para dar seu testemunho a respeito do amor de Deus. Ela faleceu em seu nonagésimo primeiro aniversário, em 15 de abril de 1983.

Ver: Corrie Ten Boom, com John e Elizabeth Sherrill, *O Esconderijo* (Grand Rapids, Mich.: Chosen Books, 1971).

Beata (Madre) Teresa de Calcutá

Fundadora da Congregação das Missionárias da Caridade (1910-1997)

"Para mostrar grande amor por Deus e por nosso próximo não precisamos fazer grandes coisas. É quanto amor que colocamos no que estamos fazendo que faz de nossa oferta algo belo para Deus."

Em 10 de setembro de 1946, a mulher que se tornaria Madre Teresa estava viajando de trem para Darjeeling, uma localidade nas montanhas no Himalaia. Na época, era simplesmente Irmã Agnes, uma Irmã de Loreto de 36 anos, de origem albanesa, que havia passado os últimos 20 anos lecionando nas escolas de sua ordem na Índia. Embora fosse uma freira devota, amada por suas alunas, a maioria da classe média, nada havia para sugerir que um dia seria considerada como uma das mais instigantes figuras cristãs do século XX. Porém, nesse dia, ela recebeu "um chamado dentro de um chamado". Deus, sentiu repentinamente, queria algo mais dela: "Ele queria que eu fosse pobre com os pobres e que O amasse sob a forma mais triste do mais pobre entre os pobres".

Assim, com o consentimento de sua congregação, deixou o convento. No lugar de seu tradicional hábito religioso, ela usava um simples sari branco com bordas azuis e saiu em busca de Jesus nos becos miseráveis de Calcutá. Com o tempo, a ela se juntaram outras – incluindo muitas de suas ex-alunas. Elas se tornaram as Missionárias da Caridade. E ela se tornou a Madre Teresa.

Com o passar do tempo, Madre Teresa criaria centros de serviço em volta do mundo para os doentes, os desabrigados, os indesejados. Mas, em particular, ela se identificava com sua casa para os agonizantes em Calcutá. Lá, homens e mulheres miseráveis e moribundos, recolhidos das ruas da cidade, eram bem acolhidos para receber cuidado amoroso e respeito até a morte. Aqueles que haviam vivido como "animais na sarjeta" podiam, na casa de Madre Teresa, "morrer como anjos" – sabendo que eram verdadeiramente valorizados e amados como preciosos filhos de Deus.

Não era da natureza de Madre Teresa mudar as estruturas sociais. "Não somos assistentes sociais", disse, mas "contemplativas no coração do mundo. Pois estamos tocando o corpo de Cristo 24 horas por dia." Era esse entendimento místico, que obviamente vivia, que fez de Madre Teresa uma figura inspiradora em todos os lugares. Ela não apenas praticava a caridade; ela a personificava.

> Deus se identificou com o faminto, com o doente, o desnudo, o desabrigado; fome, não somente de pão, mas de amor, de cuidado, ser alguém para uma pessoa; nudez, não só de roupas, mas a nudez daquela compaixão que pouquíssimas pessoas dão ao desconhecido; a falta de abrigo, não apenas de um abrigo feito de pedra, mas aquela falta de abrigo que vem de não ter ninguém a quem chamar de seu.

Por muitos anos, Madre Teresa trabalhou na obscuridade. Por fim, ela foi "descoberta" pelo mundo. Ela se tornou tema de documentários e de biografias; recebeu títulos honrosos de universidades de prestígio, bem como inúmeras honras, incluindo o Prêmio Nobel da Paz em 1979. Mundialmente reconhecida como uma "santa viva", no entanto continuou, de modo notável, inalterada por tamanho prestígio. E tampouco tinha uma idéia exaltada de sua própria vocação. "Não podemos fazer grandes coisas", disse, "apenas pequenas coisas com grande amor". Freqüentemente, quando as pessoas lhe imploravam para se juntar a ela em seu "trabalho maravilhoso" em Calcutá, respondia gentil, mas com firmeza: "Encontre sua própria Calcutá!". E explicava:

> Não procure por Deus em terras distantes – Ele não está lá. Ele está perto de você, Ele está com você. Apenas mantenha a chama acesa e sempre irá vê-Lo. Olhe e reze. Continue alimentando a chama e verá o amor Dele e verá quão doce é o Senhor que você ama.

No fim de sua vida, Madre Teresa viajou muito pelo mundo. No Ocidente poderoso não tinha dificuldades para encontrar pobreza – tanto a material quanto a não menos destrutiva pobreza espiritual. A resposta em ambos os casos era o amor, o amor que começaria com as pessoas e acabaria transformando o mundo. Mas, antes que tentemos amar o mundo inteiro, devemos começar tentando amar outra pessoa – alguém que aparentemente não pode ser amado, que é indesejado ou rejeitado. "Você pode salvar apenas um de cada vez. Podemos amar apenas um de cada vez." Isso, acreditava, era o motivo pelo qual havíamos sido colocados na terra: fazer "Algo bonito para Deus". Madre Teresa faleceu em 5 de setembro de 1997.

Foi beatificada com rapidez incomum em 2003.

Ver: Eileen Egan, *Tal Visão da Rua* (Nova York: Doubleday, 1985); *Madre Teresa: Escritos Essenciais*, ed. Jean Maalouf (Maryknoll, N.Y.: Orbis Books, 2001).

ABENÇOADOS OS QUE TÊM O CORAÇÃO PURO

Uma filósofa – uma abadessa mística – uma profetisa religiosa – uma visionária – uma testemunha do Holocausto – uma missionária – uma romancista – uma mártir adolescente – uma mãe agonizante

Mulheres sagradas têm sido tipicamente louvadas por sua pureza – uma virtude quase sempre reduzida à abstinência sexual. Esse entendimento é reforçado pela lista de mártires, de Santa Inês a Santa Maria Goretti, que morreram enquanto defendiam sua "virgindade". Mas pureza de coração não é, afinal, o mesmo que castidade. Segundo a famosa frase de Kierkegaard, é "desejar uma coisa".

Os puros de coração são notáveis por sua objetividade e sua concentração. Suas energias não são dissipadas. No mundo, mas não dele, eles não permitem que seus corações sejam seduzidos por objetos sem valor. Nada os distrai em sua busca por um objetivo digno de sua total devoção. A recompensa? "Eles verão a Deus".

SANTA TECLA DE ICÔNIO

Evangelista (séc. I)

"Em nome de Jesus eu me batizo no meu último dia."

A história de Santa Tecla está preservada nos *Atos de Paulo e Tecla*, um texto do século II que desfrutava grande popularidade na Igreja primitiva. Muitos pais da Igreja, incluindo Agostinho e Ambrósio, escreveram com aprovação a respeito de Tecla, enquanto outros, como Jerônimo e Tertuliano, rejeitavam sua lenda como uma fraude. Por muitos séculos, a Igreja tentou fazer uma distinção entre os aspectos edificantes da história de Tecla (sua fé heróica, sua valente defesa da virgindade) e os aspectos mais subversivos de seu testemunho: a alegação, por exemplo, de que ela servira como co-apóstolo com São Paulo, pregando e engajada em um ministério ativo. Por séculos ela foi celebrada na Igreja Oriental como uma "protomártir entre as mulheres e igual aos Apóstolos". No Ocidente, contudo, seu nome foi um dos eliminados do calendário dos santos, depois do Concílio Vaticano II.

De acordo com seus *Atos*, Tecla era uma bela jovem cuja vida foi transformada quando ouviu São Paulo pregando na rua em frente à sua janela. Maravilhada pelas palavras que ouvia, não saía da janela nem para comer nem para dormir, "até que com alegria imensa foi subjugada pelas doutrinas da fé". Sua mãe se alarmou com aquele comportamento – e, muito mais quando, sob a influência da pregação de Paulo, Tecla anunciou sua intenção de romper seu compromisso de casamento e abraçar uma vida de castidade. Essa notícia trouxe uma "consternação geral para a família", mas suas reverberações se estenderam para uma ordem social mais ampla.

O noivo de Tecla, Tamíris, resolveu agir, denunciando Paulo ao governador como uma ameaça à sociedade e fazendo com que ele fosse preso. Ignorando o potencial para um escândalo, Tecla subornou o carcereiro para que pudesse passar a noite aos pés de Paulo, beijando as suas correntes e ouvindo as palavras de Cristo. Quando sua família descobriu, no dia seguinte, a raiva foi ainda maior, com sua mãe liderando os gritos de "Deixem que essa criatura seja queimada por recusar Tamíris, para que todas as mulheres possam aprender com o seu exemplo a evitar essas atitudes."

Tecla foi despida e amarrada a um poste, cercada por gravetos. No meio da multidão zombeteira, Tecla pensou ter visto "o Senhor Jesus com a aparência de Paulo", que vinha para confortá-la. Mas, enquanto olhava fixamente para ele, o viu subir aos céus. O fogo foi aceso e Tecla teria perecido se uma chuva milagrosa não houvesse apagado as chamas.

Libertada, logo se reuniu com Paulo, e juntos embarcaram em uma missão para Antioquia. Mas lá, uma vez mais, ela foi forçada a rejeitar as mal recebidas propostas de outro pretendente – dessa vez uma "pessoa de grande poder", chamada Alexandre. Humilhado pela rejeição, ele também denunciou Tecla ao governador, que a condenou a ser jogada entre as feras. Seu primeiro ordálio, com uma leoa faminta, terminou de modo feliz, quando o animal apenas lambeu os seus pés e, depois, a defendeu com bravura dos outros animais selvagens.

Nessa situação, Tecla viu um poço com água e decidiu que aquele – "seu último dia" – oferecia uma ocasião propícia para seu batismo. Apesar dos gritos de aviso da multidão – pois a água estava cheia de perigosas "serpentes venenosas" –, Tecla se jogou n'água e se batizou em nome de Cristo. Depois de ter sobrevivido a todas essas provas, até mesmo o governador foi levado a perguntar: "Quem *é* você?"

"Sou uma serva do Deus vivo", respondeu Tecla, "e, quanto à minha posição, acredito em Jesus Cristo seu Filho, com quem Deus está muito satisfeito... Apenas Ele é o caminho para a salvação eterna e a fundação da vida eterna. Ele é um refúgio para todos aqueles que estão desesperados, um apoio para os aflitos, uma esperança e uma defesa para os que não têm esperança".

Impressionado com a sua determinação, o governador devolveu-lhe suas roupas e libertou-a, desse modo inspirando ruidosos aplausos de muitas das mulheres na multidão. "Só há um Deus", exclamaram elas, "que é o Deus de Tecla!"

Ninguém ficou mais surpreso do que Paulo ao vê-la viva – ainda mais quando ela o saudou com a notícia de seu batismo não-convencional. "Ele que ajuda você nas suas pregações, me ajudou na hora de me batizar", proclamou Tecla. Reconhecendo-a como um companheiro apóstolo, Paulo encarregou-a de pregar o Evangelho. E, então, Tecla voltou à sua cidade natal, e a outras cidades, e "iluminou a muitos com o conhecimento de Cristo". Aonde quer que fosse, segundo seu cronista, "uma nuvem brilhante a conduzia em seu caminho".

Pouco mais foi escrito a respeito das aventuras posteriores de Tecla. Depois de algum tempo, contudo, dizem que ela se retirou para uma caverna, onde passou muitos anos rezando. Finalmente, sua reputação atraiu outras mulheres para seu lado, e nessa comunidade monástica as instruía "nos oráculos de Deus".

A história termina de um modo abrupto com um relato de sua misteriosa "abdução por Deus". Isso aconteceu muito tempo depois de ela ter passado vários anos em sua caverna, período em que havia adquirido uma grande reputação por seus poderes de cura milagrosos. Esse ministério diminuiu os lucros dos médicos locais, que decidiram, como retaliação, incitar alguns "homens devassos" a ir até lá e "perverter aquela virgem". Quando eles chegaram à caverna de Tecla e tentaram molestá-la, ela rezou a Deus pedindo proteção. Em resposta, ouviu uma voz vinda dos céus dizendo: "Não temas, Tecla, minha serva fiel, pois Eu estou contigo. Olha e vê o lugar que se abriu para ti: lá será teu abrigo eterno; lá tu receberás a visão beatífica". Imediatamente uma pedra se abriu na caverna. Tecla passou para dentro da pedra, que se fechou atrás dela, deixando os homens atônitos segurando apenas um pedaço de seu véu.

"E assim termina sua vida", conclui seu cronista. Mas sua história continuaria a viver, com freqüência contada por outras mulheres como um precedente para seu clamor pela igualdade e ministério ativo na Igreja. Os eruditos, que rejeitaram sua história como uma simples "conversa de comadres", acabaram segurando apenas um pedaço do seu véu. Ela estava fora do alcance deles, encerrada em um mistério sagrado, em que nenhum homem poderia alcançá-la.

Ver: Atos de Paulo e de Tecla.

SANTA INÊS

Virgem e mártir (m. 304?)

"Você pode sujar sua espada com meu sangue,
mas nunca vai poder profanar meu corpo, consagrado a Cristo."

Dizem que Santa Inês nasceu em uma família rica e nobre de Roma, e que, quando era ainda jovem, sua beleza atraiu a atenção de muitos prósperos pretendentes. Ela a todos recusou, insistindo que havia consagrado sua virgindade ao seu verdadeiro esposo, Jesus Cristo. Seus pretendentes a denunciaram como cristã, e ela foi trazida diante de um magistrado. Ele, por sua vez, tentou persuadi-la de várias formas, variando desde uma solicitação amena até mostrar-lhe instrumentos de tortura. Mas nada a faria oferecer incenso aos deuses. Quando permaneceu irredutível, o governador condenou-a a viver em uma casa de prostituição, onde todos os homens poderiam dela desfrutar livremente. Descobriram, no entanto, que exalava uma tão poderosa aura de santidade, que ninguém conseguiria encostar um dedo nela. Enfurecido com o desafio dessa jovem, o juiz ordenou que ela fosse decapitada. Inês acatou a sentença com alegria e, segundo Santo Ambrósio, "foi ao local da execução com mais alegria do que outras iam a seu casamento". Na época de sua morte, tinha 13 anos.

O fato de que o primeiro relato escrito a respeito de Santa Inês apareceu cerca de um século depois de sua morte ocasionou dúvidas a respeito da veracidade de seus "atos", se não da própria existência dessa serva de Deus. Não obstante, ela tem sido uma das mais populares santas cristãs. No passado, é incontestável que sua lembrança servia a uma tendência de idealizar a condição de virgindade, o que foi reforçado pela denominação "virgem", vinculada pela Igreja a Inês e a outras mulheres santas não-casadas. Não há palavra correspondente para reconhecer mulheres santas casadas (exceto viúva), nem há um interesse correspondente no *status* marital – ou sexual – dos santos homens. (Sabemos, por exemplo, que Santo Agostinho não era virgem.)

Na história de Inês, contudo, a oposição não é aquela entre sexo e virgindade. O conflito acontece entre o poder em Cristo de uma mulher jovem para definir sua própria identidade *versus* a alegação de uma cultura patriarcal para identificá-la em termos de sua sexualidade. De acordo com a visão partilhada por seus "pretendentes" e pelo Estado, se não fosse a esposa de um homem, poderia muito bem ser a prostituta de todos. Não aceitando essas opções, poderia estar morta. Agnes não *optou* pela morte. Ela *optou* por não venerar os deuses de sua cultura. O Deus a quem venerava deu um valor completamente diferente ao seu corpo, à sua identidade e ao seu valor humano. Casada com Cristo, foi além do poder de qualquer homem de "fazer o que quisesse com ela". "Virgem", nesse caso, é outro modo de dizer Mulher Livre.

Santa Catarina de Alexandria

Mártir (data desconhecida)

"Venha meu bem-amado, meu esposo, eis a porta do céu aberta para ti; e para aqueles que irão celebrar a memória de Tua paixão com mentes devotas prometo a proteção dos céus!"

Uma das conseqüências do Concílio Vaticano II foi uma reforma do calendário, que levou a Igreja a rejeitar uma grande quantidade de santos populares mas, com toda a probabilidade, fictícios. Santa Catarina de Alexandria, uma das mais populares de todos os santos, estava entre os eliminados do serviço ativo. Embora seu culto tenha florescido pelo menos desde o século X, pouco havia para relacioná-la a suas supostas aventuras nos tempos romanos, e foi com certa relutância determinado que ela jamais havia existido.

Contudo, durante séculos, seus "restos mortais" atraíram peregrinos a um mosteiro do Monte Sinai. Além disso, era sua uma das vozes celestiais que supostamente falaram para Santa Joana d'Arc, desse modo dando poder à donzela camponesa para desafiar todas as autoridades de sua época. Por se recusar a rejeitar as vozes que ouvia, Joana foi condenada à morte na fogueira e, pela mesma desobediência sagrada, mais tarde foi canonizada. Esse fato nos remete à memória da famosa afirmativa de Karl Barth, quando um estudante lhe perguntou se ele realmente acreditava que uma serpente havia falado com Eva no Jardim do Éden: "O que importa não é se a serpente podia ou não falar; importante é o que ela disse".

Segundo o que os editores de *As Vidas dos Santos*, de Butler, chamam de "sua *acta* completamente sem valor", supõe-se que Santa Catarina fosse a filha de uma família patrícia em Alexandria, Egito, em alguma época da era Romana. Por meio de seu estudo de filosofia, convenceu-se a respeito da verdade do cristianismo e se converteu a essa fé ilícita. Quando Catarina tentou converter o imperador, ele fez com que ela fosse examinada por 50 dos mais importantes filósofos da corte. Incapazes de refutar os seus argumentos, eles, na verdade, foram persuadidos a se converter. (Como conseqüência, todos foram condenados a morrer queimados.) O imperador ficou tão impressionado com a beleza de Catarina, não bastasse por sua inteligência, que tentou convencê-la a ser sua consorte. Ela recusou a proposta, preferindo ser presa e torturada. Enquanto estava na prisão, contudo, ela converteu com sucesso a esposa do imperador, seu carcereiro, e 200 dos homens da guarda imperial. Todos foram assassinados. Enraivecido, o imperador a condenou a ser torturada em uma roda com pregos (e daí surge a "roda de Catarina" que é sua famosa insígnia). Mas a máquina milagrosamente se quebrou e matou vários espectadores. Nessa ocasião, e antes que ela pudesse causar algum outro dano, o exasperado imperador mandou que aquela mulher perigosa fosse morta com espada.

Ao tirar Catarina de Alexandria do cânone dos santos, a Igreja indicou que a exigência mínima para a legitimação do culto a um santo é que esta pessoa tenha realmente existido. Mas não foi essa exigência mínima que fortaleceu a fé e inspirou a imitação de gerações subseqüentes. Mais importante, em muitos casos, é o sentido que os cristãos encontram nas histórias dos santos, ou seja, o que eles nos "dizem".

Santa Catarina de Alexandria, uma santa que nunca foi, serviu durante séculos como "padroeira das donzelas e das mulheres estudantes, de filósofos, de pregadores e de defensores da fé, de construtores de carros, de moleiros e outros" (*As Vidas dos Santos*, de Butler). Ela pode continuar a representar o poder subversivo da sabedoria da mulher, uma voz que muitos gostariam de silenciar, como poderia subverter o mundo todo com sua lógica irrefutável. Nesse sentido, Catarina continua a nos inspirar e iluminar com sua história edificante, como a luz que emana de uma estrela distante que já não mais existe.

Ver: A Lenda Dourada de Jacobus de Voragine (Londres: Longman, Green, 1941).

Santa Hildegarda de Bingen

Abadessa e visionária (1098-1179)

"No ano de 1141... uma luz faiscante, brilhando intensamente, desceu da abóbada celeste e se derramou em todo meu cérebro. Como uma chama que está quente sem queimar, acendeu todo meu coração e todo meu peito, assim como o sol aquece qualquer coisa sobre a qual recaiam seus raios. E subitamente pude entender o que como o Livro dos Salmos, os Evangelhos e outras obras católicas tanto do Velho quanto do Novo Testamento realmente anunciavam."

Santa Hildegarda de Bingen foi, de acordo com qualquer padrão, uma das figuras mais notáveis de sua época: abadessa e fundadora de uma comunidade religiosa beneditina; escritora e teóloga; médica e farmacêutica. Tinha visões nas quais a palavra de Deus – tanto nas Escrituras quanto no livro da natureza – lhe era revelada. No entanto, por 800 anos ela permaneceu em relativa obscuridade. Apenas nas décadas mais recentes seu nome foi reconhecido, em parte devido a um interesse contemporâneo a respeito do papel da mulher na história. Mas, cada vez mais, Hildegarda é honrada como uma figura histórica excepcional, e também como uma visionária, cuja espiritualidade ecológica e holística fala profeticamente sobre nossos tempos.

Hildegarda nasceu em 1098, na província alemã de Rheinhessen, décima filha de pais nobres. Aos oito anos, foi deixada sob os cuidados de uma eremita sagrada, Beata Jutta, que vivia em um chalé pegado a uma abadia beneditina das redondezas. Jutta criou a menina e a educou até a idade de 18 anos, quando Hildegarda vestiu o hábito de freira beneditina. Nessa época, uma comunidade monástica se formara ao redor de Jutta. Quando esta morreu, em 1136, Hildegarda se tornou prioresa.

Até essa data, parece que Hildegarda era uma freira comum: apenas para Jutta havia revelado o segredo das visões das quais, segundo seu relato posterior, havia desfrutado desde os três anos de idade. "Essas visões que eu tinha não as via nem durante o sono nem sonhando, nem na loucura nem com meus olhos ou ouvidos físicos, nem em lugares secretos; mas eu as via claramente e segundo a vontade de Deus, quando estava acordada e alerta, com os olhos do espírito e os ouvidos da alma."

Depois de se tornar prioresa, suas visões a assediavam com maior urgência, até que finalmente as descreveu para seu confessor. Dessa forma, foi instada a escrevê-las, e o texto foi apresentado ao arcebispo de Mainz. Por sua vez ele as leu, e fez com que fossem examinadas por um grupo de teólogos que certificaram sua ortodoxia. A partir dessa data, deram a Hildegarda um monge para ser seu secretário e, com sua ajuda, ela começou sua principal obra, *Scivias* (*Conhece os Caminhos*), que ocupou todos os seus esforços por cerca de dez anos. Finalmente, o próprio Papa Eugênio III leu seu livro e permitiu que ela continuasse escrevendo.

Sua *Scivias* é o relato de uma série de visões a respeito da relação entre Deus, a humanidade e o cosmos. Com extraordinárias pinturas simbólicas que acompanham o texto, Hildegarda apresenta um retrato dos seres humanos e do cosmos como emanações do amor de Deus, "centelhas vivas" ou "raios de Seu esplendor, assim como os raios do sol são provenientes do próprio Sol". Ela mostra os efeitos do pecado na ruptura da criação e o drama da redenção que restabelece o mundo para o estado em que foi concebido, purificado de suas enfermidades e reconciliado com a energia divina de suas origens.

Mais ou menos nessa época, Hildegarda recebeu um chamado divino para transferir sua comunidade para um novo local no Rupertsberg, uma colina sobre o Reno, perto de Bingen, o que envolveu uma provação com os monges e a cidade de sua fundação original, que dependia do tráfego de peregrinos. Dessa forma, eles se opuseram veementemente ao seu plano. Mas, depois de ficar mortalmente doente – uma ocorrência freqüente quando o desejo de Hildegarda era contrariado –, teve sua vontade satisfeita.

Entre 1152 e 1162, Hildegarda fez inúmeras viagens de pregação pela área do rio Reno. Sua autoridade como pregadora sagrada era amplamente reconhecida e sua reputação se estendia muito além de sua Alemanha natal. Ela se correspondia com reis, o papa e outras figuras notáveis, compartilhando de seus conhecimentos espirituais, mas também criticando livremente onde sentia que a crítica se fazia necessária. Além de seus escritos religiosos, escreveu muito sobre medicina e fisiologia. Estudou com avidez o uso de ervas medicinais e parece ter antecipado os princípios da homeopatia. Além disso, compôs música religiosa de impressionante beleza e originalidade; a música, escreveu, era um símbolo da harmonia que Satã perturbava.

Há muitos elementos das visões de Hildegarda que se dirigem para nossa era ecológica. Ela tinha um vasto entendimento do cosmos em seu conjunto e do lugar da humanidade nele. Os seres humanos, escreveu, são o universo em microcosmo, feitos dos mesmos elementos que constituem o mundo. Entretanto, dentro do grande cosmos, os seres humanos são o coração pensante e chamados para ser co-criadores com Deus na formação do mundo. Por meio do pecado humano, todo o mundo foi rompido e deixou de estar em harmonia com o Criador. Mas esse pecado não apaga a bondade e a bênção originais da criação. Por meio de Cristo – primeiros frutos da nova criação – o cosmos e os seres humanos encontram seu caminho de volta para seu destino original. Hildegarda se refere constantemente a Deus como "Luz Viva", e usa uma palavra fantástica – "verdor" (*viriditas*) – para descrever a energia estimulante ou graça de Deus que brilha em todas as criaturas vivas. Por essa visão holística, Hildegarda tem sido particularmente celebrada por defensores da "espiritualidade da criação".

No fim de sua vida entrou em desavenças com as autoridades eclesiásticas locais, após permitir que um jovem que havia sido excomungado fosse enterrado no cemitério do mosteiro. Ordenaram-lhe que o corpo fosse exumado. Ela se recusou, insistindo que, antes de morrer, o jovem se reconciliara com a Igreja e recebera os sacramentos. No entanto, o bispo colocou o convento sob interdição, proibindo a celebração ou o recebimento da Eucaristia. Foi uma penalidade terrível, e Hildegarda protestou veementemente. Por fim, o interdito foi retirado, mas ela viveu apenas mais poucos meses, vindo a falecer em 17 de setembro de 1179.

Ver: Hildegarda de Bingen: Escritos Místicos, ed. Fiona Bowie e Oliver Davis (Nova York: Crossroads, 1995); Hildegarda de Bingen, *Iluminações*, com comentários de Matthew Fox (Santa Fé, N.Mex.: Bear, 1985).

BEATRIZ DE NAZARÉ

(1200-1268)

"Assim como o peixe nada toda distância e largura do mar e descansa em suas profundezas, assim como o pássaro voa pelo ar, assim a Alma sente sua mente completamente livre nas alturas, na vastidão e na profundidade do Amor."

Beatriz era a última de seis filhos nascidos em uma próspera família em Tienan, perto de Bruxelas. Uma criança excepcionalmente inteligente, pois dizem que havia memorizado os 150 Salmos aos cinco anos de idade. Um ano mais tarde, sua mãe faleceu, e Beatriz foi levada de casa para estudar com uma comunidade de Beguinas. Aos dez anos foi confiada como oblato em um convento cisterciense em Bloemendaal. Desse modo, toda sua vida foi passada na companhia de mulheres religiosas.

Beatriz se sentia adaptada à vida monástica. Ao completar 15 anos de idade foi "vestida com as vestes brancas, as vestes da alegria, ou seja, o hábito de noviça". Pouco tempo depois, foi enviada para outra abadia, para "aprender a arte de escrever manuscritos". Pelos quase 20 anos seguintes Beatriz manteve um diário, descrevendo suas experiências espirituais. Embora o texto original tenha se perdido, serviu como fonte primária para uma biografia, escrita em latim, após a morte de Beatriz, por um clérigo anônimo.

Sua primeira experiência mística aconteceu no dia de Natal, em 1217. Quando cantava as orações noturnas com outras freiras, percebeu que seu coração subia com Cristo "diretamente na presença do Pai". Ela recebeu uma visão da Santíssima Trindade, vista "não com os olhos do corpo, mas com olhos intelectuais, com olhos não da carne, mas da mente". Enquanto desfrutava a companhia "deste exército de poderes supercelestiais que olhavam incessantemente a suprema Divindade", ela subitamente foi trazida de volta "a seus sentidos externos", chamada "das delícias celestiais para as misérias da condição humana" pela cotovelada de outra freira, que supusera que Beatriz estivesse cochilando.

Beatriz continuou a experimentar visitações sobrenaturais. Às vezes, respondia com lágrimas, outras vezes com uma "loucura em seu coração" que a fazia rir de alegria. Sua reputação de sabedoria e de santidade se estendeu além de sua comunidade, embora evitasse atenções especiais, julgando-se "muito mais vil".

Em 1235, Beatriz se mudou para um novo mosteiro cisterciense, conhecido como Nazaré, um dos muitos que recebiam donativos de seu pai. É provável que, em Nazaré, ela tenha escrito o curto tratado místico, *Sete*

Maneiras de Amar, cujo manuscrito holandês foi descoberto apenas em 1925. Seu texto oferece uma descrição dos modos pelos quais a Alma devota ascende até Deus, a quem Beatriz chama simplesmente de Amor. Desde que é pelo amor que chegamos ao Amor, há uma identidade essencial na vida espiritual entre nosso caminho e nosso destino.

Como outros místicos contemporâneos, Beatriz se inspirou na linguagem de Eros para descrever essa experiência. As sete "maneiras" começam com um "desejo ardente"; ele pode ser seguido por "dor e tristeza", pois a alma "quer o que não pode ter". Em níveis mais altos, a alma experimenta "grande júbilo", seguido por uma paixão impetuosa e dominadora, na qual a alma sente o "Amor vibrando em seu íntimo, como o fogo devorador, atraindo tudo para dentro e consumindo o que ele possa destruir".

Na etapa final, a alma é "elevada na eternidade do Amor simplesmente pelo Amor da eternidade em si". Ela se torna "uma só com a sabedoria invulnerável das alturas silenciosas. [Ela] mergulha no abismo profundo da Deidade, que é tudo em tudo que existe, indestrutível, acima de tudo, sempiterno, poderoso, que tudo abrange, e que é a força suprema dentro de tudo que existe".

Beatriz foi prioresa de Nazaré por cerca de 30 anos até falecer em 1268.

Ver: Bernard McGinn, *O Florescer do Misticismo* (Nova York: Crossroads, 1998).

Santa Gertrudes Magna

Mística (1253-1302)

"Inscrevei com Vosso sangue precioso, Senhor todo-misericordioso, Vossas chagas em meu coração, para que eu possa ver nelas tanto Vossos sofrimentos quanto Vosso amor."

Do nascimento e dos antecedentes de Santa Gertrudes Magna não há relatos. Aos cinco anos de idade ela foi dada às freiras do mosteiro de Helfta, na Saxônia, e dentro das muralhas desse convento permaneceu pelo resto de sua vida. O mosteiro Helfta era uma das grandes comunidades religiosas de sua época, e se distinguia tanto por mulheres de grande erudição como por um número de famosas místicas. Uma delas, Santa Mechtild (m. 1298), ficou encarregada da menina e supervisionou seus estudos e sua educação. O relacionamento entre elas permaneceu particularmente íntimo.

Ao atingir a maioridade, Gertrudes fez os votos para ser freira. A vida religiosa era tudo que havia conhecido. No entanto, ela verdadeiramente sentiu sua vocação somente ao atingir 25 anos. O ponto decisivo aconteceu uma noite quando se preparava para dormir. De repente, ela experimentou uma visão de Cristo sob a forma de um jovem. Ele falou com ela e disse: "Não temas. Vou te salvar e te libertar". A imagem estava banhada em uma luz ofuscante que emanava de suas cinco chagas. Ele continuou a falar: "Tu tocaste o pó com meus inimigos e tiraste mel de espinhos. Agora volta para Mim, e Meus deleites divinos serão como o vinho para ti".

Pelo resto de sua vida Gertrudes experimentava revelações místicas freqüentes, muitas vezes expressas em conversação com Cristo, seu Esposo Bem-amado. Acreditando que essas revelações não fossem dirigidas apenas para ela, Gertrudes se obrigou a escrevê-las em um livro, *O Arauto da Bondade Divina*, uma obra que combina sofisticação teológica com ardor místico. Quase todos os temas da teologia católica são abordados nesse livro, embora o tema principal seja o amor de Deus por Suas criaturas. Gertrudes tinha especial devoção pelo Sagrado Coração de Jesus, o ponto no qual o amor divino e o humano estão mais intimamente unidos.

Gertrudes tinha problemas de saúde freqüentes. Uma vez, quando estava doente demais para conseguir ouvir um sermão, o Senhor falou com ela: "Gostarias que Eu pregasse para ti, minha querida?". Quando ela assentiu, "o Senhor fez com que se recostasse em Seu coração, com o coração da sua alma próximo do divino coração Dele. Quando a sua alma estava docemente repousada ali por um tempo, ela ouviu no coração do Senhor duas magníficas e dulcíssimas pulsações". Ele lhe disse que a primeira pulsação era pela salvação dos pecadores e a segunda, pela salvação dos justos.

Gertrudes trabalhou em sua comunidade como conselheira espiritual e era sempre convidada para liderar a comunidade nas orações. Quando outra das místicas de Helfta perguntou ao Senhor o que Ele mais gostava a respeito de Gertrudes, Ele respondeu: "A liberdade de seu coração". Ela faleceu em 17 de novembro de 1302; porém sua festa é celebrada em 16 de novembro.

Ver: Gertrudes de Helfta: O Arauto da Bondade Divina, ed. Margaret Winkworth, Clássicos da Espiritualidade Ocidental (Nova York: Paulist, 1993).

BEATA KATERI TEKAKWITHA

"Lírio dos Mohawks" (1656-1680)

"Quem pode me dizer o que mais agrada a Deus para que eu possa fazê-lo?"

A beata Kateri nasceu em 1656, perto da atual Auriesville, Nova York – o mesmo lugar, e em meio ao mesmo povo em que São Isaac Jogues e outros missionários jesuítas haviam sido martirizados dez anos antes. A persistente ambivalência em relação aos "Roupas-pretas" cristãos corria pela sua família. Enquanto sua mãe, uma algonquina capturada, era cristã, seu pai, um chefe mohawk, via a nova religião e seus emissários estrangeiros com profunda suspeita. Tanto o pai quanto a mãe morreram em uma epidemia de varíola quando Kateri tinha apenas quatro anos. O rosto de Kateri, cheio de cicatrizes, trazia as seqüelas da doença, que também havia afetado sua visão, fazendo com que andasse de modo hesitante mesmo sob a luz brilhante do sol. Como resultado, seu povo a chamava de Tekakwitha – "aquela que caminha tateando".

Ela cresceu como outras meninas de sua vila. Mas algo em Kateri a distinguia das demais. Ela resistia em aceitar o papel que se esperava dela – tornar-se esposa e mãe de sua própria família. Sua recordação da fé de sua mãe era, sem dúvida, limitada. Contudo, quando um missionário jesuíta, Padre Jacques de Lamberville, chegou à vila em que morava em 1674, ela avidamente buscou sua companhia e o surpreendeu ao pedir-lhe que a batizasse. Dois anos depois, seu desejo foi atendido, tendo sido batizada com o nome de Kateri – uma versão mohawk de Catarina.

A conversão de Kateri provocou grande ressentimento entre sua família e sua tribo. O desprezo de todos chegou ao ponto em que o Padre de Lamberville temeu pela sua sobrevivência. Ele, por fim convencido disso, insistiu para que ela fugisse. Escondida na escuridão, e com a ajuda de dois indígenas convertidos, Kateri partiu de sua vila a pé e fez uma viagem de 380 quilômetros até Sault Sainte Marie, uma missão cristã perto de Montreal. Lá, no dia de Natal de 1677, fez sua primeira comunhão.

Livre para praticar sua fé, Kateri se regozijava. Mas ainda precisava tatear seu caminho em um mundo que não lhe oferecia modelos definidos. Ela assistia à missa diariamente, passava a maior parte do seu tempo em oração e, além disso, se ocupava ajudando os idosos e os fracos. Apesar disso, os missionários acostumados ao trabalho se espantavam e ficavam bastante perplexos com seu zelo devoto e extremo asceticismo. Eles lhe pediram que Kateri considerasse um casamento cristão, mas ela resistia a essa opção. Ao contrário, propôs fundar um convento, uma idéia que foi rapidamente abandonada, já que não havia base, na época, para supor que cristãos indígenas pudessem se adaptar à vida religiosa. Não obstante, em 1679, Kateri fez um voto público de castidade.

Esse foi o ponto máximo a que pôde chegar com seu sonho de levar uma vida como religiosa. Na primavera seguinte, ficou gravemente doente. Depois de murmurar as palavras "Jesus, eu Te amo", ela faleceu em 17 de abril de

1680, com 23 anos de idade. Muitas testemunhas garantiram que, depois de sua morte, todas as cicatrizes da varíola desapareceram de sua face.

Em 1980 Kateri Tekakwitha foi beatificada pelo Papa João Paulo II, tornando-se a primeira índigena norte-americana a ser reconhecida como santa.

Ver: Marie Cecília Buerhle, *Kateri dos Mohawks* (Milwaukee: Bruce Publishing Company, 1954); "Kateri Tekakwitha: Ícone da Diversidade", in Joan Chittister, *Uma Paixão Pela Vida* (Maryknoll, N.Y.: Orbis Books, 1996).

MÃE ANN LEE

Quacre (1736-1784)

"Limpe bem seu quarto, pois os bons espíritos não vão ficar onde há sujeira. Não há sujeira no céu."

Atualmente, os quacres são lembrados por seus trabalhos manuais - cestas, caixas e móveis de indescritíveis simplicidade e beleza. Essa seita misteriosa, baseada no Espírito, floresceu em uma expressiva quantidade de comunidades norte-americanas no século XIX. Com sua elaborada regra de vida, sua simplicidade sem adornos, seu celibato, seu modo de considerar o trabalho como uma forma de veneração e seu comprometimento com a paz, os quacres se pareciam com uma forma de monasticismo - embora de um tipo protestante extremado. Pelo seu modo de vida e modo de venerar, os quacres acreditavam que estavam vivendo na presença de Cristo, em um estado restaurado de inocência edênica. Como Thomas Merton, o moderno monge trapista, escreveu de modo memorável: "A graça peculiar de uma cadeira dos quacres se deve ao fato de que ela foi feita por alguém capaz de acreditar que um anjo poderia vir e sentar-se nela".

As sementes do movimento se encontravam em um grupo de dissidentes religiosos em Lancashire, Inglaterra, que, na década de 1750, passou a ser conhecido como "quacres". O nome veio de sua tendência a balançar e a tremer quando meditavam. "Afetados sob o poder de Deus", eles eram "ocasionalmente instruídos a cantar, gritar ou caminhar... ou a passar rapidamente uns pelos outros, como nuvens agitadas por um vento poderoso".

Uma jovem chamada Ann Lee se juntou ao grupo em 1758, e logo assumiu um papel de liderança. Ann vinha de uma família pobre e não havia recebido educação antes de ir trabalhar em uma tecelagem. Depois de se unir aos quacres, ela se casou com um ferreiro e teve quatro filhos, que morreram na infância. Devido a essa imensa perda, entrou em uma profunda crise espiritual, que resultou em uma conversão dramática: "Minha alma se voltou para Deus, o que eu senti tão nitidamente quanto uma mulher jamais sentiu com uma criança, ao dar à luz". Renascida no reino espiritual, ela denunciou todo mundanismo e partiu para proclamar sua visão.

Sua pregação provocou violenta oposição. Ela foi acusada de fanatismo, heresia e blasfêmia. Foi espancada e apedrejada por multidões enraivecidas. Durante toda essa perseguição, escreveu: "Sentia que estava rodeada pela presença de Deus, e minha alma estava repleta de amor".

Junto com outros quacres, foi presa inúmeras vezes por perturbar o *sabbath* ficando na porta da igreja e dando seu testemunho. Na prisão, um dia, viu "a grande visão da própria transgressão do primeiro homem e da primeira mulher no Jardim do Éden, a causa pela qual toda a humanidade ficou perdida e separada de Deus". Alegava que Cristo havia aparecido para ela, rogando-lhe que pregasse o Evangelho da vida imaculada. "Eu estava próxima de Cristo!", disse ela, "senti a presença Dele junto comigo, com tanta clareza quanto senti minhas duas mãos unidas!".

Ao sair da prisão, descobriu que seus companheiros quacres haviam tido a mesma experiência, o que os convenceu de que eles estavam realmente vivendo em uma nova era do espírito de Cristo. Ann Lee, que assumiu o título de Mãe Lee, sentia uma união especial com Cristo. "Ele é minha cabeça e meu esposo", proclamava, "e não tenho outro! Caminhei, de mãos dadas com Ele no Céu... Senti o sangue de Cristo correndo pela minha alma e por meu corpo, me lavando; a Ele reconheço como minha cabeça e meu Senhor".

Mãe Lee levou seu rebanho para os Estados Unidos em 1774. Um testemunho de um de seus seguidores, na época, descreveu-a da seguinte maneira: "Sua aparência era meiga e expressiva, mas grave e solene. Seu olhar era sagaz e penetrante; sua expressão inspirava confiança e respeito; e para muitos do mundo, que a viam, sem preconceito, era considerada bonita".

E também achavam que ela era muitas outras coisas: prostituta, bêbada e até mesmo bruxa. A esperança dos quacres de encontrar uma melhor acolhida em seu novo país não foi imediatamente recompensada. Por sua prática de confissão e seu comprometimento com o celibato, foram acusados de ser católicos. Depois da eclosão da Revolução Americana, devido à sua recusa de carregar armas, foram acusados de traidores. Seu modo de vida e de venerar era incompreendido e deu origem a rumores exagerados. A crença de Mãe Lee na igualdade radical dos sexos – ela se referia a Deus como Pai e Mãe – fez com que tivesse inimigos por todos os lados.

Entretanto, depois de alguns anos, Mãe Lee ganhou seus primeiros convertidos nos Estados Unidos. Como disse um deles: "Toda a sua alma estava engajada no serviço de Deus; e o espírito de Deus parecia exalar em todas as suas palavras e ações". Comunidades de quacres começaram a se estabelecer em Nova York e em outros lugares, seus membros unidos na crença feliz de que estavam criando o paraíso terrestre. "Coloque suas mãos para trabalhar e ofereçam seus corações a Deus", proclamava Mãe Lee. "Toda respiração é uma prece contínua a Deus."

Mesmo assim, a perseguição continuou a atormentar o seu ministério. Uma noite, um encontro de quacres, no qual ela estava pregando, foi interrompido por um grupo de zelosos vizinhos cristãos. Depois de suportar um espancamento, Mãe Lee foi amarrada pelos tornozelos atrás de uma carroça e arrastada por muitos quilômetros numa estrada gelada. Nunca se recuperou dessa prova, falecendo em sua comunidade, em Niskeyuna, Nova York, em 8 de setembro de 1784.

Ela não chegou a viver para testemunhar o florescimento dos quacres, na metade do século XIX, e seu progressivo e inevitável declínio. Segundo uma das últimas quacres: "Cada ciclo tem seus profetas – como estrelas-guia; e eles são as velas de nosso Senhor que queimam, iluminando o templo espiritual na terra, no tempo presente. Quando cumprirem sua tarefa, irão embora; mas os pavios permanecerão e outras luzes serão acesas no lugar".

Ver: Edward Andrews, *O Povo Chamado de Quacres* (Nova York: Oxford, 1953); Thomas Merton, *Em Busca do Paraíso: o Espírito dos Quacres* (Maryknoll, N.Y.: Orbis Books, 2003).

SANTA BERNADETTE SOUBIROUS

Visionária de Lourdes (1844-1879)

"Oh, Jesus, conserva-me sob os princípios da Tua cruz. Não permita que eu apenas olhe para Ti crucificado, mas que eu tenha a Ti vivendo em meu coração."

Nas histórias tradicionais dos santos é comum observar as muitas maneiras, ainda quando crianças, de eles se destacarem entre seus contemporâneos. Mas mesmo os mais zelosos admiradores de Santa Bernadette, por mais que tentassem, não poderiam encontrar muita coisa que a distinguisse. Ela era boa, honesta e devota; a respeito disso, todos concordam. No entanto, era uma pessoa muito comum. Ela se considerava pouco importante, apenas um pobre veículo da graça de Deus, que se sentiu feliz em se retirar para a obscuridade quando sua missão se completou.

Bernadette Soubirous nasceu em Lourdes, uma cidadezinha nas encostas do norte dos Pirineus, em 1844. Sendo a mais velha de seis filhos, vivia em um quarto em um porão com seus pais. Era uma criança doentia, sofria de asma e certa vez, por pouco, sobreviveu a uma epidemia de cólera. Ela não sabia ler e seus professores a consideravam pouco inteligente. Porém, em breve, estaria no centro de uma série de eventos que deixariam seu mundo de ponta-cabeça.

Em uma manhã fria de fevereiro de 1858, quando tinha 14 anos, Bernadette e outras duas crianças estavam colhendo gravetos ao lado de uma caverna isolada, perto do rio Gave de Pau. Ao passar pela gruta, ela ouviu um estranho farfalhar. Olhando para o alto, viu uma bela jovem, "que não era maior que eu", descalça, vestida de branco e azul, segurando um rosário. Ao vê-la, Bernadette caiu de joelhos e remexeu em seus bolsos procurando seu rosário. As outras crianças, que nada viram, caçoaram de sua demonstração de piedade.

Quando relatou essa experiência, seus pais ficaram profundamente desconfiados e, a princípio, a proibiram de voltar lá. Mas depois cederam, e a Bernadette se juntaram outras crianças, e finalmente multidões de vizinhos curiosos que haviam ouvido falar da suposta aparição. Durante um período de dois meses, Bernadette se encontrou e conversou com a Senhora em 18 ocasiões. Algumas das mensagens eram dirigidas apenas a Bernadette: "Não prometo fazê-la feliz nesta vida, mas na próxima", disse a Senhora. Em outros casos, Ela parecia se dirigir a uma audiência maior: "Orai pelos pobres pecadores! Orai pelo mundo que está tão perturbado!". Quando lhe pediram que se identificasse, a Senhora respondeu: "Eu sou a Imaculada Conceição" (um dogma definido apenas em 1854, relativo ao fato de a Virgem Maria ter sido preservada do pecado original). Foi uma expressão estranha; a própria Bernadette confessou que não tinha a menor idéia do que aquilo significava.

Em um dos últimos encontros, a Senhora instruiu Bernadette para que bebesse da água da caverna. Aquilo era estranho, já que não havia uma fonte visível. Mas, quando Bernadette cavou o solo com suas mãos, desenterrou uma fonte, que começou a crescer. Enlameada no começo, a água ficou clara. Pouco tempo depois, era uma fonte transbordante, que continua a jorrar até hoje, produzindo 27 mil galões por semana.

Na época em que as visões terminaram, haviam se tornado causa de extrema confusão, consternação e excitação entre os habitantes da região, membros da Igreja e autoridades civis. Em vez de aceitar esses acontecimentos como um milagre, os membros da Igreja se mostraram reservados.

Bernadette foi exposta a exaustivas entrevistas, e uma série de padres e de autoridades eclesiásticas a questionava a respeito de cada detalhe de suas visões. Por vezes, pareciam frustrados por Deus ter dispensado esses favores a uma camponesa iletrada e não a alguém com mais conhecimento de mariologia. Era cabível que a Santa Mãe tivesse falado no dialeto regional e não em francês correto? E se era realmente a Santa Mãe, esposa de São José, como Bernadette podia afirmar que não usava aliança de casamento? A essas e outras questões semelhantes Bernadette podia apenas afirmar o que havia visto, e disso nunca se afastou.

E, se não fosse difícil o suficiente agüentar o escrutínio dos céticos, a adulação dos piedosos era ainda pior. Em pouco tempo, Bernadette se tornou uma celebridade. As pessoas a bajulavam e disputavam para receber sua bênção. Ela estava mortificada. Em parte para escapar dessa atenção, Bernadette buscou com avidez o refúgio da vida religiosa. Encorajada pelo padre de sua paróquia, entrou em uma ordem de Irmãs de Caridade e foi mandada para longe, para um convento em Nevers. Lá, ao fazer os votos, tornou-se simplesmente a Irmã Marie Bernard.

Mas não foi o fim de suas provações. Sua superiora desfrutava a atenção ocasionada pela presença de tamanha celebridade espiritual. Ela chamava Bernadette com freqüência ao locutório para relatar os detalhes de suas visões para visitantes importantes. E, apesar disso, tratava Bernadette com extrema severidade, justificando sua dureza como uma "proteção de sua humildade".

A saúde de Bernadette, que nunca havia sido boa, começou a se deteriorar. Quando a tuberculose afetou seus ossos, sofria com dores terríveis. Porém, nunca se queixou nem pediu um tratamento especial. Em seu leito de morte, foi visitada novamente por bispos, que lhe pediram que descrevesse uma vez mais o véu da Senhora – seu comprimento, sua largura, suas dobras. "E consigo me lembrar de tudo isso?", perguntou Bernadette. "Se eles querem saber, que façam com que ela reapareça."

Nessa época, Lourdes havia se tornado um dos locais de peregrinação mais populares na Europa, e seu culto aprovado pela Igreja. A cada ano, dezenas de milhares de visitantes chegavam, atraídos pelos relatos das curas milagrosas associadas às águas da gruta. Mas Bernadette nunca estava entre os peregrinos. Ela não voltou a Lourdes, nem quando uma basílica menor foi consagrada em 1876 perante uma multidão de cem mil pessoas. "Nossa Senhora me colocou a serviço dela", disse ela. "Eles me colocaram de volta em meu canto. Estou contente por ficar aqui."

Bernadette faleceu em 16 de abril de 1879, aos 35 anos. Ela foi canonizada em 1933.

Ver: Margaret Gray Blanton, *O Milagre de Bernadette* (Englewood Cliffs, N.J.: Prentice-Hall, 1958).

SANTA MARIA GORETTI

Mártir (1890-1902)

"Não, é pecado. Deus não quer!"

Maria Goretti era a terceira de cinco filhos, nascida em 1890, de um rendeiro italiano pobre e de sua esposa. Seu pai faleceu de malária quando ela tinha dez anos, deixando a mãe para sustentar a família. Eles dividiam uma habitação com outra família, os Serenelli, cujo filho de 18 anos, Alessandro, regularmente fazia investidas de natureza sexual contra a jovem Maria. Um dia, quando ela ainda não tinha 12 anos, ele a encontrou sozinha no chalé e tentou violentá-la. Quando ela resistiu, ele a esfaqueou diversas vezes. Ela faleceu no dia seguinte devido aos ferimentos, embora não antes de receber a Eucaristia e de perdoar seu estuprador (ela esperava vê-lo no céu, disse).

Alessandro foi condenado a 30 anos de prisão. Um dia, durante sua reclusão, ele teve um sonho, no qual Maria apareceu, outra vez dando-lhe seu perdão e pedindo-lhe que ele se convertesse. Ele acordou um homem mudado. Ao ser libertado da prisão, foi imediatamente falar com a mãe de Maria e implorou que ela o perdoasse.

Enquanto isso, a história de Maria havia se espalhado para muito além de seu pequeno vilarejo. Ela era invocada como símbolo de pureza e de virtude cristã com freqüência. Milhares de pessoas lembravam-se dela em suas orações, e muitos milagres foram creditados a ela. Maria foi canonizada em 1950 pelo Papa Pio XII, perante uma multidão jamais reunida antes, que incluía sua mãe e seus irmãos e, algo ainda mais notável, o homem que a havia matado.

A canonização de Maria Goretti foi incomum sob diversos aspectos. Ao contrário de mártires tradicionais, ela não havia morrido em "defesa da fé", mas em defesa da virtude cristã. Ao apoiar a sua causa, parecia que a Igreja tinha a intenção de que sua história fosse um desafio para a cultura de permissividade sexual contemporânea. Ao se dirigir à multidão reunida para sua canonização, o papa denunciou a imprensa, o cinema e a indústria da moda por sua corrupção da moralidade sexual. Gerações de crianças católicas – particularmente meninas – tiveram o exemplo da menina mártir Maria gravado em suas memórias e foram aconselhadas a prestar atenção à mensagem dela.

Mas qual era essa mensagem? Se Maria Goretti houvesse sobrevivido ao estupro e demonstrasse a mesma caridade espantosa em relação ao seu violador, teria ela sido honrada do mesmo modo por sua família e pela Igreja?

A história de Maria Goretti compartilha do legado ambíguo de todas aquelas antigas histórias de "virgens mártires", como Santa Inês, Santa Bárbara e Santa Luzia, que aceitaram a morte em nome de Cristo em vez de permitir que fossem definidas ou humilhadas por uma cultura patriarcal. Tipicamente, nessas histórias, uma jovem que se recusa a se submeter ao casamento é ameaçada com estupro em grupo ou humilhação sexual antes de deparar com um fim violento. Mas, uma violência maior é exercida sobre a memória dessas mulheres ao reduzir seu testemunho a um sermão sobre as virtudes da vestimenta modesta ou os perigos do sexo antes do casamento.

Assim como outras jovens antes dela, a camponesa Maria Goretti, sem ninguém para protegê-la, agarrou-se de unhas e dentes, com um espírito guerreiro, à sua própria identidade e idéia de honra. No entanto, seu posicionamento foi baseado em mais do que a simples autoproteção. Ela deu ao seu testemunho um poder redentor imenso o suficiente para acolher a salvação de seu violador e para transcender todas as circunstâncias cruéis de suas vidas.

Como escreveu Kathleen Norris: "Às vezes uma morte é necessária para nos fazer ver o óbvio. Às vezes é uma valente menininha dura de matar que nos dá o testemunho de um mistério que vai além de nosso entendimento e de nosso controle. E, no centro indômito do coração dessa menina, nós vislumbramos um amor mais forte que a morte, um amor que nos envergonha a todos".

Ver: Kathleen Norris, "As virgens mártires: entre o 'point vierge' e o 'usual spring'", in *Um Tremor de Felicidade: Escritores Contemporâneos Falam Sobre os Santos*, ed. Paul Elie (Nova York: Harcourt Brace & Company, 1994); Kathleen Norris, "Maria Goretti", in *Mártires*, ed. Susan Bergman (Maryknoll, N.Y.: Orbis Books, 1996).

ETTY HILLESUM

Mística do Holocausto (1914-1943)

"Deus não é responsável por nós, mas nós somos por Ele. Sei o que pode estar nos esperando... E, no entanto, acho que a vida é bonita e cheia de significado."

Pouco se sabe da vida exterior de Etty Hillesum, uma jovem judia, que viveu em Amsterdã durante a ocupação nazista e morreu como uma dos milhões de vítimas do Holocausto. Essa obscuridade contrasta com sua bem-documentada vida interior. Desde o dia em que os judeus holandeses foram condenados a usar uma estrela amarela até o dia em que embarcou em um vagão de transporte de gado com destino à Polônia, Etty se dedicou a uma tarefa ambiciosa. Diante de sua morte iminente, ela se empenhou para dar um testemunho sobre o poder inviolável do amor e para reconciliar sua aguda sensibilidade em relação ao sofrimento humano com seu gosto pela beleza e pelo significado da existência. Nos dois últimos anos de sua vida, Etty manteve um diário meticuloso, anotando suas experiências diárias e os desdobramentos de sua resposta interior. Publicado quatro décadas depois de sua morte, esse livro foi rapidamente reconhecido como um dos grandes documentos morais de nossos tempos.

Etty mantinha um perceptível sentimento de solidariedade para com o povo judeu. Porém, sua reflexão pessoal era alimentada por uma diversidade eclética de fontes, incluindo Rilke, a Bíblia, Santo Agostinho e Dostoievski. Quando um amigo exclamou, indignado, de que sua atitude em relação a amar seus inimigos soava como o cristianismo, ela respondeu: "Sim, cristianismo, por que não?". Mas, na verdade, ela tinha pouco interesse em qualquer tipo de religião organizada. Em um tempo em que tudo estava ficando fora de controle, quando "o mundo inteiro está se tornando um gigantesco campo de concentração", sentia que as pessoas precisam se apoiar com firmeza naquilo que é permanente – o encontro com Deus nas profundezas de sua própria alma e em outras pessoas.

Há uma dimensão terrestre e personificada na espiritualidade de Etty Hillesum. Ela descreveu suas aventuras românticas com não menos reticência que para descrever suas orações. Para Etty, tudo – o físico e o espiritual sem distinções – estava relacionado à sua apaixonada disponibilidade para a vida, que era, finalmente, a disponibilidade para Deus.

Enquanto escrevia, sua vida estava se desdobrando dentro do laço cada vez mais apertado da ocupação alemã. A efervescência de Etty poderia se parecer com um tipo de negação maníaca. O que aconteceu, contudo, é que ela parece ter discernido a lógica dos acontecimentos com uma objetividade incomum. Sob esse ponto de vista, sua determinação de afirmar a bondade e a beleza da existência se tornou algo próximo de um milagre. Suas anotações de 3 de julho de 1942:

> Devo admitir um novo entendimento em minha vida e encontrar um lugar para ele: o que está em jogo são nossa destruição e aniquilação iminentes... Eles estão lá para nos destruir completamente, devemos

aceitar isso e partir desse ponto... Muito bem... aceito isso... trabalho e continuo a viver com a mesma convicção e acho que a vida é cheia de sentido... Gostaria de poder viver por muito tempo, para que um dia possa saber como explicar isso, e, se meu desejo não for satisfeito, então outra pessoa talvez faça isso, continue a partir do ponto em que minha vida foi ceifada. É por isso que devo tentar viver uma vida boa e cheia de fé até meu último suspiro; para que quem venha depois de mim não precise começar tudo de novo.

Para Etty, essa afirmação do valor e do sentido da vida diante da evidência esmagadora em contrário tornou-se o princípio que a guiava. Em meio ao sofrimento e à injustiça, ela acreditava que o esforço para preservar no coração da pessoa um espírito de amor e de perdão era a maior tarefa que qualquer pessoa poderia realizar. Essa, sentiu, era sua vocação.

Com regularidade crescente, Etty descreveu sua compulsão de cair de joelhos e rezar. Perto do término de seus diários, Deus havia se tornado o interlocutor explícito de seu diálogo interno:

Deus, tomai-me em Vossas mãos, eu Vos seguirei fielmente, e não resistirei muito, tentarei não fugir de nenhuma das tempestades que a vida tem reservadas para mim, tentarei enfrentar tudo da melhor maneira possível... Tentarei espalhar um pouco de meu afeto, de meu amor genuíno pelos outros, aonde quer que eu vá... Às vezes, imagino que anseio pela reclusão de um convento. Mas sei que devo buscar-Vos no meio do povo, no mundo. E é isso que farei... Prometo viver minha vida lá fora até o máximo.

Etty trabalhou por uns tempos como datilógrafa para o Conselho Judaico, um serviço que retardou sua deportação para o campo Westbork. Por fim, ela renunciou a esse privilégio e se ofereceu para acompanhar seus companheiros judeus ao campo. Não desejava ser poupada do sofrimento das massas. Na verdade, sentia um profundo chamado para estar presente no coração do sofrimento, para tornar-se "o coração pensante do campo de concentração".

Seu sentimento de solidariedade para com aqueles que sofrem tornou-se a forma específica de sua vocação religiosa. Mas não era uma vocação para o sofrimento como tal. Era uma vocação para redimir o sofrimento da humanidade de dentro para fora, salvaguardando "aquele pedacinho de Vós, Deus, em nós".

Sei que um dia novo e mais acolhedor virá. Eu gostaria tanto de continuar vivendo, mesmo que fosse somente para exprimir todo o amor que carrego dentro de mim. E há apenas um modo de preparar essa nova era: vivendo-a mesmo agora em nossos corações.

Em 7 de setembro de 1943, Etty e sua família foram colocadas em um trem que as levaria para um campo de concentração na Polônia. De uma das janelas ela jogou um cartão em que estava escrito: "Deixamos o campo cantando". Ela faleceu em Auschwitz em 30 de novembro. Tinha 29 anos de idade.

Ver: Uma Vida Interrompida: Os Diários de Etty Hillesum, 1941-1943 (Nova York: Pantheon, 1983).

Mollie Rogers

Fundadora da Congregação das Irmãs de Maryknoll (1882-1955)

"Não há nada mais surpreendente que a vida assim como ela é; nada mais milagroso que o crescimento, a mudança e o desenvolvimento, assim como nos são revelados. E isso acontece com muita freqüência quando paramos para contemplar o trabalho de Deus, pois não há nada a fazer a não ser se maravilhar e agradecer a Ele, percebendo quão pouco planejamos, quão pouco conseguimos e, no entanto, quanto foi feito."

Mollie Rogers datava o começo de sua vocação a uma tarde de verão no Smith College, quando uma turma de suas colegas saiu pelo portão cantando: "Avante, soldados cristãos". Elas haviam acabado de assinar o compromisso do Estudante Voluntário para ir à China como missionárias protestantes. Mollie compartilhava dessa exaltação, mesclada com algum pesar por não haver uma missão católica semelhante que pudesse apoiar. Ela caminhou até a igreja da paróquia e lá, "perante Jesus no relicário, comparei minha fé e a sua expressão com o fato que acabara de testemunhar. A partir daquele momento, eu tinha um trabalho a fazer; pequeno ou grande, só Deus sabia".

Não houve um resultado imediato dessa resolução. Mas muitos anos mais tarde, em 1905, Mollie, então uma professora no Smith College, procurou o Padre James Anthony Walsh, diretor local da Sociedade para a Propagação da Fé em Boston. Ele imediatamente a inscreveu para ajudar com o *Field Afar*, um novo jornal direcionado a estimular a conscientização da missão na Igreja dos Estados Unidos.

Walsh, um padre irlandês-americano de 30 e poucos anos de idade, na época estava colaborando com o Padre Thomas Price da Carolina do Norte em um projeto para estabelecer uma sociedade missionária norte-americana no exterior. O objetivo deles: os imensos territórios da China. É difícil hoje avaliar a magnitude dessa visão. Até 1908, os Estados Unidos ainda eram designados como território missioneiro. O país ainda se encontrava no meio de uma afluência massiva de imigrantes europeus, e uma grande quantidade dos padres católicos que trabalhavam no país era estrangeira. A missão além-mar, na época, era considerada um empreendimento protestante, enquanto a Igreja Católica estava com as mãos atadas, lidando com necessidades mais prementes em sua pátria. No entanto, em 1911, Walsh e Price obtiveram o apoio dos bispos norte-americanos para estabelecer um seminário missioneiro. Essa foi a origem da Sociedade da Missão Estrangeira Católica dos Estados Unidos, que logo se tornaria conhecida como Maryknoll.

Mollie era uma entre um pequeno grupo de mulheres que se ofereceram como voluntárias para se juntar aos padres em Ossining, Nova York, para ajudá-los a lançar o projeto. O trabalho delas estava, na maior parte do tempo, confinado à função de secretariado no *Field Afar*. Mas, ao mesmo tempo em que a Sociedade foi se formando, Mollie ficou cada vez mais convencida de que as mulheres tinham um papel maior para desempenhar que o de simples ajudantes dos padres. Por que, ela perguntou, as mulheres não poderiam também servir como missionárias além-mar? Ela conquistou o apoio de Walsh e Price para seu projeto. Eles perceberam a vantagem de ter irmãs missionárias, pois elas poderiam se relacionar mais facilmente com as chinesas. Entretanto, para prosseguir com esse plano era necessário que formassem uma congregação religiosa. Mollie não sentia um apelo especial para tornar-se freira, mas, se era aquilo que era necessário para se tornar missionária, estava pronta para fazê-lo.

O plano enfrentou a resistência de membros do Vaticano, que duvidavam que as mulheres pudessem se adequar às exigências severas da missão. A congregação que Mollie Rogers imaginara também representava uma quebra do modelo convencional de vida religiosa. Ela desejava que suas Irmãs vivessem no meio do povo – não confinadas em clausuras monásticas, mas capazes de se mover livremente para dar seu testemunho sobre o Evangelho. Apesar das reservas, em 1920, o Vaticano deu sua aprovação. Um ano mais tarde, Mollie Rogers e outras 21 mulheres fizeram seus votos religiosos formais como as Irmãs Maryknoll de São Domingos.

No início, as Irmãs foram ajudadas por membros de outras congregações religiosas. Mas Mollie Rogers, ou Madre Maria José, como era agora conhecida, achou difícil se ajustar à disciplina e espiritualidade dessas freiras, apegadas às tradições de um mundo antigo. Mollie estava interessada, ao contrário, em adaptar a vida religiosa às necessidades da missão. Recusando-se a "ser atrapalhada por uma vida de orações muito organizada e excessivamente regrada", ela lutou com bravura para mostrar à congregação a importância da flexibilidade e da individualidade. Descrevendo a Irmã Maryknoll ideal, disse:

> Gostaria que ela se distinguisse pela caridade, como a de Cristo; uma límpida simplicidade da alma; a generosidade heróica; a abnegação; a lealdade infalível; o zelo prudente; a cortesia graciosa; uma disposição adaptável; a piedade sólida; e a graça salvadora do humor contagiante.

A primeira missão das Irmãs Maryknoll foi entre os imigrantes japoneses da Costa Oeste. Porém, o sonho de Mollie Rogers se realizou cedo, quando as primeiras Irmãs Maryknoll foram mandadas para a China. Outra vez, como havia esperado, as Irmãs foram além do trabalho de ajuda para os padres ou os trabalhos tradicionais de caridade. Na China, e em outros lugares, as Irmãs Maryknoll foram ao interior para acolher os pobres e para se engajar no trabalho direto de evangelização. Outras missões se seguiram, na Coréia, nas Filipinas e, com o passar do tempo, pelo mundo todo.

Mollie Rogers seguia o trabalho de suas Irmãs com orgulho maternal e fez diversas viagens ao exterior para supervisionar o progresso delas. Mas não era sua vocação segui-las. De modo inverso, ela permaneceu em sua sede dirigindo a congregação até se aposentar em 1950. Na época de sua morte, em 9 de outubro de 1955, havia 1.100 Irmãs Maryknoll trabalhando pelo mundo todo.

Nos anos seguintes, as Irmãs Maryknoll conquistariam uma imagem heróica por seus feitos nas selvas da África e da América Latina, e por seus sofrimentos durante a Segunda Guerra Mundial e sob a perseguição comunista na China. Depois, no começo da década de 1960, o comprometimento delas com a justiça social e sua "opção pelos pobres" iriam levar a um tipo diferente de heroísmo. Mas enquanto a congregação crescia e se desenvolvia com o passar do tempo, as Irmãs continuavam a tirar sua inspiração da visão e da personalidade de Mollie Rogers, que uma vez escreveu: "Amor, trabalho, orações e sofrimento nos sustentarão no futuro assim como fizeram no passado. Todas que estão aqui e agora, todas que virão depois de nós não terão outras ferramentas senão essas com as quais construir".

Ver: Penny Lernoux (com Arthur Jones e Robert Ellsberg), *Corações em Chamas: A História da Congregação das Irmãs de Maryknoll* (Maryknoll, N.Y.: Orbis Books, 1993).

Raïssa Maritain

Poeta e contemplativa (1883-1960)

"É um erro se isolar dos homens... Se Deus não chama a pessoa para a solidão, essa pessoa deve viver com Deus na multidão, fazer com que Ele seja conhecido e amado no meio dela."

A vida de Raïssa Maritain estava inextricavelmente ligada à de seu marido, Jacques, famoso filósofo católico. Em sua longa vida em comum, estavam unidos não apenas pelos laços do matrimônio, mas pela "amizade sagrada", uma união em que Deus permanecia como um terceiro parceiro íntimo.

Raïssa e Jacques se conheceram quando eram estudantes na Sorbonne. Raïssa nascera na Rússia. Seus pais, judeus ortodoxos, haviam se mudado para a França em busca de melhores oportunidades de educação para suas filhas talentosas. Raïssa avançara tão rapidamente em seus estudos, apesar de ter de aprender uma nova língua, que foi admitida na universidade aos 16 anos de idade.

Ela encontrou Jacques Maritain quando ele lhe pediu sua assinatura em uma petição que protestava a respeito do tratamento dado aos estudantes socialistas na Rússia czarista. A atração foi imediata, e logo se tornaram inseparáveis. Eles se casaram em 1904. Raïssa e Jacques partilhavam uma paixão por poesia, por arte e por justiça social. Mas encontraram logo um novo ponto de união – uma obsessão comum com a questão da justiça e uma necessidade de descobrir o sentido da vida. Embora nenhum dos dois tivesse muito treinamento religioso, achavam intolerável imaginar que a existência pudesse ser absurda. Eles fizeram um juramento de que se não tivessem, no período de um ano, encontrado uma resposta para sua busca acabariam com suas vidas.

Em seguida, começaram a freqüentar as palestras do filósofo Henri Bergson, de quem adquiriram "o sentimento do Absoluto". Eles foram levados por sua vez ao escritor Leon Bloy. Ele não era apenas católico devoto, mas um profeta, cujos escritos celebravam a predileção de Deus pelos pobres, enquanto denunciavam violentamente os pecados da cristandade burguesa. Com sua amizade com Bloy, os Maritain foram introduzidos ao mundo do catolicismo, mas também às Escrituras Sagradas. Raïssa ficou comovida em particular com os escritos de Bloy sobre os judeus, escolhidos por Deus para um papel especial na história da salvação. Passado um ano de seu primeiro encontro com Bloy, Jacques e Raïssa foram batizados em 1906. Bloy foi padrinho.

Tendo encontrado seu caminho para a Igreja, Raïssa e Jacques conceberam suas vidas em termos religiosos. Eles fizeram votos como oblatos de São Bento e, logo após, votos de celibato perpétuo. Apesar desse comprometimento particular, sentiam intensamente que não estavam destinados à vida monástica, mas que haviam sido chamados para viver sua fé no meio dos círculos intelectuais e artísticos nos quais estavam imersos.

No primeiro volume de suas memórias, *Fomos Amigos Juntos*, Raïssa descreveu os primeiros anos de seu casamento quase inteiramente em termos do relacionamento deles com figuras como Bloy, o artista Georges Rouault e o poeta Charles Péguy. Durante toda sua vida em comum, o salão dos Maritain era o centro de um extraordinário reflorescimento intelectual católico. Jacques se tornou o mais eminente filósofo católico do século XX. Raïssa também foi reconhecida por meio da publicação de diversos volumes de poesia e de prosa. Mas, a não ser por suas publicações, ela permaneceu mais nos bastidores, a colaboradora íntima do trabalho de seu marido. Ele, posteriormente, disse que a ajuda e a inspiração dela haviam penetrado em tudo o que escrevera: "Toda coisa boa provém de Deus. Mas como uma intermediária na terra, toda coisa boa veio para mim por meio dela".

Raïssa faleceu em 4 de novembro de 1960. Foi só então que Jacques descobriu os seus diários e percebeu a profundidade da espiritualidade que havia ficado escondida até mesmo dele. Publicados mais tarde, os diários refletem a intensa vida de orações de Raïssa e sua compreensão de sua vocação como contemplativa "nos caminhos do mundo". Na verdade, tendo por base esses escritos, Thomas Merton a chamou de "talvez uma das grandes contemplativas de nosso tempo".

Em uma de suas anotações havia escrito: "Tenho a sensação de que o que se espera de nós é viver no vendaval, sem reter nada de nossa substância, sem reter nada para nós, nem descanso, nem amizades, nem saúde, nem lazer – rezar incessantemente... –, na verdade, deixar que sejamos levados nas ondas da vontade divina até o dia em que essa vontade dirá: 'Já é suficiente'".

Ver: Raïssa Maritain: *O Diário de Raïssa* (Albany, N.Y.: Magi, 1974); *Fomos Amigos Juntos* (Londres: Longman, Green, 1942).

FLANNERY O'CONNOR

Romancista (1925-1964)

"O escritor católico... vai sentir a vida a partir do ponto de vista do mistério cristão central: que, apesar de todo seu horror, Deus percebeu que vale a pena morrer por ele."

Não haverá biografia minha", predisse Flannery O'Connor (e uma boa coisa, também, era a implicação), "porque... as vidas passadas entre a casa e o galinheiro não são material excitante". Sem ser excitante, sua curta vida foi, no entanto, marcada por seu drama humano. Entre outras coisas, deixou para trás uma pequena produção de romances e de contos que lhe garantiram um lugar entre os maiores escritores da literatura norte-americana. Durante sua vida, críticos perspicazes perceberam a importância dos temas religiosos em sua obra. Mas, apenas com a publicação póstuma de suas cartas em *O Hábito de Ser*, tornou-se claro até que ponto a forma de sua arte era devida à sua fé católica. Além do mais, as cartas revelavam quanto suas circunstâncias pessoais, sua inteligência viva e a fé que ela mantinha com tanta intensidade haviam se combinado para criar uma visão profética de indizível profundidade.

No começo da vida de Flannery O'Connor, os médicos diagnosticaram que ela sofria de lúpus, uma doença incurável e debilitante, que drenava sua energia e a deixava confinada na fazenda de laticínios de sua mãe em Milledgeville, Geórgia. Lá, escrevia enquanto sua força lhe permitia – duas horas pela manhã – e ajudava a cuidar de patos, gansos e pavões, dos quais vivia rodeada. Ela não gostava de sentimentalismo e de piedade e reagia com veemência contra a tentação dos críticos de considerarem seu histórico médico quando avaliavam sua produção escrita. E, no entanto, sua doença lhe impunha uma disciplina e um sentido de prioridades que ela conseguiu transformar em vantagem para sua arte. De Teilhard de Chardin emprestou a expressão "diminuição passiva" para descrever uma qualidade que admirava: a aceitação serena de qualquer problema ou perda que nenhum esforço pode alterar. "Tenho energia suficiente para escrever, e como isso é tudo com que me envolvo, posso de olhos fechados considerar isso uma bênção. O que você tem de controlar, você passa a observar mais de perto."

Em seu confinamento auto-imposto, ela devotava muita energia à correspondência. Muitas de suas cartas tratavam de sua fé e da dimensão religiosa de suas histórias. Ela escreveu para um correspondente:

> Escrevo do jeito que faço (não porque) por ser católica. Esse é um fato e nada o oculta como a simples afirmativa. Entretanto, sou uma católica peculiarmente dotada da consciência moderna... Tê-la *dentro* da Igreja é carregar um fardo, o fardo necessário para o católico consciente. É sentir a situação contemporânea em seu nível máximo.

Para Flannery O'Connor, as doutrinas da criação, da queda e da redenção eram as lentes através das quais olhava o mundo. Mas, como uma artista, ela também valorizava a vívida dimensão sacramental do catolicismo – a noção de que a graça é sempre mediada pela natureza e o mistério por meio dos costumes. "Sinto que se não fosse católica não teria razão para escrever, não teria razão para ver, nenhuma razão para me sentir horrorizada ou mesmo para desfrutar alguma coisa." Ela reconhecia com franqueza sua ortodoxia e confundia seus amigos, cuja mentalidade era mais secular, confessando que via no dogma uma fonte de libertação ("ele preserva o mistério para a mente humana").

A Igreja, acreditava, era a única coisa que possivelmente tornava o mundo suportável. Ela podia acreditar nisso e ainda assim reconhecer os pecados da própria Igreja – eles eram ainda mais dolorosos para ela. "A única coisa que torna a Igreja suportável é o fato de ela ser, de algum modo, o Corpo de Cristo e que nós nos alimentamos disso."

Flannery O'Connor via com clareza a crise da fé em uma "era sem religião" – um tempo em que é tão mais fácil não acreditar, em que o "niilismo é o ar que respiramos". Com freqüência ela enfatizava o custo da fé:

> Creio não haver sofrimento maior do que o causado pelas dúvidas daqueles que querem acreditar. Conheço a extensão desse tormento, mas posso apenas ver isso, em mim, de qualquer maneira, como o processo pelo qual a fé se torna mais profunda. O que as pessoas não percebem é qual o preço a pagar pela religião. Eles pensam que a fé é um grande cobertor elétrico, quando na verdade é a cruz.

Ao contrário de muitos outros "escritores católicos", Flannery O'Connor evitava colocar cenários católicos em suas histórias. A maioria de suas personagens é um estranho grupo de fanáticos do interior, intelectuais com mentes seculares e pessoas que se auto-retratavam como "boa gente da região". Suas histórias se passam naquele território contestado em que Deus e o diabo discutem abertamente. Os finais são quase sempre violentos, até mesmo apocalípticos; suas personagens são podadas e esvaziadas de suas ilusões e inclusive de suas "virtudes" antes que possam encarar a verdade. E, entretanto, mesmo na mais sombria de suas histórias há uma dimensão de mistério, de inocência e de possibilidade. É a dimensão da graça que cura, embora primeiro corte com a espada de Cristo.

"Todas as minhas histórias", escreveu, "são a respeito da graça em uma personagem que não está tão disposta a dar-lhe apoio". Para o leitor moderno, inclinado a acreditar que a graça e a fé são "duas tolices gêmeas", o ponto de vista em suas histórias pode parecer austero e cínico. Mas Flannery O'Connor acreditava que elas eram basicamente cheias de esperança – do mesmo modo que acreditava que o purgatório era a doutrina mais esperançosa da Igreja.

Flannery O'Connor faleceu de lúpus em 3 de agosto de 1964, aos 39 anos de idade. Em seu último ano de vida, completou várias de suas melhores histórias, todas escritas mais ou menos *in extremis*. Como observou sua amiga Sally Fitzgerald, ela havia atingido sua forma pessoal na arte como na vida. Teria ficado feliz por ser lembrada por suas histórias. Postumamente, contudo, Flannery O'Connor adquiriu uma inesperada reputação como apologista cristã. Ela era capaz de fazer a vida da fé parecer sensata e atraente sem perder o senso de ambigüidade. Combinava o distanciamento com uma idéia da preciosidade da vida. Encarava os horrores da história sem perder de vista a ressurreição. Desse modo, de seu jeito extremamente pessoal e modesto, exemplificou a virtude e a responsabilidade da esperança.

Ver: Flannery O'Connor, *O Hábito de Ser*, ed. Sally Fitzgerald (Nova York: Farrar, Straus & Giroux, 1979); *Flannery O'Connor: Escritos Essenciais*, ed. Robert Ellsberg (Maryknoll, N.Y.: Orbis Books, 2003).

Cassie Bernall

Testemunho de Columbine (1981-1999)

"P.S.: Honestamente, quero viver completamente para Deus. É difícil e assustador, mas vale completamente a pena."

– De uma nota escrita por Cassie na noite anterior à sua morte

Na manhã de 20 de abril de 1999, dois adolescentes da escola de ensino médio Columbine, em Denver, Colorado, movidos por algum impulso niilista, entraram em sua escola com um arsenal de armas e de bombas. Nos momentos seguintes de violência, mataram 13 de seus colegas e professores e feriram muitos outros, antes de finalmente apontar os revólveres para si mesmos. O que havia provocado tamanha crueldade? Nos dias e semanas posteriores ao caso houve muita especulação sobre esse mistério sombrio. Mas havia outros mistérios.

Um deles se relacionava a Cassie Bernall, uma estudante de 17 anos que estava entre as vítimas daquele dia sangrento. Os estudantes que corriam em busca de abrigo sob as mesas da biblioteca ouviram claramente o diálogo entre Cassie e seus assassinos. "Você acredita em Deus?", um dos meninos havia perguntado. Um aluno relembra: "Ela parou, como se não soubesse o que ia responder, e disse sim. Ela devia estar com medo, mas sua voz não soava trêmula. Ela estava firme. Então eles lhe perguntaram por que, embora não lhe tenham dado a oportunidade de responder. Simplesmente acabaram com ela".

Enquanto essa história circulava por todo o mundo, muitos ficaram conjeturando o que poderia preparar uma menina, confrontada em um momento decisivo com o teste final, a dar testemunho de sua fé interior. Para seus amigos e sua família, a resposta de Cassie era característica. Mas quando louvavam sua coragem, relutavam em transformá-la em uma santa ou mártir estereotipada. Em um memorial comovente e honesto, sua mãe descreveu a jornada memorável que havia levado Cassie ao seu testemunho final.

Houvera uma época, apenas poucos anos antes, em que Cassie trilhara um caminho não muito distante daquele de seus assassinos. Seu gênio sombrio e obstinado poderia ter sido visto como uma típica rebelião adolescente, exceto pelo fato de seus pais terem deparado com um pacote de cartas que Cassie trocara com sua melhor amiga. Nas violentas fantasias das meninas de matar os pais e de se matarem, os pais de Cassie descobriram quão pouco eles realmente conheciam sua filha. Depois de confrontar Cassie a respeito do que haviam descoberto, tomaram uma atitude drástica: mudaram-se para um novo bairro, matricularam a filha em uma escola diferente, e monitoravam minuciosamente as suas atividades – nesse tempo todo lutando com a sua raiva, o seu ressentimento e outras decepções contínuas.

Cassie era um caso difícil, e não estava muito claro se poderia ser salva. Mas, com o tempo, algo começou a mudar. Ela concordou em participar de um retiro durante um fim de semana na companhia de uma menina com quem fizera amizade. As palestras daquele fim de semana em 1997 se relacionavam à superação das tentações do mal e de se libertar do egoísmo. Enquanto Cassie ouvia, seu coração de algum modo se abriu. Aproximando-se do altar, durante um dos serviços de adoração, chorou de remorso por sua vida. Depois, a amiga que a havia convidado comentou a respeito da diferença: "Havia algo novo nela". Sua mãe notou a diferença quando Cassie a cumprimentou com um abraço pouco comum e disse: "Mãe, eu mudei. Mudei completamente. Sei que você não vai acreditar nisso, mas vou provar a você".

Seus pais – naturalmente – estavam céticos. E, na verdade, ela não se tornou do dia para a noite uma adolescente modelo, perfeitamente ajustada. Ainda tinha seus momentos de mau humor. Ainda se preocupava e reclamava que seus pais não a entendiam; ainda tinha seus momentos de egoísmo adolescente. Mas algo havia realmente mudado.

Ela própria via aquela data, 8 de março de 1997, como um segundo aniversário, o dia em que abrira sua vida para Deus. Muitos de seus amigos e mesmo sua família não sabiam, na época, quão profundamente fora afetada. Ela não saiu por aí envolta em uma nuvem de piedade, pregando a respeito de Jesus. A mudança se mostrou em sua esperança e generosidade, sua disponibilidade para a vida. Depois de sua morte, o pastor falou a respeito de Cassie diariamente "morrer para si mesma". Ele reconheceu que aquilo poderia soar mórbido e dramático; mas, como observou: "Isso não é algo negativo, mas sim um modo de se libertar para viver a vida mais intensamente. O mundo olha para o 'sim' de Cassie do dia 20 de abril, mas nós precisamos olhar para o 'sim' diário que ela dizia dia após dia, um mês depois do outro, antes de dar aquela resposta final".

Ela se envolveu intensamente com o grupo de jovens da igreja – participando avidamente do estudo da Bíblia, adoração e outros serviços. Mas também gostava de atividades fora da igreja – snowboard, fotografia e sair com os amigos. Como disse um deles: "As pessoas podem chamar Cassie de mártir, mas elas estão enganadas se pensam que ela era essa pessoa sagrada, justa, e que tudo que fazia era ler a sua Bíblia. Porque ela não era desse jeito. Ela era tão real quanto qualquer outra pessoa". Observando toda a publicidade em torno da sua história, esse amigo continuou a dizer: "Acho que estaria furiosa. Ela provavelmente está no céu e irritada com tudo isso e dizendo 'ai meu Deus', porque ia querer dizer para todo mundo que a admira tanto que não era assim tão diferente de todo mundo".

Assim como outros adolescentes, Cassie tinha seus momentos de dúvida e de depressão. Como todos eles, não tinha certeza a respeito do caminho que ia seguir. "Fico pensando o que Deus vai fazer de minha vida", escreveu. "Como meu propósito. Algumas pessoas se tornam missionárias, ou algo assim, mas e quanto a mim? O que Deus está reservando para mim? Quais são meus talentos e dons? Por enquanto, vou viver um dia de cada vez. Tenho certeza de que um dia vou saber. Talvez olhe minha vida em retrospectiva e pense 'Ah, então era isso!' Não é demais esse plano do qual todos fazemos parte?"

Na última manhã de sua vida, estava atrasada. Ela havia ficado acordada até mais tarde na noite anterior, tentando acabar a lição de casa. Desceu a escada correndo, com seu Doc Martens de veludo preto, agarrou sua mochila, gritou um último "tchau" para a mãe e saiu correndo pela porta. Ela não sabia que estava correndo para o último encontro de sua curta existência.

"Você acredita em Deus?" Talvez uma resposta diferente não tivesse alterado seu destino. Mas, para muitas pessoas desesperadas para encontrar um lampejo de graça nessa tragédia sem sentido, fez toda a diferença do mundo que ela tenha respondido "Sim".

Ver: Misty Bernall, *Ela Disse Sim: O Martírio Improvável de Cassie Bernall* (Farmington, Pa.: Plough Publishing House, 1999).

ABENÇOADOS OS QUE AGEM EM PROL DA PAZ

Uma rainha – uma reformista – uma artista – uma mártir da "Rosa Branca" – uma pacifista – uma peregrina – uma jornalista – uma teóloga

Nos primeiros séculos da Igreja, a palavra "pacificador" bem poderia ter servido como um sinônimo de cristão. Naquela era, seguidores de Jesus se distinguiram por sua recusa em matar ou em pensar na guerra. Muitos pagaram caro por esse compromisso. Esse fato iria mudar depois de o cristianismo ter se tornado a religião oficial do Império Romano. No entanto (em especial entre as ordens monásticas), a lembrança das exortações de Cristo continuou viva, mesmo se fosse apenas um "conselho de perfeição". Diversas santas, incluindo Catarina de Siena e Isabel de Portugal, foram particularmente reconhecidas por seu papel como pacificadoras.

Foi apenas no século XX, contudo, que a maioria dos cristãos começou a recuperar a vocação de pacificadores – não apenas como um código de conduta pessoal, mas como um imperativo social. Não é coincidência que esse também tenha sido o século que testemunhou a ascensão da violência organizada em escala global, pela primeira vez ameaçando a sobrevivência de toda a vida na Terra. Nessa era, a bênção de Cristo para os pacificadores adquiriu uma ressonância e uma urgência especiais – não somente como uma preocupação de determinadas figuras excepcionais, mas também como uma missão confiada a toda a Igreja.

Segundo Cristo, aqueles que aceitam essa missão recebem uma nova identidade e um novo nome: "Eles serão chamados filhos de Deus".

Santa Catarina de Siena

Doutora da Igreja (1347-1380)

"Todo caminho para o céu é céu, porque Ele disse, 'Eu sou o caminho'."

Santa Catarina de Siena foi um dos maiores santos de uma era tumultuada. Enquanto a Peste Negra dava livre curso à sua devastação, exércitos de mercenários vagavam pelo interior, fazendo longas guerras em favor de suas cidades-clientes. Evitando o caos e os perigos de Roma, o papado havia se refugiado em um palácio em Avignon, França, deixando a administração da Igreja nas mãos de núncios corruptos e arbitrários. Era esse o mundo em que Catarina nasceu. Como outros grandes místicos, ela desfrutava um relacionamento íntimo com Cristo, o que foi confirmado por uma ofuscante demonstração de sinais milagrosos, que mesmo durante sua vida fizeram dela algo parecido com uma celebridade. O mais característico a respeito da santidade de Catarina era o modo como mediava com seu próprio coração o amor ardente de Cristo e as necessidades de sua época.

Filha de um próspero tintureiro de lãs, era a vigésima quarta de 25 filhos. Seus pais tinham esperança de que Catarina ajudasse a família realizando um casamento vantajoso. Mas ela resistiu, de maneira inflexível, a esse plano, insistindo que havia sido chamada para um noivado com Cristo. Como sinal, cortou seu belo cabelo loiro. Sua família se vingou tratando-a como se fosse uma empregada. Mas, com a ajuda de Cristo, ela construiu dentro de si uma "cela secreta", para a qual se retirava com alegria de sua labuta diária. Finalmente, seu pai foi vencido. Para isso, apenas foi necessária a visão de uma pomba pairando sobre a cabeça de Catarina quando ela se ajoelhava para rezar. Depois, seu pai deu consentimento para que ela seguisse sua vocação, observando que Cristo não seria um genro tão ruim assim.

Em vez de entrar em uma ordem religiosa formal, Catarina vestiu o hábito de dominicana terciária. "Minha cela", disse, "não será feita de pedra ou de madeira, mas sim de autoconhecimento". Em que consistia esse autoconhecimento? Ela recebeu a resposta em uma visão de Cristo: "Compreende, minha filha, que Eu sou Aquele que é, e tu és aquilo que não é". Partindo dessa simples fórmula, Catarina iria desenvolver seu conhecimento total da vida espiritual e de sua vocação.

Por três anos permaneceu fechada em seu quarto. Durante a maioria desse período, Catarina foi assaltada por dúvidas e visões demoníacas e vozes assustadoras, até que as expulsou com risadas. Imediatamente Cristo apareceu para ela. "E onde estavas *tu* quando tudo isso estava acontecendo?", perguntou em tom de repreensão. "Eu estava em teu coração", foi a resposta. Depois disso, segundo seu biógrafo, recebia visitações diárias de Cristo, às vezes na companhia de Maria Madalena e de outros santos. O clímax desse período aconteceu durante a Terça-feira de Carnaval de 1367, quando toda a cidade celebrava e Catarina permanecera rezando em seu quarto. Em um noivado místico, Cristo apareceu e colocou-lhe um anel no dedo, apenas visível para ela.

Esse foi o sinal para Catarina começar a segunda grande fase de sua carreira. Ela saiu de seu quarto, reuniu-se à sua família e começou a servir seus próximos. Uma vez mais, a atitude havia sido ditada pela ordem de Jesus: "O serviço que não podes fazer para Mim, deves fazer para teus próximos". Os anos seguintes testemunharam Catarina cuidando dos doentes, distribuindo donativos para os pobres e atendendo os prisioneiros e as vítimas da peste. Por meio de curas milagrosas e de seu ar de autoridade espiritual, começou a atrair discípulos – conhecidos como Caterinata –, incluindo homens e mulheres, até mesmo freis e padres. Afetuosamente, eles a chamavam *Mamma*.

Em 1374, aconteceu outro fato decisivo. Depois de rezar por longo tempo em um estado de êxtase, Catarina, por um período de algumas horas, parecia ter morrido. Ela descreveu uma dolorosa experiência de união com Deus: "Meu coração não podia suportar mais, e o amor se tornou tão forte quanto a morte; então, o coração se partiu em dois". Agora, Cristo lhe ordenava que voltasse para o mundo, "para o bem-estar das almas". Mas foi o mundo e a Igreja que exigiram a sua atenção. Ela começou a exercer seu papel de figura pública, ditando centenas de cartas para o papa, para os monarcas e outras pessoas importantes, aconselhando-os na execução de seus deveres. Ela também escreveu sua mais importante obra, *Diálogo*, descrevendo o conteúdo de suas conversas místicas com Cristo.

Durante alguns anos, Catarina havia servido como pacificadora local, sendo mediadora entre famílias feudais em Siena. Agora enfrentava um desafio mais difícil: ser mediadora em um conflito armado entre a cidade de Florença e o papado sediado em Avignon. Com seu séquito de seguidores, viajou pela Itália para se encontrar com as partes litigantes. Aonde Catarina ia, era saudada por multidões entusiasmadas. Finalmente, chegou a Avignon para se encontrar pessoalmente com o Papa Gregório XI. Enquanto honrava o papa como seu "doce Cristo na terra", era franca e inflexível em sua insistência para que ele retornasse a Roma. A corte em Avignon, ela alegava, fedia a pecado. O lugar do papa era ao lado dos ossos dos mártires.

A missão obteve um sucesso surpreendente. Tocado pelas súplicas de Catarina, o papa regressou a Roma. Mas a vitória não foi tudo aquilo que Catarina havia esperado. Logo após seu retorno, Gregório morreu. Ele foi sucedido, desastrosamente, por Urbano VI, um papa que personificava a expressão "ficar enlouquecido pelo poder". Antes que muito tempo se passasse, o colégio de cardeais, arrependendo-se de sua decisão, elegeu um segundo papa. Mas, tendo falhado em persuadir Urbano a abdicar, a Igreja agora estava sobrecarregada com dois pontífices rivais e que logo entrariam em guerra, uma situação escandalosa que iria durar muitas décadas.

Catarina permaneceu totalmente leal ao indigno Urbano, julgando que, apesar de todos os seus erros, ele havia sido consagrado da maneira correta. Mas não podia deixar de sentir que o ferimento no corpo de Cristo poderia ser curado apenas com tremendo sacrifício. Depois de rezar para que pudesse expiar os pecados da Igreja, Catarina experimentou sua visão final: parecia que a Igreja, como um imponente navio, estava colocada em suas costas. Ela caiu no chão com dores terríveis e paralisada. Depois de muitas semanas, faleceu, em 29 de abril de 1380, aos 33 anos de idade. Com sua morte, as marcas dos estigmas e de seu "anel de casamento" tornaram-se visíveis em seu corpo. Em 1970, Santa Catarina foi nomeada Doutora da Igreja.

Ver: Catarina de Siena, *Diálogo*, Clássicos da Espiritualidade Ocidental (Nova York: Paulist, 1980); Carol Lee Flinders, *Graça Perpétua* (San Francisco: HarperSan Francisco, 1993).

SANTA ISABEL DE PORTUGAL

Rainha (1271-1336)

"Não se esqueçam de que quando os soberanos estão em guerra, eles não podem se preocupar com sua administração; a justiça não é feita; nenhum cuidado é dispensado ao povo; e isso é encargo de seu soberano, esse é o ponto crucial de seu dever como reis."

Assim como sua tia-avó, Santa Isabel da Hungria, Santa Isabel de Portugal era filha de uma família real, dada em casamento ainda criança a um príncipe estrangeiro por razões de Estado. Filha do rei de Aragão, nasceu em 1271. Aos 12 anos, casou-se com dom Dinis, rei de

Portugal, um homem libertino que tolerava a piedade de sua esposa e não fazia segredo de suas próprias infidelidades. Isabel teve dois filhos, um menino e uma menina. O filho, Alonso, mais tarde se rebelaria abertamente contra seu pai negligente. Por seu papel em estabelecer uma reconciliação entre pai e filho, Isabel tornou-se popularmente conhecida como "a Pacificadora". Mas seus talentos como pacificadora foram exercitados em nível ainda maior quando ela evitou uma guerra entre Portugal e Castela.

Isabel correspondeu às responsabilidades públicas de sua posição de rainha. Mas a maior parte do seu tempo era dedicada às orações e a projetos de caridade. Ela fundou hospitais, orfanatos e casas religiosas por todo o reino, bem como casas para "mulheres decaídas".

Quando seu marido ficou seriamente doente em 1324, cuidou dele com devoção até seu falecimento, no ano seguinte. Depois de ter feito uma peregrinação a Compostela, Isabel vestiu o hábito de franciscana terciária e viveu no mosteiro de Coimbra, que havia ajudado a fundar. Isabel viveu ali por 11 anos, na pobreza e rezando, saindo de vez em quando para interceder entre monarcas rivais, muitos dos quais eram parentes seus, ou por laços de sangue ou por casamento. Enquanto viveu, muitos milagres lhe foram creditados, e era popularmente reverenciada pelo povo de Portugal.

Ela faleceu em 1336 e três séculos depois foi canonizada pelo Papa Urbano VIII, que a nomeou a Padroeira da Paz.

Ver: Vincent McNabb, O.P., "Santa Isabel de Portugal", in *Os Santos Não São Tristes*, ed. F.J. Sheed (Nova York: Sheed & Ward, 1949).

Ida B. Wells

Reformista (1862-1931)

"Nós nos submetemos ao julgamento sóbrio da nação, confiantes em que, nessa causa, assim como em outras, 'A Verdade é poderosa e irá prevalecer'."

Ida B. Wells nasceu escrava em Holy Springs, Mississippi, em 1862, alguns meses antes da assinatura da Proclamação de Emancipação. Seus pais e três irmãos faleceram em uma epidemia de febre amarela quando ela estava com 16 anos. Para sustentar seus irmãos menores, fingiu ter 18 anos e conseguiu um emprego como professora. Sua luta contra a injustiça racial começou em 1884, quando um condutor de trem tentou expulsá-la de seu lugar na primeira classe, para dar lugar a um homem branco. Ela não aceitou em silêncio: "O condutor tentou arrastar-me para fora do meu lugar, mas, no momento em que ele segurou meu braço, eu cravei os dentes no dorso da mão dele". Porém, ajudado por outras pessoas, ele conseguiu retirá-la do trem. Mas ela não desistiu de lutar. Ida Wells contratou um advogado e processou com sucesso a companhia da estrada de ferro. Embora a ferrovia ganhasse com um apelo na Suprema Corte do estado, a sua posição corajosa fez com que ela se tornasse uma figura nacional - pelo menos naquela parte da nação que conhecia em primeira mão o aguilhão do racismo. Com a força dessa reputação, ela se tornou editora de um jornal para os negros em Memphis, que se chamava *Discurso Livre*. Em 1892, quando três homens negros foram linchados em Memphis, Ida teve oportunidade para testar o poder daquele corajoso título.

Por acaso, Ida Wells conhecia bem as vítimas do linchamento - era madrinha da filha de um deles. Esse assassinato fez com que Ida entrasse em ação e direcionasse o enfoque de sua carreira futura. Em uma sucessão de editoriais e de artigos investigativos, fez com que a luz da verdade brilhasse em um dos recantos mais sombrios da vida norte-americana.

O linchamento era a forma derradeira de terrorismo branco. Suas vítimas podiam ser arrancadas de suas casas, abordadas nas ruas ou arrastadas da prisão. Insultos e espancamentos chegariam até mutilações horríveis, como queimar ou enforcar pessoas em público, atos quase sempre acompanhados por uma audiência vibrante. Embora o linchamento fosse relativamente raro nos tempos da escravidão (quando a vida de um negro tinha um valor real em dólares), sua incidência havia aumentado progressivamente desde o tempo da Reconstrução, de 52 em 1882 para mais de 250 em 1892. O pretexto era na maioria das vezes algum suposto "insulto" contra mulheres (brancas) do Sul.

Ida Wells fez uma pesquisa exaustiva e documentou as razões reais que havia por trás de muitos linchamentos: fracasso ao mostrar a devida deferência aos brancos; registrar-se como eleitor; "responder", reclamando a respeito de condições de trabalho; ou ter a má sorte de ser apanhado por uma multidão que já estava a caminho de outro linchamento. Quer fosse executado por membros da Klan no silêncio da noite, ou em plena luz do dia, perante multidões em festa, o linchamento era um sinal poderoso endereçado a todos os negros norte-americanos - um lembrete de que o código subjacente da escravidão ainda sobrevivia, mesmo que sua forma houvesse se alterado.

Ida estava fora da cidade quando seu primeiro editorial apareceu, o que foi uma grande sorte. Uma multidão indignada invadiu o escritório do jornal, destruiu as impressoras e deixou o aviso de que Ida seria linchada se retornasse. Nas palavras do editorial de um dos jornais concorrentes da cidade: "O fato de que uma negra infame tem permissão para viver e proferir calúnias vis e repulsivas é uma enorme evidência da maravilhosa paciência dos brancos sulistas. Mas já toleramos demais".

Como resultado dessas ameaças, Ida Wells tornou-se uma "jornalista no exílio". Embora se estabelecesse em Chicago, não abandonou a luta. Cada vez que um linchamento ocorria, Ida, arriscando sua própria vida, viajava para o lugar para entrevistar testemunhas e coletar fatos. Ela não deixaria a nação ignorar essas atrocidades simplesmente como um rude exemplo dos hábitos do Sul. Ida fez palestras por todo o país, bem como na Inglaterra. Exerceu pressão em Washington, desafiou igrejas e organizações religiosas para que se manifestassem e publicou suas histórias em jornais em todo o território norte-americano.

Ida B. Wells não conseguiu acabar com os linchamentos nos Estados Unidos; um ano após sua morte, em 1931, foram relatados 28 linchamentos. Mas seu testemunho corajoso acendeu uma tocha que inspirou gerações de mulheres negras a continuar com a luta pela dignidade e pela liberdade. Ela incorporava os princípios da "verdadeira liderança" que descrevia em uma palestra em 1891: "Os principais requisitos para esta liderança são, em primeiro lugar, a devoção ao princípio e a coragem da convicção. Nenhuma grande reforma na história do mundo jamais foi bem-sucedida ou abrangente em sua influência sem uma devoção firme e constante que se apodera de tal modo de seus líderes que eles, voluntariamente, enfrentam a censura do mundo – sim, até mesmo a própria morte – em sua defesa".

Ver: Lynne Olson, *Filhas da Liberdade: As Heroínas Não Celebradas do Movimento dos Direitos Civis de 1830 a 1970* (Nova York: Scribner, 2001).

Jane Addams

Reformista social e ganhadora do Prêmio Nobel (1860-1935)

"As coisas que tornam os homens semelhantes entre si são mais finas e melhores que as coisas que os separam, e... essas semelhanças básicas, se são devidamente acentuadas, facilmente transcendem as diferenças menos essenciais."

Jane Addams nasceu em 1860 na cidade de Cedarville, Illinois. Embora viesse de uma família rica sem interesse particular por serviço social, seu estudo da Bíblia fez com que confirmasse seu desejo de trabalhar para os pobres. Sua missão pessoal tomou forma depois de uma viagem para a Inglaterra, em 1888, quando visitou Toynbee Hall, uma "casa de acolhimento" em um cortiço pobre de Londres. Ao regressar para casa ela estabeleceu um empreendimento semelhante em Chicago – Hull House – que foi seu lar para o resto de sua vida. Hull House se tornou o modelo para uma rede de casas parecidas em cortiços urbanos. Além de oferecer serviços básicos – jardim-de-infância, educação para os adultos, cuidados médicos, além de comida e abrigo –, o objetivo da Hull House era promover a comunhão e o respeito entre os imigrantes pobres. Ela era um abrigo para aqueles que haviam sido deixados de lado pela onda do "progresso" individual.

Embora tivesse sido batizada na igreja presbiteriana, Jane Addams permaneceu afastada da religião organizada. No entanto, via seu trabalho na Hull House e na reforma social em harmonia com o grande espírito humanitário que animava o movimento cristão inicial e que, agora, buscava se personificar "não em uma seita, mas na própria sociedade". Na medida em que igrejas tendiam a promover a "virtude pessoal", era chegada a hora, Jane acreditava, de promover o exercício da "virtude social" a serviço da humanidade.

Jane Addams era figura central na maioria dos movimentos progressistas de sua época. Ela lutou por leis que regulamentassem o trabalho infantil, pelos direitos das mulheres e pela reforma na habitação, e contra a corrupção na política. Foi fundadora da União das Liberdades Civis dos Estados Unidos e da Associação Nacional para o Bem-estar das Pessoas Negras. Seu trabalho entre os imigrantes e os desfavorecidos proporcionou-lhe elogios e admiração generalizados. Um editorial descreveu-a como "uma grande professora sem uma cátedra universitária, uma mulher que servia de guia em um mundo feito pelos homens, um espírito preocupado de mãe que pairava com gentil simpatia sobre os mares revoltos da pobreza, da fraqueza, da arrogância, do orgulho, do ódio e da força".

Mas sua firme posição pacifista durante a Primeira Guerra Mundial rapidamente virou a opinião pública contra ela. Teddy Roosevelt, a quem havia antes considerado como amigo, a chamou de "a mulher mais perigosa nos Estados Unidos"; ela foi denunciada em editoriais e em manchetes como "comunista" e traidora. Uma coisa era ajudar os pobres; outra coisa, completamente diferente, era estabelecer conexões entre a violência da pobreza e o sistema do militarismo.

Depois da guerra, Jane Addams ajudou a fundar a Liga Internacional das Mulheres pela Paz e pela Liberdade, servindo como sua presidente pelo resto de seus dias. Embora ela não mais suscitasse admiração irrestrita de seus concidadãos, seus esforços continuaram a ser reconhecidos no exterior. Em 1931, ganhou o Prêmio Nobel da Paz.

Ela faleceu em 21 de maio de 1935.

Ver: James Weber Linn, *Jane Addams* (Nova York: D. Appleton-Century, 1935); Jane Addams, *Vinte Anos em Hull House* (Nova York: Macmillan, 1934).

Sophie Scholl e Companheiros

Mártires da Rosa Branca (m. 1943)

"Nós não vamos ficar calados. Somos sua consciência pesada."

No verão e outono de 1942, os cidadãos de Munique ficaram espantados com uma série de folhetos que começaram a circular pela cidade. Colocados em caixas de correio por mãos desconhecidas, deixados em pontos de ônibus vazios ou bancos de parques, eles continham uma devastadora acusação ao regime nazista e conclamavam os leitores a trabalhar pela derrota de sua própria nação. Em uma época em que o menor indício de discordância particular era um crime de traição, a audácia desse chamado público à resistência fez com que a Gestapo se enfurecesse.

Ao contrário do que suspeitavam as autoridades, os autores desses folhetos, que se autodenominavam simplesmente "A Rosa Branca", não eram membros de nenhuma organização sofisticada. Na verdade, eram alguns estudantes universitários que haviam sido inspirados pela fé cristã e pelo idealismo incorruptível da juventude a desafiar o sistema de tirania. No centro do grupo estavam dois irmãos, Hans e Sophie Scholl, com 24 e 22 anos, respectivamente. Hans era estudante de medicina que havia servido na frente de batalha russa. Sophie estudava filosofia. Discernindo com clareza incomum a profundidade da perversidade nazista, decidiram lançar uma guerra espiritual contra o sistema, armados com nenhuma outra arma além da coragem, do poder da verdade e uma impressora ilegal. A estratégia era simples. Eles esperavam pelo menos destruir a ilusão do consentimento unânime e desafiar a alegação nazista de onipotência. E, além disso, ousavam esperar que, se proclamassem a verdade, pudessem quebrar o feitiço pelo qual toda a Alemanha havia sido subjugada e inspirar aquelas pessoas que tinham dúvidas a caminhar na direção da resistência ativa.

Sophie e seu irmão eram cristãos devotos. Eles acreditavam que a luta contra Hitler era uma batalha pela alma da Alemanha e, desse modo, um dever para todos os cristãos. Como estava escrito em um de seus folhetos: "Em todos os lugares e em todas as épocas de grandes provações, apareceram homens, profetas e santos que estimavam sua liberdade, que rezavam para o Único Deus e que, com a ajuda Dele, levaram o povo a uma reviravolta em sua caminhada para baixo. O homem é livre, sem dúvida, mas sem o verdadeiro Deus ele fica indefeso contra o princípio do mal... Devemos atacar o mal onde ele é mais forte, e ele é mais forte no poder de Hitler... Não ficaremos em silêncio. Somos sua consciência pesada. A Rosa Branca não vai deixar vocês em paz".

Fortalecidos pelo furor causado por seus folhetos, membros da Rosa Branca começaram a tomar outras atitudes perigosas, como escrever "Abaixo Hitler" em placas de rua e nas paredes dos edifícios. Era, talvez, inevitável que o círculo de amadores acabasse descoberto. O fim começou em 18 de fevereiro de 1943, quando Hans e Sophie foram pegos distribuindo folhetos fora de uma sala de palestras na universidade. Presos e percebendo que seus destinos estavam selados, começaram a confessar todos os feitos da Rosa Branca, esperando evitar que os outros conspiradores fossem descobertos. Apesar de seus esforços, contudo, a Gestapo rapidamente apanhou o restante do círculo, tanto em Munique quanto em Hamburgo, onde uma célula aliada havia se formado.

Hans e Sophie Scholl, juntamente com seu companheiro de conspiração Christoph Probst, um jovem estudante de medicina de 23 anos, foram julgados por traição e condenados à morte. Todas as testemunhas confirmam a extraordinária postura com que Hans e Sophie enfrentaram seu destino. Sua bravura se baseava não apenas na certeza a respeito do veredicto da história, mas em uma profunda fé de que o instrumento do carrasco era o portão para a liberdade e a vida eterna. Eles foram decapitados em 22 de fevereiro de 1943.

Ver: Inge Scholl, *A Rosa Branca: Munique 1942-43* (Middleton, Conn.: Wesleyan University Press, 1983).

Käthe Kollwitz

Artista (1867-1945)

"Um dia, uma nova idéia vai surgir e haverá o fim de todas as guerras. Eu morro convencida disso. Vai ser preciso trabalho duro, mas isso será alcançado."

Käthe Kollwitz, uma das grandes artistas do século XX, era socialista e pacifista confessa. Em sua visão artística, essas palavras não eram apenas rótulos ideológicos: elas representavam uma afirmação moral e espiritual da preciosidade da vida humana e um espírito de resistência a todos os ídolos da morte.

Ela nasceu em Konigsburg, Prússia Ocidental, em 1867, filha de um ministro, e viveu a maior parte de sua vida em Berlim, onde se casou com Karl Kollwitz, um médico que praticava medicina em um bairro de trabalhadores da cidade. Ela usava esses pacientes como modelos, para muitos de seus desenhos e litografias. Poucos outros artistas tiveram um compromisso igual para representar as lutas íntimas e o sofrimento dos pobres. Seus retratos de pobreza, desemprego, violência doméstica e o fardo opressivo do desespero estão entre as mais pungentes imagens da arte de todo o século XX.

Käthe Kollwitz era particularmente sensível à experiência da mulher, em especial os aspectos do amor materno. Muitos de seus desenhos retratam as mães que se deleitam com a presença de seus filhos. Mas ela também retratava a determinação bravia da mãe de proteger suas crianças e o potencial correspondente para uma perda devastadora. Käthe Kollwitz não era estranha a essa perda. Na Primeira Guerra Mundial, seu filho mais novo, Peter, havia sido morto na guerra. A sua morte "caiu como um raio", por longo impedindo sua capacidade de trabalho. "Peter", escreveu, "foi uma semente para a plantação que não deveria ter sido feita". Com o tempo, transformou sua dor em um compromisso apaixonado pela paz e pela luta contra todas as causas da guerra.

Ela havia simpatizado com a revolução comunista na Rússia, assim como com as lutas revolucionárias semelhantes na Alemanha. Em uma impressionante seqüência de gravuras, celebrou a malfadada Guerra dos Camponeses do século XVI e sua personificação mítica, a figura da mãe camponesa, Anna Negra. Mas, com a morte de seu filho, seu compromisso com o socialismo se misturou com um pacifismo resoluto.

Depois da guerra, ficou encarregada do projeto de um memorial de guerra no Cemitério dos Soldados perto de Dixmuiden. Ela trabalhou na estátua por muitos anos. Quando finalmente foi inaugurada, em 1932, a escultura mostrou uma cena intitulada "Pais de luto", com suas figuras modeladas em Käthe Kollwitz e seu marido Karl. Ela continua sendo uma imagem devastadora do pesar sentido por uma vida desperdiçada.

Nos anos seguintes, Käthe Kollwitz continuou a colocar sua arte a serviço de sua consciência e de sua visão espiritual. Com a ascensão do nazismo, contudo, seu trabalho foi proibido e não poderia ser exposto publicamente. Ela conseguiu continuar em Berlim durante o período nazista e da devastação da guerra. Seu marido faleceu em 1940. Dois anos mais tarde, seu neto, também chamado Peter, foi morto em ação.

Ainda assim, levada por seu sentimento de responsabilidade pessoal, continuou a desenhar enquanto sua saúde permitia. Como ela escreveu: "A cultura surge apenas quando a pessoa completa seu ciclo de obrigações. Se todos reconhecem e completam seu ciclo de obrigações, a sinceridade emerge. A cultura de toda uma nação não pode, em uma análise final, ser construída com base em nada mais".

Em abril de 1945, sua neta lhe perguntou se ela era uma pacifista. "Sim", respondeu, "se você entender por pacifismo mais que apenas ser contra a guerra. É uma nova idéia – a da fraternidade do homem".

Ela faleceu em 22 de abril, dias antes do armistício.

Ver: Renate Hinz, ed. *Käthe Kollwitz: Gráficos, Pôsteres, Desenhos* (Nova York: Pantheon, 1981); Mina C. Klein e H. Arthur Klein, *Käthe Kollwitz: Uma Vida na Arte* (Nova York: Schocken, 1975).

MURIEL LESTER

"Embaixadora da Reconciliação" (1884-1968)

"O trabalho do pacificador é acabar com a guerra, purificar o mundo, salvá-lo da pobreza e da riqueza, curar quem está doente, confortar os que estão tristes; despertar quem ainda não descobriu Deus, criar alegria e beleza aonde quer que você vá, encontrar Deus em tudo e em todos."

Muriel Lester nasceu em uma família de classe alta em Leytonstone, Inglaterra. Como outras pessoas de sua classe, raramente tinha oportunidade de imaginar como a "outra metade" vivia. No entanto, um acontecimento em sua infância abriu um caminho para uma vida de serviço entre os pobres e os esquecidos. Sempre que sua família pegava um trem para o West End de Londres, percebia que os passageiros, seus companheiros de primeira classe, fechavam as janelas de seu vagão, cobrindo os narizes "para nos proteger do odor fétido que pairava sobre toda a atmosfera do Bow", um bairro miserável no East End. Uma vez, deu uma olhada pela janela para "o amontoado de casas desagradáveis... sórdidas e com água de esgoto vazando". "As pessoas vivem aqui?", perguntou. "Oh, sim", respondeu sua babá. "Muitas pessoas vivem aqui, mas você não precisa se preocupar com elas. Elas não se importam. Elas não são como você. Elas gostam disso."

Nunca se esqueceu essas palavras. Anos mais tarde, depois de terminar seus estudos, teve oportunidades de visitar o East End, conhecer pessoas que moravam ali e descobrir que eram, na verdade, iguais a ela – embora mais magras, pálidas e destinadas em muitos casos a viver uma vida curta, de preocupações e de necessidade. Ela decidiu abandonar sua vida privilegiada e se dedicar a ajudar os pobres do Bow, a fazer o que pudesse para compartilhar suas vidas e aumentar as suas esperanças.

Com sua irmã Doris, criou um centro comunitário chamado Kingsley Hall, nome em homenagem ao seu irmão morto. Entre os vários serviços oferecidos havia um centro para crianças, um centro para educação dos adultos e um clube social – uma alternativa abstêmia para os *pubs*, onde as famílias trabalhadoras podiam encontrar um ambiente alegre e companheirismo. Um programa informal de estudos da Bíblia levou finalmente ao culto do domingo à noite. O Hall começou a adquirir um espírito cada vez mais religioso e, para sua grande surpresa, Muriel percebeu que estava "se transformando em um pastor". Embora enraizada no espírito dos Evangelhos, a comunidade era independente de qualquer denominação religiosa. Era apenas uma "sociedade baseada na tentativa de praticar a presença de Deus".

De suas primeiras leituras de Tolstoi, Muriel havia começado a acreditar que o Evangelho era incompatível com qualquer tipo de violência. "Uma vez que seus olhos se abram para o pacifismo, você não pode fechá-los de novo. Uma vez que você veja isso, não pode deixar de ver. Você pode se arrepender amargamente do fato de casualmente ser um membro dessa minoria tão pequena da raça humana que conseguiu ter esse ângulo de visão, mas não pode evitar isso." Com a leitura de Tolstoi, disse Muriel, tornara-se consciente da "importância peculiar de fazer a Jesus Cristo a honra de encará-Lo com seriedade, de pensar em Seus ensinamentos em termos de vida diária e agir a partir disso mesmo se for ordenado pela polícia, pelos prelados e pelos príncipes a fazer o oposto".

O começo da Primeira Guerra Mundial proporcionou a Muriel um teste para suas convicções pacifistas. Em encontros públicos, ela denunciava a guerra, comparando-a ao "canibalismo, escravidão de seres humanos, brigas feudais e duelos... um insulto para Deus e para os homens... uma crucifixão diária de Cristo". Era um posicionamento muito impopular, mas não estava sozinha. Com outros pacifistas, que tinham as mesmas idéias, ajudou a fundar a Sociedade da Reconciliação, e mais tarde a SDR Internacional, uma organização internacional de pacifistas religiosos.

Muriel Lester era uma patrocinadora incansável de suas causas – em prol dos pobres, dos direitos das mulheres, da mensagem de paz ou da causa da independência da Índia. Ela chegou a fazer comícios falando em cima de caixas de sabão no Hyde Park, uma experiência que refinou seu sangue-frio e sua inteligência aguda. Mas, apesar de toda sua atividade, Muriel mantinha uma disciplina de oração contemplativa. A necessidade de manter essa prática se tornou clara, no começo de sua carreira, quando se encontrou à beira de um colapso físico e mental. Sentia que havia ficado "afastada da fonte da força e da serenidade". A solução era "perceber que, a cada vez que eu inspirava, estava na verdade inspirando o espírito de Deus". Aprendendo a se soltar, a ceder ao "fluxo rítmico do Espírito Eterno", descobriu uma fonte de enorme força e de paz.

Essa disciplina de oração, Muriel descobriu, era algo que qualquer pessoa podia fazer no meio da vida cotidiana, "enquanto você se veste, toma banho, penteia os cabelos, caminha, trabalha ou está sentado no ônibus". Ela transformou em um hábito o fato de, ao encontrar um desconhecido, perguntar: "Fico imaginando que aspecto de Deus eu vou encontrar nesta pessoa?". Essas questões transformavam cada dia em uma aventura espiritual.

Em 1926, Muriel fez a primeira de muitas viagens para a Índia, onde conheceu Mohandas Gandhi e iniciou uma amizade que duraria a vida toda. Mais tarde, quando Gandhi viajou para Londres para tomar parte em uma mesa-redonda de conferências com o governo inglês, ele recusou a hospitalidade da Coroa para aceitar o convite de Muriel para morar por três meses no Kingsley Hall. Os pobres de Londres, ele dizia, eram mais parecidos com as pessoas com as quais estava acostumado. Muriel batalhou com entusiasmo pela causa de Gandhi. Depois de ter sido nomeada "Embaixadora a distância" para a SDRI, foi ainda mais longe em suas jornadas em volta do mundo. Na década de 1930, investigou a brutalidade da ocupação japonesa na China e foi, corajosamente, falar ao público japonês a respeito das atrocidades que estavam sendo cometidas. De lá foi até os Estados Unidos para confrontar mercadores de aparas de metal que estavam fornecendo matéria-prima para as munições dos japoneses. Ela estava nos Estados Unidos quando a Segunda Guerra Mundial irrompeu. Durante uma viagem pela América Latina, soube que o Kingsley Hall havia sido bombardeado na blitz de Londres. Mesmo assim, continuou a falar publicamente sobre os efeitos do bloqueio de alimentos na Europa. Como resultado, foi detida pelas autoridades britânicas em Trinidad e mantida por dez semanas em um campo de detenção. Quando o clamor público forçou sua libertação e permitiu que retornasse à Inglaterra, foi presa de surpresa e privada de passaporte.

O problema, dizia, era que ela se "recusava a deixar de lado o Sermão da Montanha enquanto a guerra durasse". Por mais difícil que fosse praticar o caminho da não-violência no espírito de Jesus ou de Gandhi, a alternativa, acreditava, era simplesmente inconsistente com a clara mensagem dos Evangelhos. "Deveríamos parar de rezar o Pai-nosso", escreveu, "até que pudéssemos ver que o 'Pai-nosso' significa que estamos todos unidos à mesma corda viva, não apenas com nossos países vizinhos, mas com todas as pessoas do planeta".

Muriel Lester continuou com suas viagens, seus escritos e palestras públicas até os 80 anos de idade. Ela faleceu em 11 de fevereiro de 1968.

Ver: Richard Deats, ed., *Embaixadora da Reconciliação: Um Guia de Muriel Lester* (Filadélfia: New Society Publishers, 1991).

Dorothy Day

Co-fundadora do movimento *Catholic Worker* (1897-1980)

"Tudo o que li quando criança sobre os santos me emocionava. Eu podia ver a nobreza de dar sua própria vida pelos doentes, pelos mutilados, pelos leprosos... Mas havia outra pergunta em minha cabeça. Por que tanto era feito para remediar o mal em vez de evitá-lo em primeiro lugar?... Onde estavam os santos que haviam tentado mudar a ordem social, não apenas ministrando para os escravos, mas acabando com a escravidão?"

Quando Dorothy Day faleceu em 1980, aos 83 anos de idade, observaram que era "a figura mais influente, interessante e significativa" na história do catolicismo norte-americano. Essa era uma afirmativa extraordinária em favor de uma pessoa que não ocupava um cargo oficial na Igreja – na verdade, alguém cujas idéias foram quase universalmente rejeitadas durante a maior parte de sua vida. O *Catho-*

lic Worker, um movimento laico que ela fundou em 1933 e supervisionou por quase 50 anos, era um esforço para mostrar que o mandamento radical do Evangelho, o de amar, poderia ser posto em prática. Ela compreendeu esse desafio não apenas sob a forma pessoal da caridade (os trabalhos de misericórdia), mas também sob uma forma política, confrontando e resistindo às forças sociais que davam origem a essa necessidade de caridade. Ela representava um novo tipo de santidade política – um modo de servir a Cristo não apenas por meio de orações e de sacrifícios, mas por meio da solidariedade com os pobres e na luta pelo caminho da justiça e da paz.

Como resultado, algumas pessoas a chamaram de comunista. Ela foi baleada, presa e investigada diversas vezes pelo FBI. Mas não ficava verdadeiramente perturbada com as críticas. "O servo não é maior que seu senhor", gostava de citar. Entretanto, havia muitas pessoas que gostavam de chamá-la de santa. Essa era outra questão. "Quando eles chamam você de santo", dizia com freqüência, "isso quer dizer que você não deve ser levado a sério." Ela encarava isso como um modo de desvalorizar o seu desafio: "Dorothy pode fazer isso, ela é uma santa!". A insinuação era que decisões difíceis deveriam ser fáceis para ela. Na verdade, ninguém sabia tão bem quanto Dorothy quão caro ela pagara por sua vocação: "Nem revoluções nem fé são conquistadas sem grande sofrimento. Para mim, Cristo não deveria ser comprado por 30 moedas de prata, mas com o sangue do meu coração. Nós não conseguimos nada de graça neste mercado".

Dorothy Day nasceu no Brooklyn, em 1897. Embora tivesse sido batizada na Igreja Episcopal, tinha pouco contato com a religião. Na época em que estava na faculdade, rejeitara o cristianismo em favor da causa radical. Abandonou a escola e trabalhou como jornalista em Nova York em inúmeros jornais radicais, bem como tomou parte nos protestos populares de sua época. Seus amigos eram comunistas, anarquistas e um grupo variado de artistas e intelectuais nova-iorquinos, e a maioria pensava que a religião era o "ópio do povo".

Um ponto decisivo em sua vida aconteceu em 1926, quando vivia em Staten Island com um homem a quem amava profundamente. Ela ficou grávida, um acontecimento que causou uma misteriosa conversão. A experiência do que chamava "felicidade natural", combinada com uma idéia da falta de sentido de sua existência boêmia, voltou seu coração para Deus. Ela decidiu que seu bebê seria batizado na Igreja Católica Romana, um passo que também daria em 1927. O impacto imediato disso foi o doloroso fim de sua união. O homem que ela amava não sentia necessidade de se casar. Mas ela também sofreu com a idéia de que sua conversão representava uma traição à causa dos pobres. A Igreja, embora de muitos modos fosse a casa dos pobres, parecia de uma certa maneira se identificar com o *status quo*. Assim, ela passou alguns anos na solidão, criando sua filha sozinha, enquanto rezava para encontrar um meio de reconciliar sua fé e seu comprometimento com a justiça social.

A resposta veio em 1932, com um encontro providencial. Peter Maurin, um filósofo e agitador itinerante, encorajou-a a iniciar um jornal que ofereceria solidariedade aos trabalhadores e uma crítica do sistema social a partir da perspectiva radical dos Evangelhos. O *Catholic Worker* foi lançado em 1º de maio de 1933. Como um verdadeiro profeta, Maurin se preocupava tanto em denunciar a injustiça quanto em anunciar uma nova ordem social, baseada no reconhecimento de Cristo em seu próximo. Em um esforço para praticar o que pregavam, Dorothy Day transformou o escritório do *Catholic Worker* em uma "casa de hospitalidade" – a primeira de muitas –, oferecendo comida para os famintos e abrigo para as cansadas massas desabrigadas pela Depressão.

Mas a mensagem de Dorothy Day não terminava com os trabalhos de caridade. Para ela, a lógica do Sermão da Montanha também levava a um compromisso inabalável com a não-violência. Apesar das críticas generalizadas, manteve uma posiçao pacifista durante a Segunda Guerra Mundial e, mais tarde, tomou parte de inúmeras campanhas de desobediência civil contra o espírito da Guerra Fria e o perigo da guerra nuclear. Posteriormente, na década de 1960, quando o protesto social se havia tornado quase um lugar-comum, o testemunho de paz de Dorothy Day – enraizado em sua vida diária entre os pobres e sustentada pela disciplina da liturgia e da oração – mantinha credibilidade e desafio particulares.

O enigma de Dorothy Day era sua habilidade de reconciliar suas posições sociais radicais (ela se auto-intitulava anarquista, bem como pacifista) com uma piedade tradicional e até mesmo conservadora. Seu compromisso com a pobreza, a obediência e a castidade era tão firme como a de qualquer freira. Mas permanecia totalmente mergulhada no mundo secular, com a "precariedade" e a desordem que acompanhavam a vida entre os pobres. Sua santa favorita era Teresa de Lisieux, a jovem freira carmelita cujo "Pequeno Caminho" indicava o caminho para a santidade no meio de todas as nossas ocupações diárias. De Teresa, Dorothy Day adquiriu a compreensão de que qualquer ato de amor pode contribuir para o equilíbrio do amor no mundo, qualquer sofrimento que é suportado com amor pode aliviar o fardo dos outros; esse era o misterioso laço dentro do corpo de Cristo.

Ao combinar a prática da caridade e o chamado para a justiça, Dorothy Day representava um tipo de santidade que não é facilmente domesticado, mas talvez seja de especial relevância em nossos tempos. Ela conclamou a Igreja a recuperar sua identidade como uma afronta e um mistério aos olhos do mundo. Sua vida foi uma parábola viva, direcionada ao que chamava de mistério dos pobres: "Que eles são Jesus, e o que você faz por eles faz por Ele". Dorothy Day faleceu em 29 de novembro de 1980.

Ver: Robert Ellsberg, ed., *Dorothy Day: Escritos Selecionados* (Maryknoll, N.Y.: Orbis Books, 1992); Jim Forest, *O Amor É a Medida: Uma Biografia de Dorothy Day* (Maryknoll, N.Y.: Orbis Books, 1993); Rosalie Riegle, *Dorothy Day: Retratos Feitos por Aqueles que a Conheceram* (Maryknoll, N.Y.: Orbis Books, 2003).

PEREGRINA DA PAZ

(?-1981)

"Sou uma peregrina, uma andarilha. Vou continuar sendo uma andarilha até que a humanidade tenha aprendido o caminho da paz, caminhando até que me seja dado abrigo e jejuando até que me seja dado alimento."

Ela se chamava Peregrina da Paz. Além disso, não tinha interesse em descrever detalhes de sua vida anterior, sua idade ou mesmo seu nome de batismo. Ela caminhou de um lado para outro nos Estados Unidos por quase três décadas, sem possuir nada além das roupas que usava: calças azul-marinho, camisa azul, tênis azuis, uma túnica que trazia o nome que escolhera e, nas costas, em letras brancas, escritas as simples palavras: "40 mil km a pé pela paz".

Até onde revelava, os primeiros anos da Peregrina foram convencionais e sem acontecimentos importantes. Como outras pessoas, buscara dinheiro e bens materiais. Mas, em determinado momento, a Peregrina percebeu que essa existência "autocentrada" não lhe oferecia a realização. Depois de passar uma noite caminhando pelos bosques, alcançou "uma absoluta vontade, sem nenhuma reserva, de oferecer minha vida a Deus e a servir". "Por favor, usai-me!", rezou a Deus. "E uma grande paz tomou conta de mim."

Assim, começou um longo período de preparação, que durou 15 anos, para uma missão ainda indefinida. Devotando-se a uma vida de simplicidade, trabalhou como voluntária em vários serviços sociais e organizações pela paz. Além de se desapegar de todos os seus bens materiais, também seguiu um árduo caminho de disciplina espiritual para se ajustar às demandas de uma "existência centrada em Deus". Estava determinada a viver seguindo o que chamava "as leis que regem o universo". Elas incluíam o fato de que o mal pode ser vencido apenas pelo bem; que apenas os bons meios podem levar a um bom fim; que quem faz coisas sem amor se magoa espiritualmente.

Entre as disciplinas que praticava estavam a purificação do corpo; purificações do pensamento ("Não como comida ruim e não tenho pensamentos ruins") e purificação do desejo e do motivo (não fazer nada para sua própria glória ou outras finalidades ruins). Ela também praticava vários "atos de renúncia", desprendendo-se do sentimento de "isolamento", das fixações e todos os sentimentos negativos.

Chegou um momento em que, uma manhã, subitamente se sentiu elevada a uma dimensão de "eternidade, infinidade e iluminação". Ela parecia não estar caminhando sobre a terra. "Cada flor, cada arbusto, cada árvore parecia trazer um halo. Havia uma emanação de luz ao redor de tudo, e flocos de ouro caíam como chuva pelo ar." Durante esse tempo de iluminação, concebeu a missão de sua vida: iria peregrinar pela paz, rezando constantemente, tirando as pessoas de sua apatia e despertando os corações de todos que encontrasse.

A Peregrina partiu de Los Angeles em 1º de janeiro de 1953. A guerra na Coréia estava no auge. Os arsenais de armas nucleares proliferavam ao redor do planeta. A era de investigações de McCarthy pressentia traições em cada esquina, levantando suspeitas de que até mesmo a palavra "Paz" era um disfarce inteligente para a subversão.

A Peregrina da Paz partiu sem publicidade e sem apoio organizacional. Não levando nada além do que pudesse colocar nos bolsos de sua túnica – uma escova de dentes, uma caneta e folhetos para distribuir a qualquer pessoa que lhe pedisse – caminhou de uma cidade a outra e de um estado a outro. Ela aceitava comida e hospitalidade quando lhe eram oferecidas. Caso contrário, jejuava ou dormia ao ar livre – sob uma árvore ou uma ponte, ou no campo mais próximo. As palavras diretas em sua túnica proclamavam sua mensagem e favoreciam uma conversa com passantes curiosos. Para qualquer pessoa que encontrasse, descrevia seu propósito: "Minha peregrinação cobre todo o espectro da paz: paz entre as nações, paz entre os grupos, paz dentro de nosso meio ambiente, paz entre as pessoas e a muito, muito mais importante paz interior".

Os ornais e a televisão noticiaram suas viagens. Ela foi convidada para dar palestras em inúmeras escolas, igrejas e universidades. Às vezes era presa como andarilha, porém considerava que esses incidentes não a desviavam de sua missão essencial. Aonde quer que fosse, cativava seus ouvintes como seres humanos, portadores da centelha divina, com quem avidamente partilhava seus ensinamentos: como superar o mal com o bem; a mentira com a verdade; o ódio com o amor.

Em 1964, sua peregrinação havia ultrapassado seu objetivo inicial de 40 mil quilômetros. Depois disso, a Peregrina deixou de contar, mas não deixou de caminhar. Muito tempo após seu cabelo ter ficado grisalho devido à idade, ela mantinha constante sua peregrinação, não mostrando perda de energia ou de entusiasmo. Não foi a caminhada que a matou. Ela fez o que chamava de "a gloriosa transição para uma vida mais livre" em 7 de julho de 1981, quando um carro, no qual estava sendo conduzida para uma palestra, foi atingido em uma colisão de frente.

"Quem eu sou?" havia escrito. "Não importa que você saiba quem eu sou; isso tem pouca importância. Este invólucro de barro é o de uma peregrina sem dinheiro que viaja em nome da paz. É o que você não pode ver que é tão importante. Eu sou uma pessoa que é impelida pelo poder da fé; me banho na luz da sabedoria eterna; sou sustentada pela infinita energia do universo; isso é o que sou de verdade."

Ver: Peregrina da Paz: Sua Vida em Suas Próprias Palavras; compilado por alguns de seus amigos (Santa Fe, N.Mex.: An Ocean Tree Book, 1982).

MIRABEHN

Serva da paz (1892-1982)

"A graça de Deus... corre pela vida como um fio passado por uma fileira de contas, cujas duas pontas são finalmente amarradas."

Madeline Slade, filha de um almirante inglês, cresceu no conforto e no luxo. O começo de sua vida não revelou qualidades extraordinárias. E, no entanto, sob seu exterior quieto queimava o desejo de servir – o desejo de se dedicar a alguém ou a alguma coisa que fosse maior que ela. Quando, como acreditava, Deus lhe havia revelado o propósito da vida, ela se dedicou com total devoção. Esse propósito, como se descobriu depois (para o pesar de sua patriótica família), era se colocar a serviço de Mahatma Gandhi, o defensor não-violento da independência da Índia.

Seu caminho para a Índia foi tumultuado. Ele começou, curiosamente, com uma paixão por Ludwig van Beethoven. Desde a primeira vez que ouviu a sua música, ela se sentiu mais viva do que jamais se sentira antes. Por meio da música de Beethoven, experimentava uma espécie de comunhão com Deus, o que a levou, por sua vez, ao escritor suíço Romain Rolland. Depois de ler sua *Vida de Beethoven,* sentiu que havia encontrado um espírito irmão. Mas, como Rolland não falava inglês, preparou-se para encontrá-lo depois de um ano de estudos em Paris. Quando finalmente sentiu que estava à altura, escreveu para Rolland e conseguiu uma entrevista. Ele se mostrou cortês, mesmo que estivesse um pouco perplexo com as intenções daquela jovem. Madeline Slade, por sua vez, sentiu a língua amarrada. Mas a mão da Providência interveio quando Rolland mencionou seu livro mais recente, uma biografia de Mahatma Gandhi, a quem ele chamava "outro Cristo". Então, o propósito de Madeline estava claro. Depois de ler esse livro, ela se determinou: "Eu deveria ir ter com o Mahatma Gandhi, que servia a causa da Índia oprimida por meio da verdade sem temor e da não-violência, uma causa que, embora tivesse seu foco na Índia, era a favor de toda a humanidade... O chamado era absoluto, e isso era tudo o que importava".

Se sua resolução foi impulsiva, estava determinada em seus planos. Mesmo antes de avisar Gandhi, embarcou em outro ano de preparação, não apenas trabalhando para obter o dinheiro de sua passagem, mas adotando uma dieta vegetariana, aprendendo a sentar-se no chao, dominando a arte da tecelagem e (baseada em informações incorretas) estudando urdu. Quando escreveu para Gandhi, ele a avisou a respeito do rigor do clima e do trabalho duro, mas apreciou o seu interesse. Como passo final, arrumara uma roupa indiana feita de tecido indiano feito à mão, e embarcou para seu novo país em 1925.

Ela chegou durante uma trégua na luta pela independência. Gandhi se encontrava em seu *ashram* em Sabarmati, dedicando-se a experiências para melhorar a qualidade de vida na vila. Em seu primeiro encontro, Gandhi disse: "Você será minha nova filha". Ele a mandou aprender hindustani, a aperfeiçoar sua técnica de tecelagem e a limpar as latrinas do *ashram*. Ela achou que estava no céu.

Com o tempo, se adaptou aos percalços da vida no *ashram*. Nem todos partilhavam a disciplina e as convicções de Gandhi, e algumas das experiências do Mahatma causaram resmungos de contrariedade. Por exemplo, sua decisão de instituir uma dieta "crua", calculada para poupar tempo com o cozimento; depois que isso causou problemas intestinais em todo o *ashram*, a experiência foi decretada um fracasso. Mas Madeline nunca falhou em sua devoção a Gandhi, a quem ela, como seus outros seguidores, chamava "Bapu" (Pai). Ele, por sua vez, deu-lhe um novo nome, Mirabehn (Irmã Mira), em homenagem a uma heróica mística indiana.

Mirabehn acompanhou Gandhi em muitas de suas campanhas mais críticas. Era quem cuidava dele durante seus freqüentes jejuns, o servia durante conferências com os seus companheiros e viajou para Londres com ele em 1931, quando Gandhi tomou parte na histórica mesa-redonda de discussões com o governo britânico. Às vezes, parecendo sentir-se incomodado com a sua devoção, Gandhi a mantinha a distância, pedindo para que trabalhasse em *ashrams* distantes. Em uma ocasião, lhe escreveu. "Você não deve se apegar a mim neste corpo. O espírito sem o corpo estará sempre com você. E isso é mais do que o frágil espírito aprisionado com todas as limitações da carne é capaz". Ele a encorajou a "crescer em sua própria direção. Você deve manter sua individualidade a qualquer preço".

E, no entanto, outras vezes Gandhi expressava seu próprio apego. "Você está na minha cabeça", ele lhe escreveu durante uma separação. "Olho em minha volta e sinto sua falta. Pego a roca e sinto falta de você. E assim por diante. Você deixou sua casa, seu povo e tudo o que as pessoas mais prezam, não para me servir pessoalmente, mas para servir a causa pela qual eu me posiciono.... Agora que você não está comigo, minha raiva se volta contra mim por tê-la repreendido tanto."

Com o passar do tempo, Gandhi reconheceu Mirabehn como uma de suas ajudantes mais confiáveis. Ela o aconselhava a respeito de estratégia, organizava as cooperativas, ia presa com outros ativistas e até mesmo, depois da eclosão da Segunda Guerra Mundial, ajudou a planejar a defesa civil não-violenta contra uma possível invasão japonesa. Em 1942, foi presa na companhia de Gandhi e o círculo de pessoas mais próximas dele, e com ele passou muitos dos anos de guerra presa no palácio do Aga Khan.

Depois da guerra, à medida que a hora da independência da Índia em 1947 se aproximava, Gandhi viu seus sonhos de uma Índia unida e pacífica se esfacelarem diante das ambições políticas e da violência entre muçulmanos e hindus. Mirabehn havia ido trabalhar no norte da Índia em projetos de reforma da agricultura. Ela estava lá em 31 de janeiro de 1948, quando chegou a notícia de que Gandhi havia sido assassinado por nacionalistas hindus. Chocada com a notícia, olhou para o céu "e, através das copas das árvores, as estrelas estavam brilhando, muito, muito distantes, em um esplendor pacífico. Elas falavam sobre o espírito de Bapu, liberto e em paz, e enquanto olhava para elas era como se Bapu estivesse lá – sim, lá e comigo também. Tudo se tornou uma coisa só". Ela se recusou a voltar para Délhi para o funeral. Não havia necessidade. "Bapu deve ser deixado em paz, e você deve caminhar com seus próprios pés", disse a si mesma.

Mirabehn viveu na Índia por dez anos depois da morte de Gandhi. Embora conhecesse profundamente a primeira geração do partido que governava a Índia, evitava a política, escolhendo trabalhar em lugares mais distantes do norte, perto do Himalaia, em projetos de desenvolvimento para as vilas, reflorestamento e criação de animais. Como Mirabehn disse mais tarde, estava em estado de hibernação. Exteriormente, ela se empenhava em trabalho construtivo, mas, por dentro, a paixão havia abandonado sua vida.

Assim, um dia, recebeu pelo correio um novo livro de Romain Rolland. Algo que fazia muito tempo estava adormecido dentro dela começou a reviver: "Sim, era o espírito dele, de cuja música, que eu havia sido separada por cerca de 30 anos, que ouvi e senti, mas com nova visão e inspiração". Mais uma vez, se tornou consciente "da realização do meu verdadeiro ser". Dessa forma, ela se sentiu liberada para começar uma nova fase de sua vida e uma volta, depois de um caminho tortuoso, ao seu primeiro amor. Ela deixou a Índia e dedicou os próximos 20 anos de sua vida ao estudo da obra de Beethoven. Faleceu em Viena em 20 de julho de 1982, aos 89 anos de idade.

Ver: Mirabehn, *O Espírito da Peregrinação* (Arlington, Va., Great Ocean Publishers, 1984).

Penny Lernoux

Jornalista (1940-2000)

"Você pode olhar para um cortiço ou para um vilarejo camponês... mas é apenas entrando naquele mundo – vivendo nele – que começa a compreender o que é ser impotente, ser como Cristo."

Na década de 1970, os cristãos em todo o mundo tomaram conhecimento de duas histórias maravilhosas e relacionadas uma a outra, que se desenrolavam na América Latina. Uma era a respeito da propagação do terror e da repressão, criada por ditaduras militares brutais em todo o continente. A outra se relacionava à transformação da Igreja da América Latina. Tradicionalmente uma instituição conservadora, aliada aos ricos e aos poderosos, estava sendo renovada como uma força profética, uma defensora dos direitos humanos e da causa dos pobres. Essas histórias convergiam na prisão, tortura e martírio de inúmeros cristãos, cuja culpa era apenas a de professar a mensagem do Evangelho de justiça e de paz.

Uma mulher, que ajudou a contar essas histórias para o mundo, foi Penny Lernoux, uma jornalista norte-americana que se estabelecera na América Latina. Ela foi à América pela primeira vez em 1962. Embora tivesse nascido católica, afastara-se da Igreja, desiludida por seu conservadorismo e aparente irrelevância. No começo da década de 1970, contudo, Penny entrou em contato com padres e missionários que estavam vivendo um modelo diferente de Igreja, em solidariedade com os pobres. O encontro renovou sua fé e, ao mesmo tempo, afetou sua missão como jornalista. Como escreveu depois:

> Foi por meio deles que me conscientizei a respeito de um outro mundo e entrei nele – não aquele da embaixada dos Estados Unidos ou o das classes altas, que ditam os limites da maioria dos jornalistas norte-americanos, mas o sofredor e esperançoso mundo dos cortiços e dos vilarejos camponeses. A experiência mudou minha vida, dando-me nova fé e um compromisso como escritora para contar a verdade dos pobres o melhor que pudesse.

Enquanto outros jornalistas norte-americanos estavam cobrindo a repressão na América Latina em termos da guerra contra o comunismo, Penny Lernoux contou a história a partir do ponto de vista dos pobres. Por meio de seus relatos, em especial uma dessas histórias que se tornou um ponto de referência sobre a sofrida Igreja da América Latina, *O Grito do Povo*, ela se tornou um elo crítico entre as igrejas e as pessoas das Américas do Norte e do Sul. Estava claro que seus escritos se baseavam em algo mais profundo que o compromisso profissional; era por si só uma expressão de sua fé. Ela se tornou uma testemunha, uma voz para os que não tinham voz, um herói para muitos que dependiam de sua coragem para relatar a verdade.

Na Igreja da América Latina havia visto a promessa de uma renovação e de uma reforma para o mundo da Igreja. Anos mais tarde, ficou entristecida com a política do Vaticano, visando diminuir a influência dessa Igreja; o silêncio e o desprezo dirigidos a muitos de seus mais proféticos ministros e teólogos. Seu último livro, *Povo de Deus*, foi um estudo da luta entre modelos opostos do catolicismo mundial, "a igreja de César, poderosa e rica, e a igreja de Cristo – viva, pobre e espiritualmente rica".

Penny Lernoux faleceu em 8 de outubro de 1989, um mês depois de ter sido diagnosticada com câncer. Na época, estava trabalhando na história das Irmãs Maryknoll, o pagamento de uma dívida que sentia para com as Irmãs que havia conhecido na América Latina e, por meio das quais, havia reconquistado sua fé. No fim de sua vida, as Irmãs Maryknoll a receberam, dando-lhe uma casa na sede delas em Ossining, Nova York. Foi uma reviravolta em sua jornada, mas misteriosamente iluminada com a luz da fé. Duas semanas antes de morrer, escreveu:

> Sinto que estou trilhando um novo caminho. Não é o medo físico ou o medo da morte, porque os pobres corajosos na América Latina me ensinaram uma teologia de vida que, por meio da solidariedade e nossa luta em comum, transcende a morte. Pelo contrário, é uma sensação de estar impotente – que eu, que sempre havia desejado ser a defensora dos pobres, estou igualmente desamparada –, que eu, também, devo estender minha tigela para receber donativos; que devo aprender

– estou aprendendo – a instância final da impotência de Cristo. É uma experiência que nos purifica. Tantas coisas parecem ser menos importantes, ou sem importância nenhuma, especialmente as ambições.

Penny com freqüência citava um ditado da Igreja da América Latina, que "nós fazemos nosso caminho andando por ele". Para Penny, foi um caminho que levou à conclusão de um círculo. Ela foi enterrada no cemitério das Irmãs Maryknoll.

Ver: Tom Fox, "Penny Lernoux: Fiel à Verdade", in *Nuvem de Testemunhos*, ed. Jim Wallis e Joyce Hollyday (Maryknoll, N.Y.: Orbis Books, 2005); Penny Lernoux, *O Grito do Povo* (Nova York: Doubleday, 1980).

Eileen Egan

Pacificadora (1912-2000)

"Minha vida tem tido uma única tendência: ver Jesus em cada ser humano, perceber que cada um é inviolável e sagrado aos olhos de Deus, e então traduzir isso em tudo o que faço."

Eileen Egan nasceu no País de Gales, filha de pais católicos irlandeses. Cresceu ouvindo histórias a respeito da opressão dos irlandeses, e estava pronta para corrigir qualquer pessoa que, enganada por sua pronúncia refinada, julgasse que era inglesa. Outros poderiam ter sido levados, pela piedade evidente e pelas suas roupas simples, a acreditar que era uma freira. Porém, na verdade, ela era uma mulher leiga comprometida, engajada nas áreas de auxílio internacional, jornalismo e ativismo político. No entanto, trazia para todas as suas atividades um forte sentimento de vocação religiosa. Inspirada por seus ídolos Dorothy Day, Madre Teresa de Calcutá e Mahatma Gandhi, tentou reconhecer em todas as pessoas a imagem de Deus. Foi ela, na verdade, quem usou pela primeira vez a expressão "roupas sem costura" para se referir à ética que opunha todo recurso à guerra, à injustiça econômica, à pena de morte, ao aborto ou a qualquer prática ou ideologia que destruísse o aspecto sagrado da vida.

A repulsa de Eileen Egan pela guerra aconteceu devido a uma experiência pessoal. Em 1943, uniu-se ao recém-formado Serviço Católico de Assistência e trabalhou com refugiados no México, na Espanha e em Portugal, escrevendo suas histórias de sofrimento e de perda. Depois da guerra, ajudou a dirigir os serviços de socorro na Alemanha para mitigar a fome e o sofrimento de uma população devastada. Suas experiências a levaram à conclusão de que a guerra era diabólica – mesmo quando fosse feita por uma causa "justa". Na guerra, cada um dos trabalhos de misericórdia prescritos por Cristo – quer fosse alimentando os famintos, vestindo os desnudos ou abrigando os desabrigados – era sistematicamente revertido. Em vez de alimentar os famintos, as pessoas que faziam a guerra procuravam aumentar a fome; em vez de abrigar os desabrigados, deliberadamente visavam aos lares dos civis. A lógica da guerra, ela acreditava, era diametralmente oposta à mensagem do Evangelho.

Mas, para Eileen, a paz nunca era apenas a ausência de conflito. Ela evitava o termo "pacifista" por causa de suas conotações de passividade: falava de "não-violência ativa" – uma força positiva, um esforço para transformar os relacionamentos com base na justiça e na reconciliação. Essa era, na verdade, a resposta mais prática para as situações de conflito. Mas ela também acreditava profundamente na base espiritual da não-violência. A paz vinha de uma intuição de nossa humanidade comum, um desejo de reconhecer outros seres humanos como irmãs e irmãos. Esse discernimento espiritual foi aguçado pela descoberta inicial que Eileen fez de Madre Teresa, que visitou pela primeira vez em seu lar em Calcutá no fim de 1955. Pelo resto de sua vida, lembrava-se da visão "das mãos estendidas que se agitavam com fraqueza, usando quaisquer forças infinitesimais que haviam restado em busca de consolo humano". E ela adotou como sua a explicação de Madre Teresa para sua missão: "Nosso trabalho nos chama para ver Jesus em todas as pessoas. Ele nos disse que Ele é o faminto. Ele é o sedento. Ele é o desnudo. Ele é quem está sofrendo. Esses são nossos tesouros. Eles são Jesus. Cada um é Jesus sob Sua máscara de miséria".

Além de sua amizade com Madre Teresa de Calcutá, a vida de Eileen Egan foi marcada por sua amizade com Dorothy Day. Eileen havia visitado o *Catholic Worker* ainda em seu começo, pensando que poderia se unir à comunidade no Bowery. Dorothy Day percebeu que essa não era a vocação de Eileen. No entanto, as duas se tornaram colaboradoras íntimas e amigas de viagens por muitas décadas. Eileen trabalhou como editora auxiliar do *Catholic Worker*, onde publicou diversos de seus artigos a respeito da paz. Um de seus esforços constantes, mais tarde presente em seu último livro, *A Paz Esteja Convosco*, era mostrar que o espírito da não-violência era uma dimensão inextricável do Evangelho, não apenas nas palavras de Jesus, mas em Seu mandamento: amar uns aos outros, *assim como Ele nos havia amado*. E, no entanto, no espaço de alguns séculos de Igreja, e de modo mais geral por meio das palavras de Santo Agostinho, os cristãos haviam substituído esse ensinamento por uma nova doutrina: o ensino da "guerra justa" ou o caminho da "violência justificada". O efeito era *justificar* todas as guerras subseqüentes.

Dessa maneira, chegamos ao presente, quando até mesmo as preparações para a violenta destruição de toda a vida na terra poderia ser considerada razoável e justificada em nome da defesa nacional. Em nome de Jesus, Eileen Egan continuou com sua missão: reivindicar o antigo espírito de não-violência, trabalhar pelo dia em que a palavra "cristão" poderia uma vez mais ser sinônimo de "pacificador".

Trabalhar com Eileen Egan era observar em primeira mão as qualidades que fizeram dela uma formidável defensora da paz. Sempre paciente, cortês e aparentemente submissa, não obstante mantinha seu olhar treinado na direção de seu objetivo, e sua vontade era um objeto que não poderia ser movido. A respeito de qualquer assunto do qual discordasse, Eileen sempre começaria retrucando: "Sim, entendo o que você quer dizer", apenas para se apegar a seu ponto de vista até que toda a oposição fosse minada. Essa qualidade permitiu que prosseguisse, ao longo de muitas décadas, com a frustrante e aparentemente infrutífera tarefa de trabalhar pela paz nos bastidores das Nações Unidas, do Vaticano e da Conferência dos Bispos Católicos Norte-americanos – entidades que pareciam tão fixas quanto as montanhas. No entanto, quando, depois de décadas de esforço, descansou de sua labuta, era evidente que as montanhas se haviam movido.

Em 1969, foi Eileen Egan, agindo como representante do Serviço Católico de Assistência, que introduziu uma moção para a Comissão de Direitos Humanos das Nações Unidas para o reconhecimento do direito universal da objeção consciente. Durante décadas essa causa quixotesca pairava sobre os cantos mais afastados das Nações Unidas – praticamente imperceptível e mesmo assim viva – até que, em 1987, foi finalmente adotada. De igual maneira, os esforços de Eileen Egan ao lutar por uma causa na Igreja datavam da época do Concílio Vaticano II, quando ela trabalhou por trás dos bastidores – enquanto Dorothy Day e outros jejuavam – para instar os Pais do Conselho a assumir uma posição profética pela causa da paz. Ela foi recompensada na última sessão, quando os bispos declararam que qualquer ataque a cidades usando armas de destruição em massa constituiria "um crime contra Deus e contra o próprio homem que merece condenação inequívoca e sem hesitação". Essa foi, como Eileen gostava de destacar, a única condenação que se originou no concílio.

Na década de 1960 ela foi uma das fundadoras da seção norte-americana do Pax Christi. Trabalhou junto aos bispos norte-americanos para que eles se posicionassem contra a Guerra do Vietnã e para reconhecer o direito da objeção consciente coletiva. Ela foi uma importante conselheira dos bispos norte-americanos ao preparar a histórica carta pastoral deles de 1983, "O desafio da paz", que reconheceu a não-violência do Evangelho como uma tradição católica autêntica. (Na época da sua morte, cerca de cem bispos norte-americanos eram membros da Pax Christi EUA.)

Pessoalmente praticou os valores que pregava. Em 1992, quando tinha 79 anos, Eileen foi assaltada a caminho da missa. Ela teve o quadril quebrado e costelas partidas e, mesmo assim, toda sua preocupação se dirigia ao desabrigado que a atacara. Depois que o ladrão foi preso, ela foi visitá-lo com preocupação e perdoando-o, e tentou fazer com que ele recebesse o aconselhamento e o tratamento de que necessitava.

Eileen ficou orgulhosamente ao lado daqueles que se arriscavam a ser presos pela causa da paz. Mas esse não era o seu jeito. Ela era, na realidade, a pessoa que ia aos intermináveis e cansativos encontros, falava com quem quisesse ouvi-la e fazia seu trabalho sem glamour e sem heroísmo por trás dos bastidores, abrindo canais de diálogo que poderiam com o tempo dar frutos inesperados.

Ela faleceu em 7 de outubro de 2000, aos 88 anos de idade.

Ver: Eileen Egan, *A Paz Esteja Convosco: A Guerra Justificada ou o Caminho da Não-violência* (Maryknoll, N.Y.: Orbis Books, 1999); *Tal Visão da Rua: Madre Teresa – O Espírito e o Trabalho* (Nova York: Doubleday, 1986).

ABENÇOADOS OS QUE SÃO PERSEGUIDOS POR CAUSA DA JUSTIÇA

Uma jovem mãe – uma "herética" – uma católica não-conformista – uma protestante devota – uma quacre obstinada – uma freira consciencisa – uma "bruxa" – quatro que compartilharam do "mesmo destino que os pobres"

Cristo previu perseguições para Seus seguidores, uma profecia que se realizou na primeira geração da Igreja. Nos anos seguintes, quando o cristianismo era uma seita ilegal, a perseguição e o martírio eram os sinais consumados de um discipulado fiel – as marcas que definiam a santidade. Na verdade, a veneração dos mártires foi a base original para o culto dos santos. Entre essas testemunhas sagradas, as mulheres tiveram um lugar especial.

Embora, por fim, o cristianismo fosse adotado pelo império, a era de perseguições nunca terminou realmente e nem pode terminar enquanto a mensagem do Evangelho continuar a interferir com os valores e o poder deste mundo. Em cada época, a Igreja tem sido renovada pelo testemunho desses membros, que permaneceram fiéis até o fim, apesar do preço a ser pago.

Esse "preço do discipulado" pode assumir diferentes formas, nem todas envolvendo o derramamento de sangue. A vida diária fornece suas próprias arenas menores: o desafio de defender um estranho, de ficar a favor de um princípio impopular, de confrontar amigos e membros da família quando eles estão errados. Cada situação nos pede que determinemos onde realmente se encontra a lealdade de nosso coração. Nunca podemos antecipar quando podemos ser chamados para dar conta de nossa fé. Mas, para todos aqueles que carregam sua cruz, Cristo fez a seguinte promessa: "Deles é o Reino dos Céus".

SANTA BLANDINA E COMPANHEIROS

Mártires de Lyon (177)

"Eles pediram pela vida e Ele a deu para eles; eles a partilharam com seus próximos, e partiram para Deus vitoriosos de todos os modos. Tendo sempre amado a paz e tendo sempre desejado a paz para nós, eles foram pacificamente para Deus, não deixando pesar para sua Mãe [a Igreja], nem luta nem conflito para seus irmãos, mas alegria e paz e concórdia e amor."

A perseguição dos romanos aos cristãos nos três primeiros séculos ocorreu em ondas esporádicas. Longos períodos de calmaria foram marcados por tempestades violentas que freqüentemente tinham localização e duração específicas. Uma tempestade terrível aconteceu em 177, na cidade de Lyon, na província da Gália. A história dessa perseguição foi relatada em grandes detalhes em uma carta escrita pelos cristãos de Lyon. Um dos mais preciosos documentos dos primeiros tempos da Igreja foi incluído na famosa *História Eclesiástica* de Eusébio.

O processo começou com o ostracismo social, já que os cristãos eram excluídos dos banhos públicos e dos mercados. Esse fato levou a indignidades ainda maiores – insultos, surras, apedrejamento –, até que, finalmente, o Estado interferiu, reunindo os cristãos para interrogatórios públicos. Quando isso não resultou em nenhuma informação incriminadora, os escravos não-cristãos foram levados para ser interrogados. O testemunho prejudicial deles – não importa o modo como foi induzido – de incesto, canibalismo e outras abominações confirmou os preconceitos da corte e incitou a fúria da multidão que lá comparecera. Em seguida, os cristãos foram submetidos a inenarráveis torturas. Mesmo assim, não iriam confessar nenhum crime nem renunciar à sua fé, dizendo apenas "Somos cristãos, e nada que é abominável acontece entre nós".

Os mártires, que chegavam próximo de 50 pessoas, foram executados de diversos modos: alguns foram jogados às feras na arena; outros foram queimados vivos. Segundo relatos da época: "Eles ofereceram ao Pai uma única guirlanda, mas ela fora tecida com diversas cores e flores de todos os tipos".

Entre as pessoas que figuravam nesse relato estavam o Bispo Pothinus e uma moça escrava, Blandina, "em quem Cristo manifestou que as coisas que parecem vis e desprezíveis entre os homens são consideradas como tendo grande glória com Deus, por causa do amor Dele que é mostrado na verdade e não nas aparências". Suas companheiras, que incluíam sua "patroa na carne", temeram que Blandina pudesse fraquejar sob pressão. Mas, ao contrário, "ela estava fortalecida com tanto poder, que até mesmo aqueles que em turnos a torturaram da manhã até o anoitecer ficaram fracos e se cansaram".

Ao ser amarrada a um poste, Blandina se tornou para seus companheiros cristãos uma imagem do próprio Cristo: "A visão daquela mulher, como se estivesse crucificada, rezando em voz alta, instilou ânimo aos combatentes. A irmã deles mostrou para seus olhos da carne Aquele que havia sido crucificado por eles, garantindo aos que acreditavam Nele que todos que sofrem pela glória de Cristo se associam ao Deus vivo para sempre".

A última de seu grupo a morrer, essa escrava foi comparada a "uma mãe de alto escalão" que, "depois de encorajar seus filhos e enviá-los à sua frente como vitoriosos ao rei, apressou-se a se unir a eles – feliz e triunfante em sua partida como se tivesse sido chamada para uma festa de casamento em vez de ser jogada às feras... Os próprios pagãos confessaram que nunca haviam visto uma mulher mostrar tanta dignidade".

Depois de serem mortos, os corpos de Blandina e de seus companheiros foram jogados no rio Reno, para que não deixassem lembranças ou túmulos para seus amigos. Mas o que aconteceu, entretanto, foi que sua história proporcionou um memorial vivo. Notícias dos seus testemunhos rapidamente atravessaram todo o império, desse modo – desafiando as intenções de seus inimigos – inspirando e reforçando a determinação dos fiéis.

Ver: Eusébio, *História Eclesiástica* (Nova York: Fathers of the Church, 1953).

Santas Perpétua e Felicidade

Mártires (m. 203)

"Ficai firmes na fé, e amai-vos uns aos outros;
e não fiqueis ofendidos por causa da nossa paixão."

Há poucos documentos mais emocionantes da Igreja primitiva do que "A Paixão das Santas Perpétua e Felicidade". Na verdade, a história dessas duas mártires era tão popular na Igreja do norte da

África, que Santo Agostinho lamentou o fato de ela ser mais lida que os Evangelhos. Perpétua era uma jovem rica, casada e mãe de um filho recém-nascido, que vivia em Cartago, no fim do século II. Aos 22 anos, ela foi presa com sua serva Felicidade e diversos companheiros homens, aparentemente por terem violado a proibição contra a conversão ao cristianismo.

Parte do imenso poder dessa narrativa se origina no fato de que ela tenta representar a voz da própria Perpétua, enquanto definhava na prisão sob a sentença de morte. Ela é, desse modo, um documento extremamente pessoal, repleto de dolorosos detalhes íntimos, e surpreendentemente livre das convenções estereotipadas do hagiológio posterior. Perpétua aparece não apenas como um "tipo", mas como uma pessoa completa, sujeita à fome, aos temores e até – como uma mãe que está amamentando, separada de seu filho – à dor dos seios inchados.

O último detalhe aponta para outra óbvia particularidade da narrativa. Essa não é a voz sem corpo de um cristão comum – mas sim de uma *mulher* cristã. O leitor moderno dificilmente poderá ignorar o significado latente do gênero ao longo da narrativa. Enquanto o foco da "intriga" se concentra na paixão vindoura de Perpétua, ela é constantemente incitada a negociar uma série de complicações decorrentes do seu *status* de mulher – filha, mãe e esposa (embora seja muito interessante o fato de seu marido nunca ser mencionado). O tempo todo nós percebemos a luta de uma mulher para reivindicar sua própria identidade e vocação entre os vários papéis impostos pela sociedade e que disputam sua atenção. Mesmo em seu julgamento, o procônsul apela para seu sentimento de dever em relação ao seu pai idoso e ao seu filho recém-nascido. Perpétua responde para a corte com a simples declaração: "Sou cristã". Pode-se perceber que em Cristo ela encontrou o poder e a liberdade para se identificar e a coragem para aceitar as conseqüências.

E, no entanto, não há uma sugestão de que Perpétua despreze a maternidade ou os laços de família. A narrativa descreve em detalhes tocantes os sofrimentos causados pela separação de seu bebê. Mas, quando ele lhe é devolvido e ela pode amamentá-lo, "imediatamente me senti bem e fui libertada de meus pesares e cuidados pela criança; e de repente a prisão tornou-se um palácio para mim, de modo que eu preferiria estar lá a ficar em qualquer outro lugar". A maior tortura para Perpétua vem dos pedidos de seu pai idoso, que recorre a ameaças, bem como a lágrimas abjetas, em um esforço para desviá-la de seu caminho. Perpétua olha para ele com genuína piedade por sua "velhice infeliz", mas também com tristeza ao pensar que ele, como não-cristão, não pode se rejubilar com a perspectiva da sua paixão.

Perpétua não se rejubila com a perspectiva de morrer. Mas, em uma série de visões proféticas, encontra a convicção de que seu destino está selado e de que seu breve sofrimento vai conduzir a uma recompensa eterna.

Por fim, consola-se por poder deixar seu filho em mãos seguras e recebe a graça de suportar o que possa acontecer. Perpétua não se amedronta quando, em seu julgamento, ela e seus companheiros recebem a mais terrível das sentenças – lutar contra as feras selvagens no anfiteatro. Pois em outro sonho percebe que estará lutando "não apenas com as feras, mas contra o demônio; e eu sabia que a vitória era minha".

Sua parte da narrativa termina com uma observação assustadora – as palavras reais de um prisioneiro na véspera de sua morte: "Até então escrevi isto, até o dia antes dos jogos; mas os acontecimentos dos jogos em si deixem que quem quiser os escreva".

Testemunhas realmente completaram a sua narrativa. E assim sabemos também algo sobre sua companheira e serva, Felicidade. Grávida de oito meses na época de sua prisão, Felicidade estava com medo de que, por causa de sua condição, fosse poupada do destino de seus companheiros. Mas, depois de uma noite de preces fervorosas, ela entrou em trabalho de parto e deu à luz uma filha, que teve oportunidade de entregar para amigos cristãos.

Em seu último dia de vida, os prisioneiros celebraram uma "Festa do Amor", à qual compareceram muitos cristãos locais. Na manhã seguinte, "o dia da vitória deles", os prisioneiros saíram da escuridão de sua prisão para o anfiteatro cheio de luz, "como se fosse o céu, com uma fisionomia alegre e iluminada". Perpétua tinha a expressão de uma "verdadeira esposa de Cristo", enquanto Felicidade, satisfeita por sua filha ter nascido em segurança, "veio de sangue para sangue, da parteira para o gladiador, para se lavar após seu trabalho de parto em um segundo batismo".

Uma vez mais Perpétua foi instada a abjurar de sua fé. Mas ela se recusou. Escutamos sua voz uma última vez – agora com uma convicção que ressoa através dos tempos: "Por esta causa, viemos espontaneamente até este momento, para que nossa liberdade não possa ser obscurecida. Por esta causa, devotamos nossas vidas".

Perpétua e Felicidade foram colocadas juntas na arena. A princípio, foram despidas, fazendo com que a multidão estremecesse "vendo uma moça tão nova, a outra com os seios ainda pingando por causa de seu parto recente". E, então, em uma irônica concessão final à feminilidade das duas, permitiram que cobrissem sua nudez. Elas foram expostas a uma vaca selvagem, que as jogou para todos os lados em seus chifres. Depois de terem sobrevivido a esse ordálio, mandaram que o carrasco as executasse com uma espada. Mas o carrasco era inexperiente e teve dificuldades para dar um golpe decisivo. O narrador conta que Perpétua, em uma prova final de controle sobre seu destino, direcionou a espada a seu próprio pescoço: "Talvez tão grande mulher não pudesse ter sido executada se ela mesma não tivesse desejado isso".

Uma emocionante imagem final persiste. O narrador observa que, antes de enfrentarem a espada, as duas jovens mulheres, antes patroa e serva, agora irmãs em Cristo, voltaram-se uma para a outra e, perante a multidão que escarnecia delas, se beijaram.

Ver: "A Paixão das Santas Perpétua e Felicidade", trad. de Walter Shewring, in *Os Santos Não São Tristes*, ed. F.J. Sheed (Nova York: Sheed & Ward, 1949).

MARGUERITE PORETE

Mártir beguina (m. 1310)

"Eu vos imploro, aqueles que lerem estas palavras, tentai compreendêlas em seu íntimo, nas profundezas de vosso entendimento, com todos os poderes sutis a vossa disposição, ou então correreis o risco de não as entenderdes de modo nenhum."

É difícil imaginar uma traição maior ao espírito de Cristo que o impulso de crucificar e queimar nossos inimigos. Infelizmente, esse é um impulso a que a própria Igreja, durante boa parte de sua história, tem achado difícil resistir. Uma de suas vítimas foi a mística beguina e pregadora Marguerite Porete.

O pouco que sabemos a respeito de Marguerite Porete está preservado nos documentos da Inquisição em Paris, que a condenou como herética em 1310. O relato e seus escritos sugerem que, quaisquer que tenham sido seus erros, ela foi uma mulher sagrada, cujo coração queimava com o amor de Deus. A respeito dos homens que a condenaram, o que quer que possa ser dito a respeito de suas boas intenções, é difícil concluir algo a não ser que eles amavam a ortodoxia mais do que amavam a Cristo.

Marguerite foi identificada como uma beguina, ou seja, membro de um movimento religioso de mulheres, organizado sem regras muito rígidas e popular nos Países Baixos da época em que ela vivia. A origem do termo "beguina" é controversa; entre seus oponentes ele servia como um termo de desprezo, como o próprio rótulo de "herético" ou, mais recentemente, "comunista". Falando de modo mais preciso, referia-se a uma rede de pequenas comunidades de mulheres leigas-cristãs, unidas em uma vida dedicada à oração e à caridade. Essas mulheres buscavam viver uma vida tranqüila de devoção sem fazer os votos religiosos, desse modo se afastando das estruturas econômicas e eclesiásticas da sociedade em que viviam.

Como mulheres religiosas tentando definir uma identidade espiritual no mundo, sem recorrer à aprovação eclesiástica, as beguinas eram sujeitas a ondas de perseguição. Mas também tinham seus protetores. Um número de místicas bastante conhecidas estava associado a elas, incluindo Mechtilde de Magdeburgo e Hadewijch, cujos escritos eram lidos e admirados de modo geral.

Marguerite Porete estava, de certo modo, fora do padrão comum, já que aparentemente não estava estabelecida em uma comunidade particular, mas decidiu viajar e pregar publicamente sua mensagem espiritual. Ela também escreveu um livro, *Um Espelho para as Almas Simples*, que descreve sua espiritualidade mística. Foi devido a essas idéias e sua persistência em pregar que acabou sendo presa pela Inquisição em Paris.

Um Espelho para as Almas Simples é um discurso místico a respeito da caridade divina, escrito na forma de um diálogo entre a Alma e a Razão. O objetivo do livro é o de encorajar a busca da perfeição espiritual em um estado de comunhão amorosa com Deus e com seus próximos. Dirigido às "almas simples", não é um trabalho simples. Os inquisidores, que examinaram sua obra, converteram sua linguagem poética em uma série de proposições que foram julgadas heréticas. Como acontecia freqüentemente com os místicos, ela foi acusada de propagar uma espiritualidade que deixava a Igreja de lado em favor de uma comunhão direta com Deus.

Em 11 de abril de 1310, um grupo de advogados canônicos a julgou culpada de heresia. Seus escritos foram queimados publicamente. Em 1º de junho, depois de ser entregue ao braço secular para o castigo, ela foi queimada na fogueira como uma herética não-arrependida. Sua morte começou uma nova onda de perseguição oficial às beguinas. Dois anos mais tarde, o movimento foi oficialmente exterminado.

Ver: Um Espelho para as Almas Simples: A Obra Mística de Marguerite Porete (Nova York: Crossroads, 1990).

Anne Askew

Mártir protestante (1521-1546)

"Senhor, desejo ardentemente que Vós, com a vontade da Vossa misericordiosa bondade perdoeis a violência que eles cometem e têm cometido para comigo. E que assim seja, Senhor."

Por seu papel na perseguição da "heresia luterana", o rei Henrique VIII foi honrado por um papa agradecido com o título de Defensor da Fé. Embora depois, ele colocasse o título em risco ao se declarar chefe da Igreja da Inglaterra, Henrique continuava a se ater a determinados princípios essenciais da fé católica, incluindo a doutrina da real presença de Cristo na Eucaristia. Ao mesmo tempo em que podia executar seu velho amigo, São Tomás Morus, por se recusar a reconhecer a supremacia do rei sobre a Igreja, podia ser igualmente impiedoso na perseguição de protestantes. As histórias dos testemunhos formam o capítulo final do *Livro de Mártires de Foxe*, um martirológio "antipapista" que fez muito para fortalecer o movimento da Reforma na Inglaterra.

Entre os mártires celebrados por Foxe estava Anne Askew, uma jovem de 24 anos que foi presa e executada devido às suas crenças em 1546. Ela nasceu em uma família nobre em Lincolnshire em 1521. Quando estava com 15 anos, foi forçada a se casar com um viúvo chamado Thomas Kyme. Anne teve dois filhos, mas viveu um casamento infeliz. Entre outras coisas, Kyme fazia objeção ao zelo religioso da esposa. "Ela era a mulher mais devota que já conheci", ele comentava, não desejando fazer disso um elogio. Ela acabou abandonando-o e viajou para Londres com o intuito de encontrar uma comunidade mais feliz entre seus companheiros protestantes. Foi lá, enquanto se encarregava da pregação e da distribuição de tratados religiosos, que foi presa e levada para ser julgada.

Na prisão, foi submetida a crüel tortura na roda, em um esforço para fazê-la revelar os nomes de seus companheiros. Embora suportasse tudo sem ceder, Anne ficou tão ferida – incapaz de andar ou de ficar em pé –, que tinha de ser carregada para seu julgamento em uma cadeira. O relato feito por ela de seu interrogatório foi, mais tarde, contrabandeado para o exterior, onde se tornou um dos grandes documentos inspiradores da Reforma.

Com suas respostas mordazes e citações freqüentes das Escrituras, Anne enfrentou e se esquivou de todas as perguntas de seus inquisidores. Quando lhe perguntaram se não acreditava que o sacramento que estava no altar era o próprio corpo de Cristo, ela "perguntou a ele o seguinte: por que motivo Santo Estêvão havia sido apedrejado até a morte? E ele retrucou que não iria dizer. Então, respondi que também não iria dar atenção às suas vãs perguntas". Quando lhe perguntaram se era verdade que havia dito que preferiria ler dez linhas na Bíblia a assistir cinco missas no templo, ela confessou que havia dito, pois "um realmente me edificava, e o outro, de jeito nenhum". Para a questão de um rato comer a hóstia e receber ou não o corpo de Cristo, ela simplesmente sorriu.

No fim, foi condenada por heresia e sentenciada à morte. Ela passou suas últimas horas escrevendo um relato de sua provação que terminou com a seguinte oração: "Oh, Senhor, tenho mais inimigos agora do que cabelos na cabeça. E, no entanto, Senhor, não aceiteis que eles me dominem com palavras vãs, mas lutai Vós, oh, Senhor, em meu lugar: pois em Vós deposito meus cuidados".

Ela foi levada à fogueira em 16 de julho de 1546. Depois de ser coberta com pólvora, um mensageiro veio da parte do rei com a promessa de perdão se Anne se retratasse ou nomeasse seus companheiros, mas ela não cedeu. E assim, como recordou John Foxe: "Tendo passado por tantos tormentos, tendo agora terminado a longa trilha de suas agonias, sendo devo rada pelas chamas do fogo, como um sacrifício abençoado feito em nome de Deus, ela adormeceu no Senhor, *in anno* 1546, deixando atrás de si um exemplo singular de constância cristã para todos os homens seguirem".

Ver: John Foxe, *Atos e Monumentos* (1563).

Santa Margarida Clitherow

Mártir inglesa (m. 1568)

"Jesu, tende piedade de mim."

Margaret Clitherow foi a primeira mulher mártir da fé católica na Inglaterra durante o reinado da rainha Elisabeth. Filha de um rico comerciante de cera de York, casou-se com John Clitherow, um próspero açougueiro, aos 16 anos de idade. Embora tivesse sido criada como protestante, Margaret se converteu à fé católica alguns anos depois de seu casamento, aparentemente inspirada pelos sofrimentos de tantos católicos sob o repressivo Código Penal da época. John Clitherow não partilhava a nova fé de sua esposa, mas não colocou obstáculos em seu caminho, mesmo quando sua reputação pública de católica incorreu em multas e outras penalidades. Em determinada época, Margaret ficou presa por quase dois anos. Ela recebeu o fato como um período de retiro e resolveu dar bom uso ao seu tempo, aprendendo a ler.

Apesar dos riscos comprovados, Margaret ofereceu um abrigo seguro em sua casa para padres fugitivos, acolhendo-os em um quarto especialmente escondido, onde ela e outros católicos clandestinos poderiam assistir à missa. Seu marido fingia não perceber a movimentação, embora ela não fizesse muito segredo de sua fé. Com freqüência, ela era vista rezando no local da cadeia onde muitos padres haviam dado suas vidas. Em 10 de março de 1586, foi presa. Uma busca em sua casa revelou o quarto-esconderijo, juntamente com vestimentas e outros paramentos e livros destinados à missa. Acusada de apoiar serviços religiosos ilegais, ela se recusou a entrar com um apelo, esperando desse modo poupar sua família e seus amigos dos riscos de testemunhar em um julgamento. Sabia, entretanto, que sua atitude iria automaticamente originar um julgamento contra e a terrível sentença de morte por esmagamento.

Em vão o juiz lhe pediu que solicitasse a misericórdia da corte, suplicando-lhe que considerasse as suas obrigações para com o marido e os filhos. "Eu honro meu marido e amo meus filhos, segundo o dever e a natureza me ditam", replicou com convicção inabalável, "mas estou tão longe de procurar ajudá-los acatando seus desejos quanto de desejar que meu marido e meus filhos possam sofrer a morte comigo por esta boa causa". Durante o tempo em que permaneceu presa, não lhe permitiram ver os filhos e apenas uma vez viu o marido, na presença do carcereiro. Ao saber da sentença de morte, John Clitherow "estava como um homem aflito, exclamando que eles iriam matar a melhor esposa de todo o reino e a melhor católica".

Ela passou a última noite de sua vida rezando, acompanhada pela esposa do carcereiro, cuja companhia havia solicitado ("Não que eu tema a morte, pois ela é um conforto; mas a carne é fraca"). Na manhã seguinte, 25 de março, foi levada ao local de sua execução. Além de seus carcereiros, havia um grupo de pessoas presentes, incluindo muitas mulheres. A sentença exigia que ficasse nua para ser executada. O xerife recusou o seu pedido para ser poupada de tal humilhação, mas ele e os homens concordaram em olhar para outro lado enquanto as mulheres tiravam as suas roupas.

Instada a pedir a misericórdia da rainha e também a de seu marido, ela retrucou: "Se alguma vez o ofendi, eu lhe peço que me desculpe do fundo do meu coração". Assim, foi deitada sobre uma pedra afiada com uma tábua colocada sobre ela, na qual pesos cada vez maiores eram colocados. Ela suportou o sofrimento por apenas 15 minutos, antes que suas costelas se despedaçassem. Suas últimas palavras foram: "Jesu, Jesu, Jesu, tende piedade de mim".

Foi canonizada em 1970 pelo Papa Paulo VI. Sua festa é celebrada no dia 25 de outubro, junto com a dos "Quarenta Mártires da Inglaterra e do País de Gales".

Ver: Padre John Mush, "Beata Margarida Clitherow", in *Mártires: de Santo Estêvão a John Tung*, ed. Donald Attwater (Nova York, Sheed & Ward, 1957).

Mary Dyer

Mártir quacre (m. 1660)

"Em obediência à vontade do Senhor eu venho e em Sua vontade eu permanecerei fiel até a morte."

Trezentos anos depois de sua morte, uma estátua de bronze de Mary Dyer foi colocada em frente à State House, em Boston, perto do local onde foi enforcada. A estátua traz a inscrição: "Minha vida nada significa para mim em comparação com a liberdade da verdade".

Mary Dyer chegou a Boston em 1635. O governador de Massachusetts, Winthrop, a descreveu como uma "esposa de um tal de William Dyer, uma chapeleira no New Exchange, uma mulher muito digna e bonita". A princípio, pouco havia para distinguir os Dyer de seus vizinhos puritanos, até que, como disse Winthrop, eles foram "notoriamente infectados com os erros da sra. Hutchinson". A fonte desta "infecção" – Anne Hutchinson – era uma profetisa, cujo espírito livre e pregações escandalizavam os anciãos da comunidade, levando-a a ser presa e expulsa de Boston. Os Dyer estavam entre aqueles que seguiram Anne Hutchinson no exílio em Rhode Island. Mas para Mary isso não foi o fim de sua jornada espiritual. Durante uma viagem posterior para a Inglaterra, ela acolheu os ensinamentos de George Fox e tornou-se uma quacre convicta.

Os quacres rejeitavam a autoridade religiosa externa em favor da Luz Interior que existia em cada alma. Embora se igualassem aos puritanos em seu estilo modesto e simples, seu compromisso para com a liberdade de consciência e a tolerância religiosa era anátema para os governadores de Massachusetts. Em 1656, pouco antes que Mary retornasse da Inglaterra, a Corte Geral de Massachusetts promulgou uma série de severas leis contra a "amaldiçoada seita dos heréticos... normalmente chamados quacres", que autorizava o banimento, o castigo por chicotadas e a prisão de qualquer quacre descoberto na comunidade.

Mary desconhecia essas novas leis ao regressar para casa pelo caminho de Boston. No entanto, ela foi presa e mantida na prisão por quase dois meses, até que seu marido a encontrou. Ele conseguiu libertá-la com a promessa de que ela nunca mais voltaria para Massachusetts.

Em 1658, outra lei foi aprovada em Boston, impondo a pena de morte aos quacres que não se arrependessem. Quando Mary soube que diversos de seus amigos quacres estavam presos, ela ignorou o perigo e foi visitá-los. Outra vez foi presa. E ainda uma vez mais foi solta e banida – dessa vez sob a ameaça de execução caso voltasse. Mas quando dois de seus companheiros voltaram para Boston, determinados a "olhar as leis sangrentas na cara", Mary voltou de novo e mais uma vez presa. E, dessa vez, condenada à morte.

Em 27 de outubro, Mary e seus dois companheiros foram escoltados pelas ruas até um olmo no Boston Common que servia como galé. Caminharam de mãos dadas, ao som de tambores, para impedi-los de falar com a multidão que se juntava. A expressão deles não evidenciava que estavam caminhando para a morte. "É a hora de maior alegria que jamais pude experimentar na vida", disse Mary. "Os olhos não podem ver, a língua não pode dizer, nenhum coração pode entender a doce efusão e o frescor do espírito do Senhor que agora eu desfruto." Mary ficou olhando quando seus companheiros quacres foram enforcados. Então, ela foi presa e vendada, o laço foi colocado em seu pescoço e se preparou para a morte, mas foi poupada pela chegada de uma suspensão da sentença no último minuto.

De volta para a cela, espantada e abalada por essa charada cruel, Mary endereçou uma carta para a corte: "Uma vez mais [para] a Corte Geral, reunida em Boston, fala Mary Dyer, do mesmo modo que antes: não aceito minha vida, ela nem vale nada para mim, em comparação com as vidas e a liberdade da verdade e os servos do Deus vivo, pelos quais, nos recônditos do amor e da mansidão eu procurei os senhores; no entanto, com Mãos Maldosas, os senhores condenaram dois deles à morte, o que faz com que eu sinta que a Misericórdia dos malvados é crueldade: eu preferiria escolher a morte a viver, assim como os senhores, igualmente culpada pelo sangue inocente deles".

Outra vez Mary foi removida à força da comunidade, sob ameaça de morte certeira se retornasse. Mas a sua consciência não lhe permitiria dar atenção à sua própria segurança. Estava determinada a enfrentar as autoridades, desafiando-as a anular suas injustas leis ou, pela morte dela, despertar a indignação pública contra eles. Seis meses mais tarde, sem avisar o marido, foi novamente para Boston, e pela terceira vez foi presa.

Em 31 de maio de 1660, compareceu à corte perante o governador Endicott e foi condenada a morrer no dia seguinte. Ao ouvir a sentença, Mary replicou: "Vim em obediência ao desejo de Deus para a última Corte Geral, desejando que os senhores revogassem suas injustas leis de banimento sob pena de morte, e meu trabalho é o mesmo agora, e meu mais sincero pedido, embora eu lhes tenha dito que, se os senhores se recusassem a anulá-las, o Senhor iria mandar outros de Seus servos para testemunhar contra eles".

No dia seguinte, 1º de junho, foi conduzida para execução. Ouviram um de seus perseguidores observar: "Ela está pendurada lá como uma bandeira para que outros a sigam como exemplo" – uma afirmativa sujeita a mais de uma interpretação. De qualquer modo, Mary Dyer foi a última quacre a ser executada em Boston.

Ver: Jessamyn West, *O Livro Quacre* (Harrisburg, Pa.: Morehouse, 1992).

MARY WARD

Fundadora do Instituto da Beata Virgem Maria (1586-1645)

"Eu penso, filha querida, que o trabalho e a longa solidão de que você me ouviu falar não estão distantes de mim; aos quais, quando quer que aconteçam, um feito feliz irá suceder... A dor é grande, mas muito suportável, porque Ele, que nos dá o fardo, também o carrega."

Nas vidas dos grandes fundadores e reformadores de ordens religiosas há um amplo relato dos obstáculos, calúnias e perseguições que suportaram como o preço de navegar em águas desconhecidas. Muitas dessas histórias terminam em uma aparentemente inevitável nota de triunfo. A história de Mary Ward, contudo, nos faz lembrar de muitas outras, cujas lutas solitárias falharam para sobrepujar os obstáculos em seu caminho e cujos sonhos tiveram de ser deixados nas mãos das gerações futuras.

A vida de Mary Ward começou tendo como pano de fundo a Inglaterra elizabetana e a intensa perseguição à religião católica. A sua família estava entre a pequena nobreza possuidora de terras, cuja riqueza e cujos títulos ofereciam uma zona de segurança para resistir aos severos decretos anticatólicos. Sua infância foi marcada pelas visitas secretas de padres – com freqüência jesuítas – que haviam sido mandados para o exterior, contrabandeados para o interior do país e transportados em segredo de casa em casa para que celebrassem as missas proibidas. Essa prática ilícita da religião católica era um ato de traição, que poderia significar a morte não apenas para o padre, mas para a família que o abrigava.

Mary era bonita e inteligente, e sua família instou-a a aceitar um dos pedidos de casamento que haviam sido feitos. Mas Mary não queria saber disso. Ela insistia que havia sido chamada para tornar-se freira. Essa era uma ambição bastante bizarra, já que, na época, não havia um só convento na Inglaterra. Porém, com o auxílio não muito solícito de um confessor, ela conquistou a aprovação da família e foi mandada para fora do país, para a Bélgica católica.

Ao se apresentar a um bispo na Bélgica, ficou desapontada quando ele a instruiu a aceitar uma posição como Irmã leiga – essencialmente uma empregada – em um convento de Clarissas Descalças. Embora não julgasse esse cargo apropriado, Mary o aceitou obedientemente, até que um superior da ordem, ao visitar o convento, reconheceu as suas qualidades especiais e liberou-a para seguir sua verdadeira vocação.

Mas Mary sentia dificuldades para encontrar essa vocação entre as oportunidades disponíveis. Sua procura a levou a um número de falsos começos e de becos sem saída. Ela chegou a acreditar que não havia sido chamada para uma vida religiosa convencional na clausura. De maneira diversa, inspirada pelo exemplo dos jesuítas, ela concebeu uma instituição de mulheres que vivessem em uma comunidade aberta, livres da autoridade episcopal e que poderiam se dedicar ao trabalho apostólico no mundo. Resumindo, essa era uma idéia à frente de seu tempo.

No entanto, Mary foi capaz de convencer algumas influentes autoridades da Igreja, incluindo um bom confessor jesuíta, do valor de seu plano. Em seguida, aconteceu a primeira de suas visitas secretas à Inglaterra com o intuito de buscar parceiros para sua comunidade. Se ela não tivesse de recorrer ao estratagema dos padres clandestinos, ainda assim teria de temer a constante ameaça dos espiões. Disfarçada como uma mulher de boa família que estava viajando, fez uma série de visitas a casas de católicos, exortando os fiéis, ajudando padres a preparar batismos e outros sacramentos, confortando os padres na prisão e inspirando uma meia dúzia de mulheres a se aventurar com ela no desconhecido.

Durante uma de suas visitas foi descoberta e mandada para a prisão. Condenada à morte, esperava encontrar seu fim. Mas, como resultado de fatores políticos externos de sua época, foi poupada da pena capital e, em vez disso, lhe permitiram que aceitasse o exílio. Voltando para a Europa, Mary continuou formando seu grupo de seguidoras em uma comunidade religiosa, enquanto, ao mesmo tempo, se engajava em uma busca tortuosa de aprovação oficial para seu instituto. Ela viajou para Roma e obteve uma audiência com o papa, que lhe deu a permissão experimental de desenvolver seu projeto. O reconhecimento formal a que aspirava, contudo, estava longe de acontecer.

Como descobriu, seus inimigos não se localizavam somente na Inglaterra protestante. Sua devoção à visão espiritual de Santo Inácio alimentou a desconfiança do clero secular, que era rival da glamourosa Sociedade de

Jesus. Seu instituto era conhecido ironicamente como uma casa de "Damas Jesuítas". Mas além dos ciúmes territoriais dos ingleses católicos, havia uma resistência maior, em princípio, ao programa radical que Mary esboçara. Enquanto elementos eram admirados – em especial sua proposta para escolas livres para meninas católicas –, sua insistência inabalável de que o instituto não fosse uma clausura e de que ele permanecesse livre da jurisdição episcopal foi de encontro ao lugar prescrito para as mulheres na Igreja. Enquanto alguns bispos ofereciam uma aprovação polida para seu plano, a maioria de modo geral partilhava a opinião de um padre que, ao mesmo tempo em que admirava o fervor das Irmãs, observou: "No fim das contas, elas não são mais que mulheres!"

Depois de ter criado casas em diversas cidades e de ter conquistado grande admiração por suas exemplares escolas, uma notificação veio de Roma em janeiro de 1631 de que o instituto deveria ser encerrado. Em alguns dias mensageiros chegaram para colocar Mary sob custódia, acusada de ser "herética, cismática e rebelde em relação à Santa Igreja". Embora sua prisão em um convento tenha sido breve, o encerramento do instituto continuava a vigorar, e ela permaneceu sob uma nuvem de desaprovação eclesiástica.

Com a saúde debilitada, regressou à Inglaterra. As leis penais contra os católicos ainda estavam em vigor, e ela uma vez mais enfrentou a vigilância e a possibilidade de prisão. Ela faleceu em York aos 60 anos em 23 de janeiro de 1645. Em 1703, a regra de seu instituto foi finalmente confirmada pelo Papa Clemente XI.

Ver: Mary Oliver, I.B.V.M., *Mary Ward* (Nova York: Sheed & Ward, 1959).

Rebecca Nurse e companheiras

As "bruxas" de Salem (1692)

"Não tenho a quem recorrer a não ser Deus."

Tudo começou no princípio de 1692, na cidade de Salem, Massachusetts, com um grupo de jovens moças que gostavam de se encontrar na floresta e lidar com encantamentos e poções. Quando algumas começaram a exibir estranhos sintomas de mania, médicos e clérigos da cidade suspeitaram que fosse trabalho do demônio. Suas suspeitas foram confirmadas quando uma após outra, e finalmente todo o grupo começou a identificar bruxas e feiticeiros entre seus vizinhos. Em detalhes lúridos, elas descreviam visitações aterrorizantes de "imagens espectrais" que infligiam vários tormentos físicos e mentais em suas vítimas e que lhes pediam que rejeitassem suas almas e assinassem seus nomes no Livro do Demônio.

Na puritana Nova Inglaterra, onde o medo do demônio era tão palpável quanto o temor a Deus, essas acusações foram levadas com extrema seriedade. Mesmo aqueles que poderiam ter problemas para dizer os Dez Mandamentos podiam facilmente recitar as terríveis palavras da Escritura: "Tu não permitirás que uma bruxa viva".

Durante mais de um ano, a busca e a descoberta de bruxas entre os habitantes de Salem aconteceram como uma tempestade violenta. Cerca de cem homens e mulheres foram detidos e colocados na prisão. Vinte foram condenados à morte e oito pereceram na cadeia. Em praticamente todos os casos, o veredicto se baseava na assim chamada "evidência espectral", a alegação – impossível de verificar ou de desmentir – de que o demônio havia assumido a "forma" de uma bruxa com o intuito de atormentar uma alma virtuosa. Todos aceitaram, como um artigo de fé, que era apenas com o consentimento de uma bruxa que o demônio poderia assumir a sua aparência.

Os julgamentos foram conduzidos na presença das "crianças atormentadas", que choravam e gritavam como se estivessem sofrendo um ataque de um fantasma quando se expressava qualquer dúvida quanto à sua credibilidade. Enquanto muitos dos acusados protestavam que eram inocentes, um número bastante grande salvou suas vidas ao "confessar" sua culpa, apontando um dedo acusador na direção de outros companheiros "que não se arrependiam". Essas confissões ajudaram a atiçar as chamas.

Algumas das bruxas acusadas eram pessoas de caráter suspeito. Contudo, foi um desenrolar especialmente perturbador quando acusações foram feitas contra pessoas de reputação piedosa. Notável entre elas era Rebecca Nurse, uma mulher de 71 anos, casada e mãe de oito filhos, conhecida por sua fé, sua caridade para com todos e sua bondade simples. Era uma evidência notável de seu caráter que 39 proeminentes membros da comunidade, arriscando sua própria segurança e reputação, assinassem uma petição em seu favor.

Um depoimento feito por dois de seus vizinhos descreveu como haviam ido visitar Rebecca, logo após as primeiras acusações terem sido feitas contra ela. Eles disseram que Rebecca "sofria" por causa das pobres meninas e "lamentava de todo coração e se dirigia a Deus por elas", embora estivesse perturbada pela crença de que alguns dos acusados fossem "tão inocentes quanto ela". Quando soube que havia sido indicada pelas meninas, Rebecca exclamou: "Sou tão inocente quanto uma criança ainda por nascer".

Mesmo o magistrado que interrogou Rebecca Nurse pela primeira vez em 24 de março parecia cético em relação às acusações, perguntando repetidas vezes a quem a acusava se tinham certeza de que era a boa Rebecca que as havia atormentado. As acusações, entretanto, eram particularmente sérias. Uma das meninas que a acusava alegou ter sido visitada pelos espíritos dos bebês que Rebecca Nurse havia matado. Sempre que o juiz parecia fraquejar em sua atitude, as meninas gritavam e desmaiavam. Quando Rebecca, tentando em vão falar em sua própria defesa, estendeu as mãos, as meninas foram compelidas a imitar os movimentos dela.

Diante desse espetáculo, o juiz ficou surpreso ao ver que Rebecca mantinha sua compostura. "Vocês não conhecem meu coração", ela sussurrou. Quando ele a instou a confessar e "dar glória a Deus", Rebecca respondeu: "O senhor gostaria que eu me difamasse?".

Surpreendentemente, o júri que ouviu o caso de Rebecca Nurse no dia 30 de junho a princípio voltou com um veredicto de inocente. Isso provocou tamanho alarido na audiência – tanto da parte das meninas "atormentadas" quanto dos espectadores – que o chefe de Justiça aconselhou o júri a se retirar e a pensar de novo. Depois de considerações posteriores, eles retornaram com um veredicto de culpa, e Rebecca foi condenada à morte.

Depois de ser publicamente excomungada de sua Igreja, "abandonada ao demônio e eternamente amaldiçoada", Rebecca Nurse foi enforcada no Gallow's Hill com outras quatro mulheres em 19 de julho. Seus corpos foram jogados em uma cova rasa. Mas, depois, na escuridão, os filhos de Rebecca removeram o seu corpo e o enterraram em um local secreto.

Finalmente, o fogo em Salem seguiu seu curso. Depois de alguns meses, as pessoas se cansaram do drama, com sua rede cada vez mais abrangente e as evidências inconsistentes que haviam condenado tanta gente à morte. E, assim, com uma vergonha secreta, começaram a se confrontar com o horror do que haviam feito.

Um descrédito particular recaiu sobre os teólogos e ministros da Igreja que, orgulhosamente e com tão pouca misericórdia, se posicionaram como agentes de Deus nessa batalha cósmica: como haviam feito papel de valentões e atormentado suas vítimas, separando esposas e mães de seus maridos e filhos; como haviam favorecido o frenesi de crianças perturbadas, ignorando o testemunho fiel de Rebecca Nurse; como, quando George Burroughs, um ex-ministro da cidade, foi enforcado como feiticeiro, haviam incitado a multidão a tapar os ouvidos contra sua "blasfêmia" de recitar o Pai-nosso.

Tudo isso seria lembrado. Assim como Rebecca Nurse. Em 1712, sua excomunhão foi formalmente suspensa. O poeta John Greenleaf Whittier mais tarde escreveu o seguinte epitáfio para o seu túmulo não-identificado:

Mártir cristã que pela verdade morreu
quando calúnias diziam ao lado teu!
Do jugo da crendice o mundo libertado
por ti hoje respira mais desafogado.

Ver: Marion L. Starkey, *O Diabo em Massachusetts* (Nova York: Doubleday, 1969).

Beata (Madre) Teodora Guerin

Fundadora da Congregação das Irmãs da Providência de Santa Maria dos Bosques (1798-1856)

"Não somos chamados para fazer todo o bem possível, mas apenas aquele que podemos fazer."

Em 1840, seis Irmãs da Providência, vestidas em seus hábitos religiosos de sarja preta, desceram do navio que as trouxera de sua sede na França para começar uma nova missão na América. Elas eram, como admitiam, "estranhas ao país, aos modos e costumes, ao jeito dos Estados Unidos", e não sabiam uma única palavra em inglês. No entanto, haviam sido selecionadas por sua ordem para responder a um pedido do bispo de Vincennes, Indiana. A Irmã Santa Teodora, uma freira de 41 anos, fora escolhida para liderar a missão – para estabelecer um noviciado e escolas e ajudar no trabalho de edificar a igreja local.

A viagem havia sido longa – um mês no navio, seguido por uma série de trens, barcos a vapor e carroças, até que chegaram, tarde da noite, ao seu destino: "Santa Maria dos Bosques". Em vez de ser localizada em uma cidade, como esperavam, viram que sua nova instituição consistia de uma cabana de madeira no meio da floresta. "É impressionante pensar que este local solitário e remoto tenha sido escolhido para um noviciado, e especialmente para uma academia", observou a Irmã Santa Teodora. "Todas as aparências vão contra isso."

As Irmãs estavam despreparadas para as condições primitivas e para os extremos de temperatura – o inverno árduo, o calor do verão. Elas lidaram com incêndios, gafanhotos, secas e cheias. E, no entanto, dia a dia, criaram raízes e prosperaram, atraindo estudantes ávidos das famílias pioneiras que estavam espalhadas na região e até mesmo novas postulantes para sua comunidade. Mas, ao se encarregar desse empreendimento, as Irmãs não haviam esclarecido a exata natureza de seu relacionamento com a sede na França e com a autoridade do bispo local de Vincennes: o Bispo de la Hailandière. Antes que muito tempo se passasse, essa ambigüidade se tornaria fonte de conflitos amargos.

Madre Teodora, como era então chamada, a princípio declarou que o bispo era "um excelente pai". Nunca, disse Madre Teodora, ela havia encontrado "um coração mais compassivo sob um exterior tão frio". Mas pouco tempo depois, estava descrevendo o temperamento dele como "um daqueles que fazem de mártires seus possuidores e ainda mais daquelas pessoas que devem suportá-lo". O problema era que o bispo considerava a comunidade como sua propriedade pessoal e tentava controlar e administrar seus negócios nos mínimos detalhes. "Tenho a maior aversão a esse tipo de administração", Madre Teodora escreveu. "Parece-me que isso iria manter nossas irmãs em um tipo de escravidão."

Em 1843, Madre Teodora acatou as recomendações do bispo de que regressasse para a França para arrecadar fundos. A sua viagem foi um sucesso. Depois de um encontro com a rainha Maria Amélia, ela recebeu promessas de apoio de muitas famílias católicas ricas. Ao voltar para casa, Madre Teodora se sentiu levada a beijar o solo de Indiana. "Essa terra não era mais para mim a terra de exílio", escreveu, "era a parte da minha herança". Mas sua alegria diminuiu ao descobrir tudo que havia acontecido em sua ausência. O bispo havia admitido noviças para fazer os votos, fechado umas escolas e aberto outras, e convocado a eleição de uma nova superiora – tudo sem consultar as Irmãs nem fazer nenhuma referência à regra delas. Embora as irmãs, contrariando o desejo dele, unanimemente reelegessem Madre Teodora como sua superiora, ele havia deixado claro que se considerava a verdadeira autoridade. Quando Madre Teodora se encontrou com o bispo, ele a submeteu a um longo sermão, acusando-a de ter um espírito desobediente e de ter roubado seu dinheiro em Paris. Ao mesmo tempo em que alegava não ter vontade de interferir com a regra da congregação, ele insistia que nem Madre Teodora Guerin nem qualquer outra Irmã deixasse a diocese sem sua permissão escrita. Alegando que lhe pertencia a terra onde se localizava a sede delas, anunciou: "Sou o proprietário, espiritual e temporal, daquela sede".

As tensões continuaram a aumentar. Doente e cansada das constantes ameaças e acusações, Madre Teodora se ofereceu para resignar do posto de superiora da congregação. Ao escrever para o Bispo de la Hailandière, disse: "Minha consciência é minha testemunha de que fiz tudo que pude para evitar tal infortúnio, pois eu amo Indiana com toda minha alma. Fazer o bem lá, ver nossa congregação solidamente estabelecida antes que eu morra, era toda minha ambição; o bom Deus permitiu que o senhor não desejasse isso; que seja feita a vontade Dele". Ela, entretanto, não aceitaria a insistência dele de prescindir da sua regra.

Em um encontro posterior, o bispo trancou Madre Teodora na casa dele e disse que ela deveria permanecer lá até concordar com todas as suas exigências. Ele a libertou apenas quando as Irmãs, preocupadas, vieram procurá-la. No dia seguinte, não apenas declarou que a Madre Teodora não era mais a superiora como também que nem era mais uma Irmã da Providência, pois a libertara de seus votos. Ele ordenou que ela deixasse a diocese e "fosse para algum lugar esconder sua desgraça"e proibiu até mesmo que escrevesse para alguma das Irmãs, pois "elas não precisavam das suas cartas".

Para as Irmãs de Santa Maria ele mandou recado de que, se concordassem com o ponto de vista dele, iria "amá-las e protegê-las"; mas se elas se opusessem, corriam o risco de partilhar o destino de Madre Teodora. Quando elas ouviram essa notícia desoladora, todas, até a última Irmã, concordaram que nunca se submeteriam àquelas ordens: "Seguiremos nossa Madre aonde quer que ela vá". O bispo retrucou que iria excomungar qualquer Irmã que deixasse a diocese sem sua permissão. Ele não permitiria que levassem alguma coisa, e poderia até fazer com que a lei fosse no encalço delas. Mas as Irmãs não retrocederam. "Não teremos mais nada", replicaram. "Seremos consideradas pelo Monsenhor como uma desgraça para o mundo, mas teremos cumprido nosso dever." Imediatamente começaram a fazer suas malas e os preparativos para se unir a Madre Teodora, que, nesse ínterim, havia ficado seriamente doente.

Nesse momento, a Providência interveio de uma maneira absolutamente inesperada. Algum tempo antes, o Bispo de la Hailandière havia mandado uma carta de resignação *pro forma* para o papa. De repente, chegou a notícia de que sua oferta havia sido aceita; um novo bispo já fora designado. Quando as Irmãs receberam a notícia de sua "libertação", seguiram para a capela "para cantar um hino de agradecimento em honra da Santíssima Virgem". Desfazendo suas malas, esperaram ansiosamente o regresso de Madre Teodora, cuja saúde havia melhorado como por milagre. Com o seu regresso, "nós todas agradecemos ao nosso Senhor juntas e esse dia feliz terminou com a bênção do Santíssimo Sacramento".

Sob a direção desse novo bispo e de seus sucessores, as Irmãs viveram felizes para sempre. A congregação cresceu e prosperou. Madre Teodora Guerin faleceu em 14 de maio de 1856. Ela foi beatificada em 1998.

Ver: Penny Blaker Mitchell, *Madre Teodora Guerin: Uma Mulher para Nosso Tempo* (St. Mary-of-the-Woods, Ind.: Office of Congregational Advancement, Sisters of Providence, 1998).

Beata Mary McKillop

Fundadora da Congregação das Irmãs de
São José do Sagrado Coração (1842-1909)

"A Cruz é meu destino – é meu doce repouso e meu apoio."

Com sua beatificação em 1995, Mary McKillop, também conhecida como Madre Maria da Cruz, tornou-se a primeira santa reconhecida da Austrália. Ela foi fundadora de uma congregação notável, as Irmãs de São José, que se dedicaram a dar educação e outros serviços aos pobres e necessitados sem nada cobrar.

O que é mais notável a respeito de Mary McKillop, contudo, não é tanto seu trabalho de caridade, por meio do qual expressava sua fé, mas sim o tratamento, completamente destituído de caridade, que recebeu das mãos de muitos padres e prelados de sua época. Na verdade, Mary McKillop poderia servir como padroeira de todos aqueles que foram vítimas de perseguições mesquinhas por parte de autoridades religiosas de mente estreita, que têm a convicção de estar agindo no lugar de Deus. Que Mary tenha permanecido livre de amargura, apesar de suas provações, é uma evidência considerável de sua santidade e causa suficiente para que seja honrada.

Mary nasceu em Melbourne, na colônia da Austrália do Sul, em 15 de janeiro de 1842. Seus pais eram imigrantes escoceses pobres. Enquanto trabalhava como governanta, ela se encontrou com um carismático jovem padre, Julian Woods, que a inspirou a considerar uma vocação religiosa. Juntos, eles conceberam a idéia de uma congregação dedicada às necessidades dos, pobres. Em 1866, Mary vestiu um vestido preto, simples, como sinal de sua dedicação à vida religiosa, e no ano seguinte fez os votos religiosos. Foi o começo de uma nova congregação, as Irmãs de São José.

Desde o início, Mary havia pensado muito a respeito do tipo de congregação adequada às necessidades e às condições rigorosas da Austrália. As constituições que esboçara para sua comunidade tinham muitas características importantes. A primeira era que, já que a congregação se devotaria aos pobres, ela achava que era essencial que as Irmãs aderissem a um rígido voto de pobreza. A sua preferência era que a congregação não possuísse propriedade nenhuma. A segunda característica era de que não poderia também haver uma distinção social dentro da comunidade entre as Irmãs "seculares" e "leigas". Ela insistia em uma igualdade radical.

Mais importante de tudo, entretanto, era a sua insistência de que a congregação fosse sujeita ao "governo central", o que significava que, em vez de permitir que cada uma de suas comunidades distantes fosse administrada sob a autoridade de um bispo local, elas seriam governadas por uma madre geral eleita, que responderia diretamente a Roma. Essa cláusula veio a ser a origem de extrema tensão entre a congregação e os bispos australianos.

Em pouco tempo, Mary havia atraído dezenas de moças para sua congregação, e casas foram criadas em várias cidades e missões afastadas em todo o território. Em uma época em que quase não havia serviço público disponível para os pobres, as Irmãs de São José conquistaram a admiração e o respeito dos australianos de todas as classes sociais e credos religiosos. Muitos bispos, a princípio, estavam ávidos para acolher as Irmãs. Mas inevitavelmente tentaram interferir com a administração e a direção do trabalho destas. E a isso Mary colocou uma objeção férrea.

Quando Mary permaneceu inflexível em seu compromisso com o governo central, o apoio dos bispos cedeu lugar a uma desavergonhada campanha de perseguição e de difamação. Em um episódio dramático, ela foi excomungada pelo bispo local. Embora mais tarde, em seu leito de morte, ele tenha revogado a ordem, Mary continuou a trabalhar sob suspeitas. Outro bispo fez com que fosse expulsa de sua diocese e se recusou a permitir que as Irmãs fizessem qualquer trabalho para arrecadar fundos. O bispo de Queensland mandou cartas mentirosas a Roma alegando que as Irmãs estavam "infectadas com fanatismo e insubordinação à autoridade" e que o objetivo de Mary era "subverter todo o sistema daqui".

Para sustentar sua posição, Mary viajou para Roma e passou dois anos tentando conseguir a autorização para sua constituição. Por fim, ela obteve uma audiência com o Papa Pio IX. Ele ficou intrigado com a história da "freira que havia sido excomungada". Quando regressou para a Austrália, tinha um documento papal que aprovava formalmente sua congregação. Ainda assim, a perseguição não cessou. Um grupo de bispos e de clérigos, alegando falsamente ter sido autorizado por Roma, submeteu a sua comunidade a uma rigorosa "visita", confiscando relatórios financeiros e entrevistando as Irmãs sob um suposto "voto de segredo" para descobrir informações vis a respeito de Madre Mary. Em seguida, o bispo de Adelaide deixou escapar a caluniadora história de que Mary era uma alcoólatra e de que se havia apropriado indevidamente de fundos que pertenciam à congregação.

Acontece que a "visita" não tinha autorização de Roma. Um inquérito oficial de Roma, provocado por esse incidente, libertou completamente Madre Mary. No entanto, a perseguição continuou. Os bispos australianos votaram pela anulação das constituições da congregação e para sujeitar uma vez mais as Irmãs ao controle diocesano. Uma vez mais, Roma veio auxiliá-las, anulando a autoridade dos bispos no assunto. A congregação permaneceria sob um governo central. Madre Mary saiu-se vencedora.

Embora tenha sofrido terrivelmente com os ataques constantes à sua virtude e sua fé, Mary nunca desdenhou uma oportunidade de suportar a injustiça ou insultos. Ela se referia a cada uma dessas provações como "presentes de Deus". O sofrimento dos inocentes, ela acreditava, era uma oportunidade de carregar a cruz e desse modo ficar mais perto de Deus. Aqueles que causavam este sofrimento eram "instrumentos nas mãos de Deus"; eram, na verdade, seus "mais poderosos benfeitores". No entanto, ela reconhecia que "os presentes de Deus muitas vezes eram difíceis de entender", e que ela era "com freqüência covarde demais para aceitá-los".

Madre Mary viveu para ver sua congregação firmemente estabelecida na Austrália e na Nova Zelândia. Depois de muitos anos de uma doença dolorosa, faleceu em 5 de agosto de 1909. Sua morte foi lamentada em toda a Austrália.

Ver: Lesley O'Brien, *Mary McKillop Desvelada* (Victoria, Australia: Collins-Dove, 1994).

Agneta Chang

Irmã Maryknoll e mártir (m. 1950)

"Tenho tentado inúmeras vezes escrever para vocês, mas não posso dizer quantas vezes pego minha caneta para começar uma carta apenas para descobrir que tudo ficou escuro na minha frente e eu não podia conter as lágrimas que me cegavam."

– Irmã Mary Peter Kang, NSPS

Com essas palavras, uma freira coreana começou seu relato sobre os últimos dias de Irmã Agneta Chang, uma Irmã Maryknoll nascida na Coréia, que morreu no meio de seu povo em 1950.

Desde o começo de sua fundação, as Irmãs Maryknoll, com sede nos Estados Unidos, recebiam vocações vindas do exterior. Agneta Chang e uma prima mais jovem estavam entre as primeiras Irmãs coreanas que se juntaram à congregação em 1921. Em sua inscrição, Irmã Agneta, respondendo à pergunta sobre os motivos que a levaram a pedir para entrar em uma comunidade religiosa, escreveu: "Com o intuito de me tornar uma pessoa sagrada e para ajudar meu país e meu povo". Agneta vinha de uma família preeminente e muito católica na Coréia. Um de seus irmãos se tornaria primeiro-ministro da República da Coréia.

Depois de fazer seu noviciado na sede da congregação Maryknoll em Nova York, Agneta foi designada para voltar para seu país. Lá, passou muitos anos em paz, fazendo trabalho de catequese e na paróquia, antes da eclosão da Segunda Guerra Mundial. Quando as Irmãs norte-americanas foram aprisionadas pelos japoneses e repatriadas, Irmã Agneta ficou para trás para ajudar a desenvolver a primeira congregação coreana, as Irmãs de Nossa Senhora do Perpétuo Socorro (NSPS). Durante a guerra, ela e a pequena comunidade de 29 mulheres coreanas foram isoladas do resto do mundo.

Quando a guerra terminou e as comunicações foram restabelecidas, esperava-se que Irmã Agneta uma vez mais fosse se juntar à sua comunidade Maryknoll. Mas não era para ser assim. A Coréia foi dividida na altura do paralelo 38, aprisionando Irmã Agneta e o noviciado no norte, ocupado pelos soviéticos. Na época em que as tropas russas partiram, em 1949, deixando os comunistas coreanos no controle, a situação se tornara extremamente grave. Logo não foi mais possível até mesmo contrabandear mensagens para fora do país. Muitos padres, e até mesmo alguns bispos, foram presos e mortos. Depois que o governo ordenou a dispersão de todas as comunidades religiosas, Irmã Agneta e uma companheira, Irmã Mary Peter, encontraram abrigo em um vilarejo católico.

Durante muitos anos Irmã Agneta havia usado um aparelho nas costas, resultado de um antigo ferimento. Ela sentia dores constantes e, na época, estava confinada ao leito. Entretanto, recebeu ordem de se apresentar para o trabalho de defesa civil obrigatório. Quando não conseguiu comparecer, os soldados vieram procurá-la. Ordenaram que os vizinhos a carregassem para fora e a colocassem em um carro de boi que estava à espera. Ela não reclamou, mas apenas exclamou: "Senhor, tende piedade de nós". Isso aconteceu em 4 de outubro de 1950, a última vez que Irmã Agneta foi vista com vida. Irmã Mary Peter descreveu a cena da seguinte maneira:

Isso aconteceu perto das oito horas da noite. O mundo estava mergulhado no crepúsculo. O único som era o do carro de boi balançando na silenciosa trilha da montanha, junto com os gemidos e as orações dela. Oh, noite miserável! Eu sentia como se meu coração fosse se despedaçar e quebrar em milhares de pedaços e me parecia uma falta de misericórdia que o chão não se abrisse.

Se, por um lado, Irmã Mary Peter e algumas outras Irmãs NSPS finalmente conseguiram voltar para o sul, por outro, outras doze Irmãs permaneceram no norte, onde o destino delas jamais foi revelado. Mais tarde, correu a notícia de que Irmã Agneta Chang e muitas outras mulheres haviam sido mortas a tiro e os corpos teriam sido enterrados em uma vala nas redondezas.

Ver: Penny Lernoux (com Arthur Jones e Robert Ellsberg), *Corações em Chamas: A História das Irmãs Maryknoll* (Maryknoll, N.Y.: Orbis Books, 1993).

Alicia Domon

Mártir (m. 1977)

"Não vim aqui [à favela] para dizer às pessoas o que deveriam fazer, mas para que nós pudéssemos ajudar uns aos outros e compartilhar as alegrias e tristezas da vida, aqui onde aceitamos uns aos outros pelo que somos. Tenho provavelmente recebido mais do que tenho dado."

Uma ditadura militar na Argentina conduziu uma "guerra suja" contra "subversivos" e dissidentes durante o período de 1976 a 1983. Defensores dos direitos humanos e da justiça social para os pobres estavam entre as vítimas especiais da repressão. Pelo menos quatro mil civis foram mortos. Outros dez mil "desapareceram" – seqüestrados pelos militares, para nunca mais ser vistos. Duas freiras francesas, as Irmãs Alicia Domon e Léonie Duquet, estavam entre eles.

Elas eram membros do Instituto Toulouse das Irmãs da Missão Estrangeira. Alicia Domon chegou na Argentina em 1967, fazendo parte da grande onda de religiosos estrangeiros que se haviam encaminhado para a América Latina nos anos que se seguiram ao Concílio Vaticano II. A princípio, se engajaram em trabalhos apostólicos mais tradicionais. Alicia trabalhava com crianças com retardo mental, ajudando-as a se preparar para a primeira comunhão. Em 1969, contudo, ela e outros membros de sua congregação haviam se mudado de seu convento para ir morar em uma favela urbana. Alicia se sustentava trabalhando meio período como empregada doméstica e continuava servindo como amiga e irmã para seus vizinhos pobres.

Nos anos seguintes, passou muito tempo no interior, ficando familiarizada com as lutas dos camponeses sem-terra e os apoiando para se organizarem. Era uma época de esperança crescente quanto à possibilidade de mudança social pacífica. Na década de 1970, todavia, esses esforços e esperanças foram brutalmente suprimidos.

De volta a Buenos Aires, Irmã Alicia ficou muito envolvida com uma corajosa organização de mulheres, conhecida como Mães dos Desaparecidos, que se juntavam na praça central todos os dias, vestidas de preto e carregando fotografias de seus filhos desaparecidos. Esse protesto silencioso, mas eloqüente, foi por muitos anos o único sinal visível de dissensão na Argentina. A hierarquia conservadora da Igreja Católica permanecia em sua maioria silenciosa, quando não estava claramente apoiando a defesa militar "da lei e da ordem".

Para o Natal de 1977, Alicia havia preparado um retiro para as Mães. Na noite do dia 8, entretanto, depois de deixar um encontro no qual o grupo ia fazer seus planos, a Irmã Alicia e outras doze mulheres foram levadas por homens armados vestindo roupas civis. Dois dias mais tarde, a Irmã Léonie Duquet também foi seqüestrada, porque dividia uma casa com Alicia Domon. Nenhuma das duas foi vista de novo nem houve nenhum notícia oficial a respeito do destino delas.

Nos anos seguintes, piadas circulavam entre os militares sobre as "noviças voadoras". Isso era tido como uma referência aos rumores de que os desaparecidos eram rotineiramente jogados de avião sobre o oceano Atlântico. Em 1995, esses rumores foram confirmados por um comandante da Marinha aposentado, Adolfo Scilingo, que descreveu sua participação em dois "vôos da morte", em 1977.

Segundo seu relato, "no começo, não me incomodou estar jogando aqueles corpos no oceano porque, tanto quanto sabia, eles eram prisioneiros de guerra. Havia homens e mulheres, e eu não tinha idéia de quem eram ou o que haviam feito. Eu estava seguindo ordens". Em determinado momento, contudo, "compreendi com exatidão o que estávamos fazendo. Estávamos matando seres humanos. Mas ainda assim continuamos". Posteriormente, quando confessou suas ações para um padre militar, ele ouviu que as mortes "tinham de acontecer, para separar o joio do trigo".

Quando lhe pediram para descrever outra missão em dezembro de 1977, Scilingo ficou nervoso e disse que não suportava discutir os detalhes.

Apesar de ter sido absolvido na época, Scilingo relatou que nos anos seguintes "passei muitas noites dormindo nas praças de Buenos Aires com uma garrafa de vinho, tentando esquecer. Eu arruinei minha vida... Às vezes tenho medo de ficar sozinho com meus pensamentos".

Com sua morte, Irmã Alicia atingiu uma união mais profunda com os pobres e com os rejeitados pelos quais se sentia atraída. Depois de seu desaparecimento, a polícia que havia requisitado sua casa ficou surpresa ao descobrir que, assim como os camponeses mais pobres, ela não tinha mais que uma muda de roupas. Muitos meses antes de desaparecer, ela havia escrito ao arcebispo de Toulouse: "Eu lhe pediria que nada fizesse para me salvar e que pudesse colocar outras pessoas em perigo. Já fiz o sacrifício da minha vida".

Ver: Martin Lange e Reinhold Iblacker, *Testemunho de Esperança* (Maryknoll, N.Y.: Orbis Books, 1980); "A Argentina Fala sobre Jogar os Prisioneiros da 'Guerra Suja' no Mar", *New York Times* (13 de março de 1995).

Maura Clarke e Companheiras

Mártires de El Salvador (m. 1980)

"Alguém grita, 'Senhor, por quanto tempo?' E o que se insinua em minha mente também é o medo, pequeno ou grande, de que quando me atingir muito pessoalmente serei fiel."

– Maura Clarke

Em uma manhã de dezembro de 1980, um pequeno grupo de pastores, freiras e camponeses havia se reunido em um pasto em El Salvador para testemunhar a exumação de quatro mulheres norte-americanas. Um por um, os corpos quebrados e desarranjados foram tirados da cova rasa: Maura Clarke e Ita Ford, ambas Irmãs de Maryknoll; Dorothy Kazel, Irmã Ursulina e Jean Donovan, missionária leiga, as duas de Cleveland. Elas estavam desaparecidas desde 2 de dezembro, quando Dorothy e Jean, em sua característica minivan branca, haviam saído rumo ao aeroporto para buscar Maura e Ita que voltavam de um encontro na Nicarágua. Dois dias mais tarde, alguns camponeses alertaram as autoridades da Igreja e as conduziram ao local desse enterro apressado.

Cada uma dessas mulheres havia seguido um caminho diferente. Maura e Ita haviam passado muitos anos em uma missão na Nicarágua e no Chile. Dorothy Kazel era quem estava em El Salvador por mais tempo. Jean Donovan, de apenas 27 anos, lutara com a possibilidade de um casamento e da segurança de uma carreira lucrativa antes de escolher ficar em El Salvador. Mas para cada uma delas, chamadas por Cristo para que vivessem sua fé em solidariedade para com os pobres, o caminho havia conduzido à mesma pastagem.

Era uma possibilidade com a qual haviam lutado e que resolveram enfrentar. Afinal, todas, de uma maneira ou outra, haviam sido tocadas pelo testemunho do Arcebispo Oscar Romero, assassinado apenas nove meses antes. Com palavras que Ita Ford citou na noite anterior à sua morte, ele dissera: "Quem está comprometido com os pobres deve arriscar o mesmo destino dos pobres. E, em El Salvador, nós sabemos o que o destino dos pobres quer dizer: desaparecer, ser torturado, ser preso e ser encontrado morto".

A morte das quatro mulheres causou um enorme impacto na Igreja norte-americana, reanimando a oposição à arrecadação de fundos feita pelos Estados Unidos para o governo salvadorenho. Mas, ao mesmo tempo, provocou uma reação por parte dos defensores dessas políticas. Como um oficial norte-americano observou: "As freiras não eram apenas freiras, eram também ativistas políticas.... a favor da Frente [a guerrilha]". O Secretário de Estado norte-americano chegou ao cúmulo de descrever uma "teoria proeminente" de que as mulheres da Igreja poderiam ter sido mortas "em uma troca de tiros", depois de terem suposto que elas haviam furado uma barreira na estrada.

Essa "teoria proeminente" tinha pouco a ver com os fatos estabelecidos a respeito do caso: que as quatro mulheres foram visadas para ser assassinadas por oficiais salvadorenhos; que os soldados, vestindo trajes civis para uma "tarefa especial", haviam seguido as Irmãs quando voltavam para casa do aeroporto; que as mulheres foram mortas muitas horas depois em um local diferente; que foram baleadas na cabeça à queima-roupa; e que, antes de serem mortas, duas delas haviam sido violentadas.

Na verdade, as quatro mulheres eram qualquer coisa exceto "ativistas políticas". O trabalho delas, dando apoio à Igreja de El Salvador, envolvia atender às necessidades dos refugiados; acompanhar padres que estavam fugindo; entregar alimentos; oferecer consolo aos catequistas isolados e aterrorizados. Aqueles foram anos de pesadelo em El Salvador. O trabalho das mulheres confrontou-as com cenas infernais. Elas viram vilarejos onde as forças de segurança haviam cometido massacres e se recusado a permitir que os sobreviventes enterrassem os mortos. "Outro dia", escreveu Maura, "passando por um laguinho com o jipe, eu vi um gavião pousado sobre um corpo que flutuava. Não fizemos nada além de rezar e lamentar". Cada uma delas se identificara com a "opção preferencial pelos pobres" da Igreja, acreditando que o testemunho efetivo do Evangelho era inseparável do testemunho de vida e de solidariedade para com os oprimidos. Em El Salvador era suficiente para rotular uma pessoa de subversiva.

E, no entanto, ao testemunhar pela cruz também eram testemunhas da ressurreição. Entre os pobres crentes de El Salvador não havia apenas a morte, mas a fé e a esperança teimosa que os inspirava a seguir em frente – ou, pelo menos, fazia com que não fugissem. Como Ita escreveu para sua sobrinha de 16 anos:

> Esta é uma época terrível em El Salvador para a juventude. Muito idealismo e comprometimento estão sendo impedidos agora. As razões pelas quais tantas pessoas estão sendo mortas são muito complicadas, mas no entanto há alguns padrões claros e simples. Um é que o povo encontrou um motivo para viver, para se sacrificar, para lutar e até mesmo para morrer. E quer o período de sua vida seja de dezesseis, sessenta ou noventa anos, para eles suas vidas têm tido um propósito. De muitas maneiras, eles são um povo afortunado.
> O Brooklyn não está passando pelo drama de El Salvador, mas algumas coisas são verdadeiras onde quer que a pessoa esteja, e em qualquer idade. O que estou dizendo é: espero que você possa encontrar aquilo que dá sentido à sua vida e dê energia, entusiasme, permita que continue seguindo em frente.

Jean Donovan, aos 27 anos, era a mais jovem das quatro e a única leiga entre elas. Vindo de uma situação privilegiada, com um diploma em administração e uma carreira promissora, havia sido atraída para a missão em El Salvador e continuado lá mesmo quando os riscos se tornaram evidentes. Duas semanas antes de sua morte, ela escreveu: "Muitas vezes resolvi partir – e quase parti, não fosse pelas crianças, pobres vítimas machucadas da loucura dos adultos. Quem tomaria conta delas? Quem teria o coração tão insensível a ponto de favorecer aquilo que é razoável no mar das lágrimas e da solidão delas? Não o meu, querida amiga, não o meu".

A história da Igreja está escrita no sangue dos mártires. Mas essas quatro mulheres representam um tipo diferente de martírio, cada vez mais comum em nossos tempos. Seus assassinos ousaram chamar a si mesmos de cristãos; na verdade, de defensores dos valores cristãos. E elas morreram não apenas por se agarrar à verdadeira fé, mas por se apegar, como Jesus, aos pobres.

Ver: Donna Whitson Brett e Edward T. Brett, *Assassinados na América Central* (Maryknoll, N.Y.: Orbis Books, 1988); Penny Lernoux (com Arthur Jones e Robert Ellsberg), *Corações em Chamas: A História das Irmãs Maryknoll* (Maryknoll, N.Y.: Orbis Books, 1993).

ÍNDICE